A Física de James Bond

Metin Tolan
Joachim Stolze

A Física de James Bond

Tradução
SAULO KRIEGER

Editora
Cultrix
SÃO PAULO

Título original: *Geschüttelt, Nicht Gerührt — James Bond und Die Physik.*

Texto de acordo com as novas regras ortográficas da língua portuguesa.

1ª edição 2013.

Figuras: Jens Rotzsche, Otzberg.

Editor: Adilson Silva Ramachandra
Editora de texto: Denise de C. Rocha Delela
Coordenação editorial: Roseli de S. Ferraz
Produção editorial: Indiara Faria Kayo
Assistente de produção editorial: Estela A. Minas
Consultoria técnica: Newton Roberval Eichemberg
Editoração eletrônica: Fama Editora
Revisão: Nilza Agua e Yociko Oikawa

Dados Internacionais de Catalogação na Publicação (CIP)
(Câmara Brasileira do Livro, SP, Brasil)

Tolan, Metin
A física de James Bond / Metin Tolan, Joachim Stolze ; tradução Saulo Krieger. — São Paulo : Cultrix, 2013.

Título original: Geschüttelt, nicht gerührt : James Bond und die Physik.
ISBN 978-85-316-1233-6
1. Ciência - Filosofia 2. Filmes de James Bond 3. Física 4. Leis da física I. Stolze, Joachim. II. Título.

13-05630 CDD-530

Índices para catálogo sistemático:
1. James Bond sob a ótica da física 530

Direitos de tradução para o Brasil adquiridos com exclusividade pela EDITORA PENSAMENTO-CULTRIX LTDA., que se reserva a propriedade literária desta tradução.
Rua Dr. Mário Vicente, 368 — 04270-000 — São Paulo, SP
Fone: (11) 2066-9000 — Fax: (11) 2066-9008
E-mail: atendimento@editoracultrix.com.br
http://www.editoracultrix.com.br

Foi feito o depósito legal.

SUMÁRIO

PREFÁCIO

James Bond sob a ótica da física

Em 1953, quando Ian Fleming publicou o primeiro romance de James Bond, intitulado *Cassino Royale*, ele não podia imaginar o sucesso que seria o personagem que estava criando. O agente secreto britânico James Bond — o autor Ian Fleming tirou seu nome de um ornitólogo da Filadélfia — tornou-se um dos personagens mais conhecidos do cinema.[1] Sua famosa maneira de se apresentar, "meu nome é Bond, James Bond", alcançou popularidade mundial e será muito difícil de ser superada. Os dois zeros de seu número significam "licença para matar", ou, como expressou seu chefe M[2] no filme *007 contra o Satânico Dr. No*: "Os dois zeros em seu número significam que, em caso de necessidade, você pode atirar para matar em seu opositor — mas não ele em você!". Até hoje não se sabe se foi por acaso que seu número secreto "007" veio a coincidir com o código internacional de área da Rússia.

James Bond encarna a essência do britânico elegante, que nos mais belos lugares do mundo se deleita com caviar de beluga, acompanhado de um bom Dom Pérignon ou de um Château Lafite

1. Ian Fleming de fato possuía o livro *Birds of the West Indies*, do ornitólogo James Bond (1900-1989). Em *007 — Um Novo Dia para Morrer*, é feita uma referência ao ornitólogo quando Bond diz a Jinx, uma *bond-girl*: "Não, estou aqui por causa dos pássaros — ornitólogo".

2. Nos primeiros onze filmes de James Bond M foi interpretado por Bernhard Lee. Só a partir de *007 contra GoldenEye* M passou a ser encarnado por uma mulher, vivida por Judi Dench.

Rothschild safra 1953, sem deixar passar nenhuma mulher bonita. Vence qualquer perigo, está sempre no auge da forma, tem nervos de aço e ótimos conhecimentos gerais sobre qualquer assunto.

Pois bem, e o que esse todo-poderoso mulherengo tem a ver com a física? Na verdade, a pergunta poderia ser: é possível acreditar que James Bond sobreviveria sem conhecimentos de física? Quando 007 persegue perigosamente seus vilões ou foge dos inimigos de maneira espetacular, é claro que, aliás como qualquer pessoa, ele está levando em conta as leis da física, por mais irreal que a cena possa parecer. Para se utilizar dessas leis da física a seu favor, obviamente ele tem de dominá-las. Por isso, este livro deve comprovar que James Bond, inegavelmente, dispõe de profundos conhecimentos da física, ou 007 já há muito não estaria entre os vivos. Quem seria capaz de resolver equações diferenciais não lineares de segunda ordem[3] em poucos segundos e sentado numa motocicleta, como faz Bond na sequência inicial de *007 contra Goldfinger*?

Segundo Ian Fleming, James Bond tem olhos azuis e cabelos castanho-escuros. É de porte elegante, bom esportista, exibe enorme maestria no uso de pistolas, em luta de box, sabe manusear uma faca e é fumante inveterado da marca "Morland". O agente secreto anda com uma pistola Walther PPK 7,65 milímetros que, em 1997, foi substituída por uma moderna Walther P 99, e com uma faca no antebraço esquerdo. Além disso, James Bond tem medidas invejáveis, como seu 1,83 de altura distribuído por cravados 76 quilos[4] — medidas que não mudam, não importando o ator que passe pelo personagem. Além disso, seu

3. Os especialistas sabem o que é isso. Mas os não especialistas não precisam se preocupar: mesmo os especialistas nutrem o maior respeito por equações diferenciais não lineares de segunda ordem.

4. Para daqui em diante, a título de precisão, deve-se dizer que ele tem 76 quilos *de massa*. Seu peso, mais precisamente sua força peso, será igual à sua massa multiplicada pela aceleração da Terra, portanto 76 kg x 9,81 m/s^2 = 745,5 Newton. A força da gravidade sendo uma constante, não é preciso fazer distinção entre massa e peso.

Sean Connery foi o mais popular representante do agente secreto 007.

Índice de Massa Corporal é perfeito:[5] 22,7. Os atores encontram-se sempre fielmente adequados a essas medidas ideais. Ao filmar *Cassino Royale*, em 2006, Daniel Craig tinha 78 quilos e 1,82 de altura, portanto quase as medidas ótimas. Para todos os cálculos deste livro, vai se levar em conta um James Bond pesando 76 quilos. Esse dado será usado quando, por exemplo, o agente secreto estiver no ar ou quando ele próprio estiver em aceleração, caso em que se deverá determinar a força que age sobre ele com a ajuda da fórmula força = massa x aceleração. As distâncias ou as dimensões de objetos, por sua vez, serão indicadas em "unidades-James-Bond", comparadas com a sua altura de 1,83, tendo aí a sua escala. Com isso, frequentemente vai se poder chegar a uma avaliação bastante precisa dos números relevantes. Por exemplo, será possível determinar com precisão o deslocamento da colher de chá do pires de M, a qual 007 com seu relógio magnético atrai de maneira fantástica no filme *Com 007 Viva e Deixe Morrer*.

Outros valores numéricos para cenas específicas dos filmes de James Bond também são bem conhecidos. Os dados do vilão Jaws, do *007 — o Espião Que Me Amava* e *007 contra o Foguete da Morte*, podem

5. O Índice de Massa Corporal (IMC) é calculado pela fórmula peso do corpo em quilos dividido pela altura em metros elevando-se o resultado ao quadrado. Um IMC entre 20 e 25 é ótimo. Um IMC abaixo de 20 significa "abaixo do peso", enquanto acima de 25 já se inicia o "acima do peso".

ser tomados pelos valores correspondentes do ator Richard Kiel: 144 quilos para uma altura de 2,20 metros.[6] Com essas informações, a cena em que James Bond é arremessado e Jaws salta do avião, no início de *007 contra o Foguete da Morte*, será aqui analisada em detalhes.

Mas alguns dados já são bem menos expressivos do que, por exemplo, a imponente estatura de Jaws. Em *007 contra GoldenEye*, James Bond e um avião desgovernado caem de um penhasco. Aqui a altura do penhasco tem um significado decisivo. O início da cena foi rodado na locação real, o penhasco realmente existe e tem a altura de 2.651 metros. Para James Bond, que salta atrás do avião e tem de apanhá-lo em pleno ar, esse dado é da máxima importância. Se um cálculo como esse indicasse que só depois de 5 mil metros de queda livre ele conseguiria reverter e subir, isso por certo seria interessante — mas infelizmente não mais poderia ajudá-lo.

No decorrer deste livro, para a discussão sobre as cenas serão usados todos os dados disponíveis na literatura, como a altura dos penhascos ou dos prédios, o peso dos atores e equipamentos ou as dimensões de estações espaciais e foguetes, isso à medida que haja informações a respeito.[7]

Porém, quando dados realmente importantes não são conhecidos, algo deve ser feito para que o indivíduo médio não tenha de agir como um físico, com suas análises e cálculos precisos: para esses casos será preciso estimar. Por exemplo, para saber se Jill Masterson de fato morreu por ter sua pele pintada de ouro, é preciso levar em conta o peso dela. Mas é claro que ninguém tem ou pode encontrar dados como o peso de uma mulher como a atriz Shirley Eaton que, em 1964, inter-

6. Ao contrário dos números exatos que se tem para James Bond, os dados para o vilão Jaws oscilam. Muitas fontes falam de 140 kg, e para a sua altura os dados variam entre 2,14 e 2,38 metros.

7. Para maiores informações sobre esse assunto, deve-se destacar o livro *Das große James Bond Buch*, de Siegfried Tesche, com suas mais de 500 páginas, como fonte de informações quase inesgotável.

pretou o papel de Jill Masterson em *007 contra Goldfinger*. Por isso, o peso dela deve ser estimado, da maneira mais realista possível. Tomando sua estatura e sua aparência de um modo geral, pode-se considerar que ela não poderia pesar menos de 45 quilos nem mais de 65 quilos. Portanto, um valor de 55 quilos parece completamente realista, ainda que não se possa sabê-lo exatamente.

Contam-se, realizados até hoje, 21 filmes oficiais nos quais 007 sobreviveu às mais diversas aventuras.[8] A série teve início, em 1962, com o filme *007 contra o Satânico Dr. No*, ao qual seguiram *Moscou contra 007*, *007 contra Goldfinger* e *007 contra a Chantagem Atômica*. *007 contra Goldfinger* é de longe o filme mais popular de James Bond, o longa criador do mito que até hoje cativa. Em 1967, foi lançado *Com 007 Só se Vive Duas Vezes*, filme em que o escocês Sean Connery esteve na pele de James Bond pela última vez. Passaram-se dois anos até que Bond ganhasse de novo as telas de cinema com *007 a Serviço Secreto de sua Majestade*, dessa vez protagonizado pelo ator australiano George Lazenby. Ocorre que esse filme não foi tão bem-sucedido quanto os predecessores, de modo que em 1971 Sean Connery foi novamente convencido a incorporar o agente secreto em *007 — Os Diamantes são Eternos*.[9] Depois disso, James Bond entrou em sua sétima aventura, vivido pelo inglês Roger Moore. *Com 007 Viva e Deixe Morrer* chegou aos cinemas em 1973, *007 contra o Homem com a Pistola de Ouro* em 1974, *007 — o Espião que Me Amava* em 1977, *007 contra o Foguete da Morte* em 1979, *007 — Somente para seus Olhos* em 1981 e *007 contra Octopussy* em 1983. *007 na Mira dos Assassinos* foi a estreia do galês Timothy Dalton no papel-título, e ele ainda estrelaria o *007 Permissão para Matar* dois anos depois. Seguiu-se um longo recesso

8. Aqui são considerados filmes da produtora EON, que detém a licença para realizar versões cinematográficas de todos os livros de Ian Fleming. Filmes como *007 — Nunca Mais Outra Vez*, de 1983, ou a versão pastelão de *007 — Cassino Royale*, de 1967, não estão entre os filmes oficiais.

9. Segundo rumores, Sean Connery teria sido "convencido" pelo fator dinheiro.

de seis anos, nos quais o ator irlandês Pierce Brosnan foi alçado à condição de novo 007. O filme de sua estreia, *007 contra GoldenEye*, de 1995, causou sensação por ser ambientado na nova cena geopolítica ocidental, após o colapso do bloco soviético.

A partir daí, foi novamente possível ver James Bond nas telas de cinema com certa regularidade: em 1997, *007 — O Amanhã Nunca Morre*, e em 1999, com *007 — O Mundo Não é o Bastante*, último filme em que Desmond Llewelyn viveu o lendário inventor Q, idealizador das engenhocas tecnológicas que sempre faziam James Bond escapar de situações sem saída.[10] Ao mesmo tempo John Cleese era preparado para sucedê-lo, e, no filme seguinte, *007 — Um Novo Dia para Morrer*, de 2002, ele assumia o papel do inventor Q. Foram precisos quatro anos — até o segundo semestre de 2006 — para que *Cassino Royale* chegasse aos cinemas. Dessa vez, no papel do agente secreto aparecia o ator inglês Daniel Craig, que desempenharia Bond ainda em um novo filme, *007 — Quantum of Solace*, que estreou nos cinemas em novembro de 2008.

Contabilizando em todas as suas aventuras, James Bond pediu 25 vezes seu vodka martini, visitou 37 países, e 33 vezes lhe foi dito que ia morrer. Foram 57 *bond-girls*, das quais 29 morenas, 24 loiras e 4 ruivas. Por 16 vezes mulheres sussurraram "Oh, James!, ele fez sexo 80 vezes, 20 das quais em quartos de hotel, duas vezes numa residência londrina, três vezes a bordo de trens, duas vezes em celeiros, duas vezes num bosque, duas vezes num acampamento nômade, duas vezes em hospitais, duas vezes dentro de avião, duas vezes num hidroavião, uma vez num submarino, uma vez dentro de um carro, uma vez num *iceberg* motorizado, uma vez numa nave espacial e 24 vezes na água — em cima ou debaixo dela.

De maneira quase tão meticulosa quanto o arrolar desses fatos, nos capítulos deste livro serão analisadas sob a óptica da física cenas

10. Desmond Llewelyn faleceu em 1999, num acidente de carro.

reais de filmes de James Bond, que serão também avaliadas quantitativamente, e da maneira mais detalhada possível. Os filmes de James Bond extraem boa parte de seu apelo do fato de que, diante das acrobacias espetaculares e truques técnicos sempre se é levado a perguntar: "Será que isso poderia funcionar desse jeito mesmo?". Por isso nossa intenção não é explicar quão irreal esse truque ou aquela cena pode ter sido, mas sim buscar fornecer as condições sob as quais cenas do filme poderiam se dar de fato, uma vez que James Bond não é personagem de ficção científica. Não é de admirar que tais condições, não raro, estejam longe do habitual.

Tão bom como James Bond, só mesmo seu principal antagonista. O vilão Hugo Drax construiu uma grande estação espacial e armou um plano diabólico: com o auxílio de satélites, ele pretende aniquilar toda a humanidade com o veneno mortal extraído de uma orquídea, para depois povoar a Terra com pessoas por ele escolhidas, todas perfeitas. Esse plano vai demandar uma análise pormenorizada.

Mas o melhor antagonista de James Bond foi sem dúvida Auric Goldfinger, do filme homônimo. Todo mundo o conhece e todo mundo sabe que Goldfinger se infiltrou em Fort Knox, o depósito de ouro americano, assim como todo mundo sabe que ele estava munido de um dispositivo atômico que acabou sendo desativado por James Bond a apenas "007" segundos (aparece no mostrador da bomba-relógio) da detonação. Mas alguém já entendeu de fato e com detalhes a operação "Grand Slam", que foi como Goldfinger batizou sua operação criminosa? Este livro vai revelar segredos como esse e, por fim, responderá até mesmo à pergunta mais crucial de todas: por que o drinque preferido de 007, o vodka martini, é batido, não mexido?

Levando-se em consideração que os leitores deste livro certamente possuem diferentes níveis de formação em física, as seções serão divididas sempre em três partes. Primeiro será descrita em detalhes a cena de alguns filmes representados por James Bond. Em seguida a cena será elucidada sob a óptica da física, e sempre na medida do possível serão evitadas fórmulas complexas. Ao final de cada capítulo, o leitor encontrará ainda a seção "Informações complementares" e poderá se aprofundar um pouco mais sobre o papel que a física desempenhou em cada cena, e também sobre os cálculos realizados.

Como preparação para a leitura deste livro, recomendamos que o leitor assista ao tão célebre *007 contra Goldfinger*. Em primeiro lugar, porque muitas vezes esse clássico não é "degustado" o suficiente; em segundo lugar, porque neste livro vamos examinar seis detalhes importantes do filme. Por isso, para tirar o máximo proveito da leitura, recomendamos que se assista em DVD, antes de cada capítulo, a cena que vai ser abordada. Desse modo, o leitor estará bem preparado para compreender nossas análises. Só não faça disso uma obrigação, até porque todas as cenas são conhecidas, e a maioria de vocês já deve tê-las visto. Além disso, no início de cada capítulo vamos descrever a cena em questão com detalhes, para que a situação sempre possa ser bem visualizada.

CAPÍTULO 1

007 em missão de vida ou morte — cenas de perseguição

Não há um único filme de James Bond que dispense uma boa cena de perseguição, daquelas de tirar o fôlego. Não importa se 007 é a caça ou o caçador, não importa que ele sempre atinja seu objetivo, como é de esperar de um agente secreto de Sua Majestade em missão ultrassecreta. Graças a armas sempre novas e fantásticas, vindas diretamente do laboratório de Q, e também graças a algum sofisticado e moderníssimo carro, com diversos itens adicionais, ou a seu acervo quase inesgotável de armadilhas, no final James Bond sempre leva a melhor. Cenas de perseguição das mais extravagantes são o elemento essencial de um filme de 007. Ocorre que as cenas mais espetaculares, que por mais que sejam assistidas passam a impressão de irrealidade ou passe de mágica, podem, com certeza, ser explicadas pela física mais banal.

Todas as cenas discutidas neste capítulo têm como base a mecânica clássica, com a qual é possível explicar a maior parte dos fenômenos de nosso cotidiano. Isaac Newton a elaborou em 1687, amparando-se nas então chamadas três leis de Newton,[1] que formam a base da

1. Newton publicou as três leis em 1687, em sua revolucionária obra *Philosophiae Naturalis Principia Mathematica*. Seus três axiomas propõem o seguinte: (i) princípio da inércia: um corpo se mantém em repouso ou move-se a uma velocidade constante, a não ser que uma

1.1 Em *Cassino Royale*, James Bond (Daniel Craig) persegue o homem-bomba Mollaka.

mecânica clássica e ajudaram a impulsionar a Revolução Industrial. Em tese, todos os fenômenos da física presentes nas cenas de perseguição podem ser remetidos a essas três leis. Ocorre que demonstrá-lo certamente seria exercício cansativo e obscuro se antes não apresentássemos uma explanação de caráter bastante geral.

Vamos analisar, por exemplo, a cena de perseguição no guindaste de uma construção logo no início do *Cassino Royale*. James Bond corre, aparentemente leve e solto, na barra de ferro do guindaste, que está a grande altura, e de lá pula no vazio. Para o espectador tudo aquilo parece muito fácil, já que Bond não se esforça nem se machuca. E que dizer do salto *bungee* da barragem, que Bond executa em *007 contra GoldenEye*? Aquele salto seria real? Uma das cenas mais espetaculares

---

força atue sobre ele. (ii) Princípio de ação: a mudança temporal do impulso é proporcional à força externa que atua sobre o corpo. (iii) Princípio de ação e reação: se um corpo A aplicar uma força sobre um corpo B, receberá deste uma força de mesma intensidade, mas de sentido contrário (ação = reação). Quando a massa de um corpo não se altera durante o movimento, segue-se imediatamente, da segunda lei, a conhecida fórmula: força = massa × aceleração.

em se tratando de queda livre é certamente a de *007 contra o Foguete da Morte*, na qual Bond é lançado de um avião sem paraquedas e, no ar, toma o paraquedas do vilão, que também está flutuando à frente dele. Foi preciso juntar mais de 90 cenas individuais para montar essa cena. Mas a pergunta que se faz é se ela, em tese, poderia ter acontecido exatamente como aparece no filme. Especialmente espetacular é a cena de perseguição de *007 contra o Homem com a Pistola de Ouro*, onde James Bond e o policial Nepomuk Pepper, este um pouco acima do peso, perseguem de carro o vilão Scaramanga, que está do outro lado de um rio. James Bond faz uma ponte quebrada servir de rampa para que o carro salte sobre o rio. A rampa está um pouco retorcida, de modo que o carro, no ar, chega a girar em torno do próprio eixo. Esse salto em espiral poderia acontecer de verdade? Em caso afirmativo, poderia alguém, em princípio, com seu carro, arriscar um salto como aquele? No final deste capítulo, apresentaremos uma cena do filme *007 — Os Diamantes são Eternos*, na qual James Bond escapa de seus perseguidores ao pôr o carro sobre duas rodas e fugir por uma viela. Possível ou impossível? De qualquer modo, o leitor encontrará neste livro uma explicação plausível para tal cena lamentavelmente equivocada...

O peso do corpo de um agente secreto

Em *Cassino Royale*, James Bond se vê diante de um novo desafio. Após a inusitada, e frustrada, perseguição ao homem-bomba Mollaka,[2] ele é obrigado a arriscar a cabeça e as calças no encalço do criminoso em fuga. A caçada os leva a uma grande construção e à embaixada de Madagascar, onde 007 consegue enfim apanhar o fugitivo. Ele se depara com um único problema: desta vez, James Bond tem de renunciar a

2. Mollaka é interpretado por Sébastien Foucan, criador do chamado “freerunning”.

todos os acessórios que, na condição de agente, costuma ter à sua disposição: é obrigado a perseguir o opositor a pé. Tal empreitada se revela uma tarefa não muito fácil, uma vez que Mollaka consegue aumentar a distância de seu perseguidor valendo-se de saltos espetaculares e truques acrobáticos. Em vista de tantas acrobacias, logo nos vem a questão: seriam essas exibições mortais fisicamente possíveis? O corpo humano estaria em condições de suportar a carga resultante desses saltos?

Grande parte da perseguição se dá em uma área em construção, aliás bastante movimentada. Para chegar aos andaimes, James Bond opta por percorrer a viga de um guindaste (ver Figura 1.2). Ele a percorre ereto e, ao final, salta para um andaime ali próximo. Com auxílio do número de andares da construção e supondo uma altura média dos andares em que se dá a perseguição, pode-se estimar uma altura média de 16 metros. Não é fácil especificar o ângulo de ataque da viga. Neste caso, deve-se levar em conta que muitas vezes as cenas são filmadas de diferentes perspectivas. Por isso, para examinar com suficiente clareza o ângulo, escolhemos um enquadramento no qual a câmera se encontra quase na perpendicular em relação ao sentido da marcha de James Bond. Chega-se aí a um ângulo de ataque de cerca de 40 graus. Daí fica fácil calcular que 007 tem de percorrer cerca de 25 metros. Há, porém, ainda outra possibilidade de determinar a distância percorrida. James Bond precisa de doze segundos para subir no guindaste, e o faz com 60 centímetros de distância entre os passos, a 3,5 passos por segundo. Com esse breve cálculo pode-se também chegar a um comprimento de 25 metros para o braço em viga do guindaste.

Sob a óptica da física, vale a pena considerar o coeficiente de fricção estática entre os sapatos do agente secreto e a superfície do guindaste. Esse coeficiente descreve as forças de adesão mecânica entre seu

1.2 James Bond pode chegar a uma construção subindo pelo braço em viga de um guindaste. Na figura estão representadas a altura "h" e o comprimento "c" do braço em viga, assim como os componentes de força paralelo e perpendicular de sua força peso.

calçado e a superfície do guindaste.[3] De um modo geral, o potencial de adesão de um plano inclinado depende do coeficiente de adesão (ou atrito) e do ângulo de atrito. Quanto maior for o ângulo de atrito, maior terá de ser o coeficiente de adesão estática. Isso é ilustrado pela Figura 1.3.

Ao coeficiente de fricção estática mínima necessária para se correr na obliquidade pode-se chegar por um cálculo simples. Salientamos que esse coeficiente tem de se dar em valores numéricos próximos aos de pneus no asfalto. Se o calçado usado pelo agente secreto, que certamente foi desenvolvido por alguma divisão de Q, satisfizer a essa condição necessária, então Bond não terá por que esperar maiores problemas na perseguição de Mollaka pelo braço do guindaste.

Contudo, o entendimento analítico de James Bond vai muito além desses cálculos, relativamente simples que por motivo de segurança —

3. O coeficiente de atrito mínimo necessário resulta do quociente dos componentes de força paralelo e perpendicular da força peso, conforme indicado na figura 1.2. Isso nada mais é que a tangente do ângulo de incidência.

afixaram três camadas de forro de telhado, material fácil de encontrar no mercado, na superfície do braço do guindaste. Normalmente esses forros são embebidos em betume, que é misturado a areia granulada, e usados como barreira contra umidade em estruturas de telhados. Essa composição nitidamente eleva o coeficiente de fricção estática, fazendo dessa corrida no guindaste uma operação fácil para um agente secreto. Na cena do filme pode-se facilmente identificar esse papelão betumado, cujo objetivo é o aumento da fricção estática na superfície do braço do guindaste.

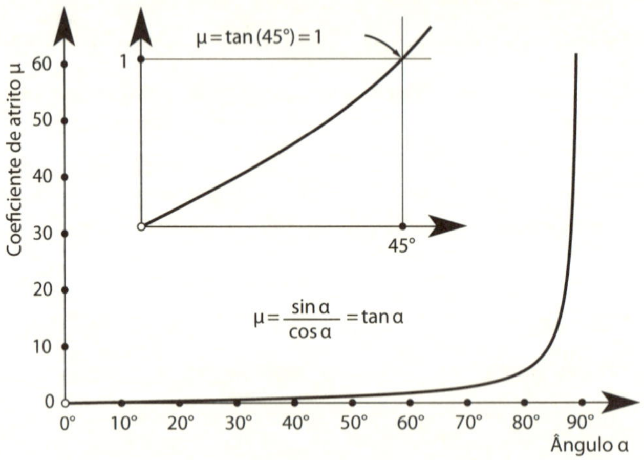

1.3 Progressão dos coeficientes de atrito mínimos μ em relação ao ângulo de incidência do braço do guindaste. O gráfico menor é um excerto da área do ângulo até 45 graus. Para ângulos próximos de 90 graus (portanto para uma parede ou muro perpendicular), o coeficiente de fricção estástica progride ao infinito. A maior parte dos coeficientes de fricção estática fica entre 0 e 1, de modo que a elevação máxima de 45 graus pode chegar à vertical. Os valores habituais são: madeira na pedra 0,7; couro no metal 0,4; esqui na neve 0,2 e pneu no asfalto 0,8.

Na cena seguinte, primeiro Mollaka e logo depois James Bond escalam uma viga h[4] postada na vertical, de quase três metros de comprimento, a uma velocidade lancinante e com incrível facilidade. Executar esses movimentos de subida, se não é impossível, seria no mínimo

4. Por viga h entende-se uma viga usada na construção civil, que, se vista em corte longitudinal, tem a forma da letra h.

muito difícil. Somos levados a acreditar que outras variantes para superar o obstáculo teriam ali mais sentido e seriam mais realistas. Porém, essa variante de subida é um caso especial de corrida em plano inclinado, e fica claro, como vimos anteriormente, que James Bond a domina perfeitamente.

Uma viga na vertical, como é evidente, só pode formar um ângulo de incidência de 90 graus, tornando necessário um coeficiente de fricção estática infinitamente grande (ver Figura 1.3). Em todo caso também aqui se exerce, em contraste com o que se tem na corrida no plano inclinado, uma força de retenção.

O ângulo que agora está em questão não é o ângulo entre a superfície transitável e a superfície da Terra, como se pôde inferir da consideração acima, sobre o plano inclinado, mas é o ângulo entre o sentido da força que atua nas subidas e das perpendiculares com a superfície. Se simplificarmos a situação, portanto, resultará, para o caso estático, o pura e simplesmente agarrar-se à viga, como se tem no desenho à direita na Figura 1.4.

Ficando claro o caso estático, o caso dinâmico, de movimento, não representa nenhum problema, já que cada passo é apenas uma passagem entre dois dos tais casos estáticos. Assim, Mollaka, por exemplo, usa o braço esquerdo e a perna direita para realizar a passagem, enquanto ambas as outras extremidades se mantêm estáticas. E quando ambas as partes do corpo que estão em movimento atingem suas novas posições, no passo seguinte elas servem para a estabilização. Para James Bond, esse método de escalada, com movimento cruzado semelhante ao usado por animais, parece não ser suficiente. Por essa razão ele escolhe o método paralelo, pelo qual sempre que as extremidades de um lado são mantidas estáticas, as do outro lado são usadas para a locomoção — esse método paralelo exige habilidade consideravelmente maior. Para essa técnica faz-se necessário um dispêndio de força adicional, a fim de evitar que o corpo penda para um dos lados.

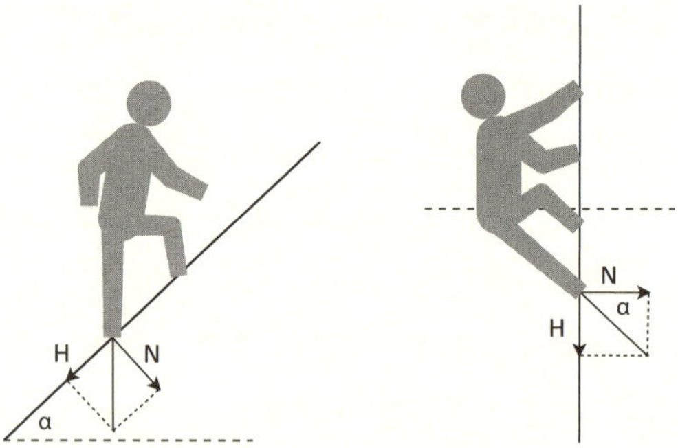

1.4 Comparação de movimento para subir no plano inclinado e para escalar a viga h. O ângulo α é, num dos casos, o ângulo de ataque do plano; no outro, ele descreve o ângulo entre a perna que faz o apoio e a que fica perpendicular à superfície. De modo geral, α descreve o ângulo entre a força atuante e seu componente N exercido perpendicularmente à superfície. A força exercida contra a respectiva superfície é referida como H.

Ambos os tipos de movimento, porém, são possíveis para pessoas muito bem treinadas.

A única escapatória vislumbrada por Mollaka está em uma fuga para cima. Rapidamente ele chega ao teto da construção, e tem de escapar para um dos dois enormes guindastes. Após aguerrido corpo a corpo, no qual James Bond tem de dispender toda a força para não ser arremessado lá de cima, a Mollaka não resta escolha a não ser tomar novamente o caminho para baixo. E ele o consegue da maneira mais habilidosa possível, com dois saltos audaciosos. Primeiro ele pula para o braço do guindaste vizinho, e em seguida para o topo de um edifício em construção. James Bond segue em seu encalço.

Considerando a altura do agente secreto como sendo 1,83 metro, podemos estimar as alturas aproximadas dos saltos. Outra possibilidade para fazê-lo é valer-se do tempo de queda dos protagonistas da cena. Tanto Mollaka quanto James Bond estão sujeitos à mesma força de atração da Terra, que em queda livre se acelera independentemente de suas massas.[5] Essa aceleração que se exerce no tempo de que-

5. Em razão da trajetória de queda relativamente curta, a resistência do ar pode ser desconsiderada. Mas por causa da edição da cena, o tempo exato da queda não pode ser

da pode ser facilmente calculada para obtenção da altura desejada. O tempo de queda perfaz 1,1 segundo, como revela uma avaliação detalhada da cena. Por isso James Bond atinge o segundo guindaste com uma velocidade final de quase 40 quilômetros por hora. Com isso podemos chegar a uma distância de 6,1 metros de altura entre ambos os braços dos guindastes.

A energia de movimento[6] resultante desse salto mortal, que é de 4 mil joules, corresponde, fazendo-se a conversão, a pouco menos de uma quilocaloria (kcal). Isso perfaz aproximadamente o valor calorífico de apenas 100 mililitros, portanto algo em torno de cinco copos pequenos de Coca light. Comparando: um hambúrguer de uma importante rede de *fast-food* contém um valor calórico de mais ou menos 500 quilocalorias. Pode-se afirmar com segurança que no salto é liberada uma quantidade de energia comparativamente pequena. Não é de estranhar, pois, que a energia liberada nesse salto seja igual à energia que seria necessária para escalar 6,1 m.[7] Qualquer pessoa haveria de concordar que para vencer a altura do piso térreo e chegar ao segundo piso o dispêndio de energia não é tão grande.[8] Desse modo, a maior ou menor energia do salto se faz plenamente compreensível. Ao mesmo tempo fica claro que travar contato com um braço de guindaste maciço movendo-se a 40 quilômetros por hora não pode ser experiência das mais agradáveis.

Por essa razão, a grandeza decisiva nesse processo não é a energia total do salto, mas o período de tempo extremamente curto que o corpo tem para absorver essa energia. Nesse breve período de tempo

---

determinado simplesmente pelo cronômetro, e sim demanda uma análise detalhada da cena em questão.

6. A energia de movimento caracteriza-se frequentemente também pela energia cinética.

7. Trata-se aqui da energia de armazenamento, também caracterizada como energia potencial.

8. À energia na nutrição, isto é, em seu valor dito calórico, corresponde uma energia mecânica relativamente grande. Justamente por isso é tão fácil ganhar alguns quilos e tão difícil perdê-los.

de desaceleração após o salto atuam forças muito intensas. Isso se dá pelo fato de que a velocidade do corpo em queda em um curto período fica reduzida a zero, o que corresponde a uma aceleração[9] realmente grande. Pela equação básica força = massa x aceleração, essa grande aceleração produz uma intensa força a atuar sobre os corpos em queda. Para James Bond, a única possibilidade de compensar a força resultante da aterrissagem a grande altura consiste em maximizar o tempo de desaceleração, uma vez que o centro gravitacional de seu corpo desce à medida que ele vai caindo. Por isso, ao se chocar com o chão, ele deve ficar com os joelhos bastante flexionados. Com base na constituição do corpo, a distância de travagem deve ser aqui de aproximadamente meio metro. Um cálculo demonstra que o processo de desaceleração como um todo deve se dar em um décimo de segundo. Disso resultam forças de aproximadamente 9.700 newtons, o que corresponde ao peso de cerca de uma tonelada (ver Figura 1.5).

O corpo humano é bastante robusto e poderia sair-se especialmente bem na evolução. É isso que possibilita vencer os riscos e exigências do cotidiano, como também se lançar a atividades de alto rendimento, como escalar, esquiar, pular de paraquedas e outras modalidades esportivas, incluindo os esportes radicais. Seria possível aguentar cargas muito elevadas por um curto espaço de tempo. Quanto a isso, o que temos no presente caso do salto de uma altura de 6,1 m? Físicos do Massachusetts Institute of Technology (MIT) em Cambridge (Boston, Estados Unidos) estudaram esse problema e descobriram quais cargas a tíbia humana poderia suportar. É claro que aqui o foco estará em apenas um grupo de ossos, para os quais segue-se, como exemplo, a argumentação a seguir:

---

9. Aceleração é alteração de velocidade. Por isso, em termos físicos uma desaceleração é também uma aceleração. A desaceleração pode ser referida também como aceleração negativa.

1.5 Esboço do processo de desaceleração ao final de um salto da altura h. O centro gravitacional do corpo tem de, no percurso Δh, em um tempo muito breve, desacelerar até a velocidade zero. Isso corresponde a uma acentuada desaceleração e, com isso, a uma grande força a atuar no corpo. O processo pode ser explicado também pela conservação de energia: à energia potencial da altura h do salto adiciona-se a participação da energia potencial ao deslocamento do centro gravitacional Δh ao que as pernas se dobrarem. Ao mesmo tempo, ao se dobrarem as pernas, essa energia total vai ser absorvida.

A tíbia, com uma pequena seção transversal de cerca de 3,2 cm^2 (que mais ou menos coincide com a área de uma moeda de 50 centavos) é capaz de suportar, sem danos, uma pressão de compressão que corresponde a 1.600 vezes a pressão atmosférica. Nessa pequena superfície atuará ainda uma força resultante de no máximo 10 mil newtons, como limite para que a tíbia se quebre. Isso corresponde a um peso de uma tonelada, que deveria ser suportado, ao menos por um breve período, pelos ossos da tíbia. Para lembrar: os 9.700 newtons de Bond ficam bem abaixo do total de 20 mil newtons, que é o limite máximo para duas tíbias. Uma tíbia deveria escapar ilesa a um salto de aproximadamente seis metros de altura.

Mollaka não desiste. Após um instante de hesitação, ele pula de novo, do segundo guindaste para a cobertura de uma construção que há ali à frente. O que se tem neste caso é uma queda livre de uma altura de no mínimo 11 metros. Uma vez que a distância de desaceleração por sua estatura corporal se mantém limitada a meio metro, ele se vale de uma técnica apurada, para que o salto realizado não resulte em lesões. Se Bond se contrapuser às forças resultantes novamente apenas pela flexão dos joelhos e, com isso, fazendo descer o centro gravitacional de seu corpo, ele terá de aguentar durante apenas 0,07 segundos[10] forças de no mínimo 16.400 newtons, o que corresponde a uma força peso de 1,6 tonelada — é mais ou menos o peso do Aston Martin de James Bond. Mesmo para um agente secreto a serviço de Sua Majestade, isso não se daria sem provocar muito estrago.

Mas, assista agora à cena do filme com atenção, observando os truques adicionais de que Bond lança mão para atenuar o choque. Para isso certamente devem ser de grande valia suas numerosas missões de paraquedismo por trás das linhas inimigas e sua formação nas fileiras das unidades especiais do M16. Ali, 007 aprendeu que o ato de esticar o corpo divide a força resultante, fazendo-a incidir em uma superfície maior, e com isso a pressão em partes específicas do corpo se reduz eficazmente. Esse processo pode ser identificado também com o auxílio de cálculos. Se se comparar a superfície dos pés — não chega a 500 cm^2 — que absorvem a força no primeiro salto, transferindo-a ao solo, com a superfície das costas, de cerca de 5.000 cm^2 no segundo salto, e considerando que a pressão nada mais é do que força em relação à superfície, resulta daí uma redução de pressão da ordem de dez vezes o total do corpo. Infelizmente a plataforma em que James Bond aterrissa é por demais curta, e ele trava um reconhecimento involuntário com uma chapa de metal posta logo abaixo.

Portanto, se não é difícil suportar os saltos de grande altura, por que motivo no dia a dia experimentamos o contrário? Saltos de 11 metros de altura sobre uma superfície resultarão em, no mínimo, alguns ossos quebrados. O fator decisivo é, também nesse caso, novamente o tempo. Comparando o tempo de 0,07 segundos, no qual James Bond tem de realizar o processo de endireitar o corpo com os processos comuns do nosso dia a dia, revela-se a dificuldade de chegar a um

10. Que esse cálculo resulte em 0,07 segundos cravados, é mera coincidência. O mesmo processo de desaceleração no caso do agente 009 duraria os mesmos 0,07 segundos, e não algo como 0,09 segundos.

período de tempo tão curto quanto. Os tempos de fechamentos da câmera com lente de reflexo ficam entre 1/8 até 1/500 segundos. É quase inimaginável que um processo tão complexo como o desenrolar possa ser realizado tão rapidamente. Por isso, o tempo de desaceleração nos saltos a grande altura devem ser aumentados. No filme, via de regra, esse objetivo é atingido, uma vez que os dublês saltam para um grande aglomerado de papelões, que aumentam o tempo de desaceleração, reduzindo desse modo, de maneira notável, as forças e pressões que atuam sobre o indivíduo.

Conclusão: A corrida no plano inclinado, assim como o ato de escalar uma viga h posicionada na vertical são fisicamente seguros, e, para um agente secreto perfeitamente treinado, de execução relativamente fácil. Pelo menos o primeiro salto, do guindaste mais alto para o guindaste posicionado num nível mais baixo, é de todo possível, e mesmo isento de riscos. Mas para passar pelo segundo salto sem lesões ou sequelas, 007 não apenas tem de estar no auge da forma física, mas ser também em grande medida insensível à dor.

Informações complementares

Para a corrida no plano inclinado (ver Figura 1.2), cabe fazer considerações mais precisas: a força peso do corredor é produto de sua massa M e da atração gravitacional exercida pela Terra $g = 9{,}81 m/s^2$. Uma vez que a decomposição da força peso em um componente paralelo (a tensão de cisalhamento H) e um componente perpendicular (a força normal N) resulta num triângulo de forças (comparar com as Figuras 1.2 e 1.4), estes podem ser descritos para o produto da força peso com as funções de ângulo seno e cosseno: $H = M \times g \times \sin \alpha$ e $N = M \times g \times \cos \alpha$.

O coeficiente de fricção estática μ é produzido como quociente de ambos os componentes de forças H e N.

Deve-se considerar que a força peso em ambos os componentes é mantida, dadas essas condições, e que o coeficiente de fricção estática é independente do peso corporal. O quociente de ambas as funções angulares seno e cosseno é a tangente do ângulo: μ tan α, o que é esboçado na Figura 1.3. O coeficiente de frição estática é uma constante material e não pode ser calculado com métodos simples, mas deve ser determinado de maneira experimental para cada combinação de duas superfícies.

Para a escalada em altura e perpendicular na viga h, cabem as seguintes considerações: como se pode ver pela Figura 1.4, as considerações que se aplicariam no caso do plano inclinado em princípio devem ser assumidas. Além disso, porém, devem ser introduzidas grandezas geométricas, como o comprimento das pernas, dos braços, e do torso. Diferentemente do que se tem na corrida, no caso do plano inclinado o movimento depende em grande medida da massa corporal de quem o estiver escalando, pois ela determina o ângulo máximo de incidência nos diagramas de força e, com isso, os coeficientes de fricção estática mínimos necessários.

As aterrissagens por ocasião dos saltos a grande altura são dolorosas, como todo mundo sabe: a energia potencial de um corpo é produto de sua massa M, da aceleração da gravidade g e da altura h relativa ao seu centro de gravidade. Não há uma energia potencial absoluta, mas sim ela é sempre relativa a uma altura de referência. Da definição da energia potencial segue-se que ela aumenta proporcionalmente à altura da queda. A energia cinética é proporcional ao produto da massa M e do quadrado da velocidade v do corpo em movimento, ou seja: $E = 0,5 \times M \times v^2$. A fim de determinar, para um salto, a velocidade terminal, assume-se, a título de simplificação, que durante o processo como um todo nenhuma energia é dissipada. Isso significa que a energia potencial antes do salto é inteiramente convertida em energia cinética por ocasião do choque. Assim, pela equivalência de ambas as energias, pode-se calcular facilmente a velocidade terminal.

Em todo caso, na conservação da energia reside o cálculo para o processo de desaceleração ao dobrarem-se as pernas. No momento em que os pés, no choque, tocam o solo, o centro de gravidade desce na altura h. A partir desse momento, e do solo em toda a trajetória de desaceleração Δh, atua sobre o corpo uma força F que se exerce sobre todas as partes do corpo, incluindo, é claro, as tíbias. O produto dessa força e da trajetória de desaceleração, portanto $F \times \Delta h$, corresponde precisamente à soma das energias potenciais da altura da queda e da trajetória de desaceleração, uma vez que ao final do processo toda a energia tem de ser absorvida. Invertendo-se essa equação, a resultante é a força F atuante no corpo. Ela independe dos quocientes da altura de salto h e da trajetória de desaceleração Δh. Quanto mais elevado o ponto de partida do salto e menor a trajetória de desaceleração, maior é a força a atuar no corpo do indivíduo.

Uma vez que a força é o produto da massa e da aceleração, e que a aceleração descreve a mudança de velocidade por intervalo de tempo (duração de desaceleração), a duração da desaceleração pode ser calculada pela inversão da equação. Com isso, por exemplo, a duração de 0,07 segundos pode ser calculada para o processo de desaceleração do salto de 11 m de altura.

James Bond em queda livre

O filme *007 contra GoldenEye* se inicia com o agente secreto saltando de *bungee-jump* de uma barragem de contenção. James Bond tem a missão de destruir uma fábrica de gás tóxico. Fugindo de militares russos, ele corre pela coroa da barragem junto a seu gradil até chegar ao meio dela; ali, fixa o cabo do *bungee* ao parapeito a fim de, com o salto, chegar à fábrica, que fica embaixo da represa, num vale bastante profundo.

1.6 No filme, a barragem fica na União Soviética. Mas a cena foi rodada em Verzasca, sul da Suíça, cantão de Tessina.

Se se comparar as imagens do filme com as da represa tal como existe de fato, será possível avaliar que ele percorreu 130 metros; a coroa da barragem Verzasca tem uma extensão de exatamente 380 metros. O tempo cronometrado que 007 leva para percorrer essa extensão é de mais ou menos 13 segundos. Portanto, ele corre a uma velocidade de aproximadamente 10 metros por segundo, o que perfaz 36 quilômetros por hora, sobre a barragem. Ora, com tal velocidade o agente poderia bem competir nos Jogos Olímpicos, por uma medalha de ouro nos 100 metros rasos: o recorde mundial para essa distância é de 1995, e ficou cravado em 9,85 segundos, o que corresponde a uma velocidade média de 36,5 quilômetros por hora — portanto, aproximadamente a velocidade de James Bond na coroa da barragem.[11] Porém: 007 ainda tinha nos ombros um pesado equipamento e estava sem tênis de corrida profissionais. Ora vejam só: James Bond então não será apenas um agente secreto, mas também um velocista de primeira!

Chegando ao meio da barragem, James Bond fixa o cabo de seu *bungee* no parapeito e sem demora dá um salto no abismo. Até o cabo chegar a se tensionar e desacelerar, foi possível desfrutar de sua queda

11. Em 2008, o recorde mundial dos 100 metros rasos era de 9,72 segundos, o que corresponde a uma velocidade média de 37 quilômetros por hora.

livre durante 13 segundos. Mas... 007 teria mesmo despendido tanto tempo na queda?

Na referida barragem, situada no sul da Suíça, existe de fato uma plataforma para saltos de *bungee*, onde quem tiver coragem pode reviver a cena do filme. Para tanto, os dados do salto são bem conhecidos: James Bond tem uma distância de aproximadamente 200 metros entre a coroa da barragem e seu objetivo. Para uma pessoa levar 13 segundos nessa queda, um cálculo simples revela que ela teria de percorrer uma extensão de 830 metros. Ora, com isso James Bond iria fundo demais, ou melhor: antes de dar cabo dessa distância, já teria se esborrachado no chão.

A explicação para essa contradição é simples: quem considerar atentamente a cena, verá que o movimento de queda do agente secreto e outros detalhes não parecem naturais, mas dão-se em ritmo retardado. Se a cena do filme fosse realizada com o dobro da velocidade, todos os movimentos pareceriam fluidos como em qualquer salto *bungee*. Por razões de ordem cinematográfica, os produtores do filme julgaram por bem introduzir aqui uma câmera lenta, para que o espectador pudesse usufruir da visão do salto por mais tempo. O tempo de queda reduzido à metade, de 6,5 segundos, adequa-se melhor à queda em profundidade, enquanto 007, com a metade do tempo de sua queda, percorre apenas um quarto da altura original, de 830 metros, portanto algo em torno de 200 metros.[12]

Porém, esses 200 metros são excessivos, uma vez que James Bond não teria distância para que se desse a desaceleração do cabo do *bungee*. Então, ao que tudo indica, a cena deve ter sido modificada: para que se produzisse no espectador o melhor efeito possível, a cena do salto foi filmada ao mesmo tempo por câmeras em diferentes pers-

12. Essas considerações são feitas sem se levar em conta a resistência do ar. No movimento de queda de um saltador de *bungee* a resistência do ar seria considerável. Mas ela não altera a base da argumentação.

pectivas. Suas tomadas foram montadas em sobreposição, e é assim que aparecem no filme. Por isso, diversos momentos do salto são vistos em duplicidade. Se esses cortes fossem contados apenas uma vez, resultaria, para o tempo de queda real, apenas 4,5 segundos. Nesse tempo, o agente secreto teria uma queda livre de cerca de 100 metros, até o cabo do *bungee* se tensionar e desacelerá-lo. Isso corresponde à metade da trajetória de queda reunida para o deleite do espectador, e ter-se-ia um efeito completamente realista. Nos 100 metros restantes, o cabo do *bungee* se tensiona e desacelera a queda de Bond, de modo que após mais 4,5 segundos de queda e 100 metros de trajetória de queda, por um momento ele fica quase imóvel no ar, a poucos metros do solo.

A força dessa desaceleração permite algumas conclusões sobre as propriedades materiais do cabo do *bungee*. A partir dos dados da cena chega-se à conclusão de que seria necessária uma força de 30 newtons para que o cabo do *bungee* se estendesse um metro. Tem-se aí 1 newton como medida para uma força que corresponde a cerca de 100 gramas sob a força gravitacional da Terra. Para o cabo de *bungee* de Bond isso significa que ele se estende sempre por mais 1 metro quando 3 quilos de peso fazem-se pender adicionalmente. Essa extensão por força peso é uma constante específica de material. Quanto maior o peso necessário para um alongamento de 1 m, mais rígido é o cabo.

Quanto aos metros restantes para se chegar ao objetivo, Bond utiliza uma pistola da qual sai um cabo. Na ponta do cabo há um gancho que, ao ser lançado, prende-se ao teto de concreto da caverna que fica sob a barragem. O cabo arremessado se retrai novamente para dentro da pistola, e o cabo do *bungee* então é esticado de modo que James Bond possa alcançar o solo. Com isso, 007 alcança ainda quase dez metros.

A pergunta que aqui se faz é: seria possível criar uma pistola com uma bateria suficientemente forte para lançar dessa maneira o cabo do *bungee*? Com o cabo utilizado, feito com uma constante de extensão de 30 newtons por metro, a bateria teria de armazenar uma energia total de quase 23.500 joules.[13] Em uma bateria de íon-lítio, que pesa 1 quilo, podem ser armazenados cerca de 140.000 joules de energia elétrica. A energia total necessária poderia então, em princípio, ser integralmente posta à disposição e sem maiores problemas. Ocorre que a energia total de 23.500 joules tem de estar disponível nos onze segundos de que James Bond necessita para chegar até o chão. Para isso seria necessário um motor elétrico com uma potência de aproximadamente 2.000 watts,[14] algo já bem considerável. Essa necessidade, mais o fato de que a potência de 2.000 watts tem de ser extraída de uma pequena bateria em onze segundos, certamente exigirão alguns inventos muito especiais do laboratório de Q.

Informações complementares

A queda livre obedece a leis simples. Quando se deixa um corpo cair no solo, ele adquire uma aceleração constante segundo a lei da gravidade. Isso já foi demonstrado por Galileu Galilei no século XVII. Corpos pesados caem mais rapidamente do que corpos leves. Porém, isso não remete a uma maior força gravitacional, e sim à resistência do ar, que obstrui com força diferente o movimento de queda. Nas considerações relativas ao salto *bungee*, para todos os efeitos, a resistência do ar foi desprezada. A velocidade v, que um corpo — por exemplo, o de James Bond — alcança depois de determinado tempo, pode ser calculada com a fórmula $v = g \times t$, na qual t representa

13. Essa unidade, o joule, é a medida usada para mensuração de energia.

14. A potência é definida como trabalho, ou seja, energia dividida por intervalo de tempo. E o valor de 2.000 watts corresponde à potência de um aspirador de pó tamanho grande.

o tempo de queda e g a força gravitacional da Terra, que é g = 9,81 m/s^2. A velocidade de James Bond é resultante da metade do tempo de queda, portanto para t = 4,5 s tem-se v = 44,15 m/s, o que perfaz quase 160 km/h. Com um tempo de queda aparente t = 13 s na cena do filme, chega-se a uma velocidade de 460 km/h! Somos levados a admitir que na cena original algo não bate e que, possivelmente, ela deve ter sido submetida a um processo de câmera lenta. Esse argumento vale até mesmo quando a resistência do ar é levada em conta. Resulta daí uma velocidade final de ca. 300km/h que, em todo caso, ainda é alta demais.

A trajetória de queda s no tempo t pode ser calculada pela fórmula $s = 0,5 \times g \times t^2$. De um tempo de queda de t = 13 s (duração da sequência original do filme), resulta uma trajetória de queda de s = 830 m, com a força da gravidade sempre como g = 9, 81 m/s^2. Com o recurso de câmera lenta mais os múltiplos cortes e o tempo de queda corrigido t = 4,5 s, tem-se como resultante a trajetória de queda, de valor realista, como s = 99 m.

As propriedades do cabo podem ser determinadas com base na trajetória e no tempo de queda. Assume-se aqui que o tempo durante o qual o cabo fica tensionado é aproximadamente o mesmo da queda livre. Então, James Bond seria tão desacelerado pelo cabo do *bungee* quanto antes fora acelerado pela queda livre. Para analisar o problema de maneira mais detalhada, considere-se novamente uma situação de equilíbrio de energia. No início Bond tem uma grande energia potencial (energia de armazenamento), já que ele ainda está em cima da barragem. Durante a queda, a energia potencial se converte em energia cinética (energia de movimento), que no processo de desaceleração converte-se novamente em energia de tensão do cabo (outra forma de energia potencial).

Em termos quantitativos o resultado é o seguinte: a energia de armazenamento E é dada por $E = M \times g \times h$, em que M é a massa, g novamente a força da gravidade e h a diferença de altura. A energia de tensão do cabo é $E = D \times x^2/2$, em que x é a trajetória, percorrida pelo cabo inteiramente estendido, e D a constante de impulso. A tração que o cabo exerce sobre Bond é então $F = D \times x$. O cabo tem uma extensão distensionada L = 100 m, sendo então ainda uma vez estendido em aproximadamente x = L = 100 m. Portanto, a altura da queda como um todo é h = 2 × L = 200 m. A energia de armazenamento correspondente a essa altura é completamente convertida em energia de tensão do cabo do *bungee* no ponto mais profundo. A partir da igualdade de ambas as energias, $M \times g \times 2 \times L = D \times L^2/2$, chega-se à constante de impulso do cabo, que será D = 4 × M × g/L = 30 N/m. Com isso, considerando L = 100 m, foram inseridos para a massa de James Bond o valor conhecido M = 76 kg e g = 9,81 m/s^2. Quando a queda de James Bond termina, em estado de repouso, sobre ele atua a força do cabo F = D × L = 4 × M × g — portanto, pelo menos quatro vezes sua força peso!

Para percorrer, com o tiro de pistola, os últimos 10 m até a plataforma, 007 tem de reunir energia de tensão adicional para o cabo. Parte dela ele reúne como energia de armazenamento, uma vez que com isso ele consegue alcançar 10 m de profundidade, e o restante ele tem de reunir no guincho do cabo:

$E = D \times (L + 10\ m)^2/2 — D \times L^2/2 — M \times g \times 10\ m = 23.500\ J$. Esse valor, certamente um valor alto, resulta uma vez que o cabo elástico, já pela queda do agente secreto, foi certamente muito tensionado.

A necessária potência P do motor do guincho de cabo na pistola é produzida simplesmente como quociente da energia necessária E = 23.500 J, que tem de ficar à disposição durante o tempo t = 11 s no guincho do cabo, portanto P = E /t ≈2.000 W.

Resistência do ar ainda outra vez

No início de *007 contra o Foguete da Morte*, um planador desaparece e James Bond precisa recuperá-lo. Na sequência inicial, o piloto, o

vilão Jaws e James Bond estão acima das nuvens, em um avião que ameaça cair. O piloto, que comprometeu a aeronave, incapacitando-a de voar, tenta arremessar Bond para fora, sendo porém ele próprio catapultado do avião por um golpe certeiro do agente secreto. No momento seguinte, James Bond é inesperadamente lançado para fora por Jaws, que pula segundos depois. Como o piloto, que fora arremessado antes, está com paraquedas, James Bond tenta uma estratégia engenhosa para apanhá-lo e arrancar-lhe o instrumento. Não demora muito, ele chega até o vilão e, numa luta aérea espetacular, consegue o paraquedas. O piloto cai impiedosamente, sem paraquedas. O que acontece com ele não fica claro, mas pode-se presumir um destino bem infeliz. Mal 007 afivela o paraquedas e se vê pronto a pairar em segurança, aparece em seu encalço o vilão Jaws. Sendo este nitidamente mais pesado que o agente secreto, logo o alcança. Por um breve instante ficam frente a frente: ao que Jaws faz menção de cravar os dentes na perna de Bond, por onde o cordão do paraquedas se transpassa, o agente secreto, como num passe de mágica, é repentinamente alçado para cima. Ao tentar abrir seu próprio paraquedas, Jaws puxa a corda com tanta força que ela se rompe, impedindo, dessa forma, que ele se abra. Em completo desespero, ele avista lá embaixo a tenda de um circo e procura se mover no ar naquela direção, como que remando fortemente com os braços. Jaws consegue e cai pesadamente sobre o circo.

Seria possível a James Bond alcançar o piloto durante a queda livre? E qual a possibilidade de ele mudar o curso de seu voo? E ainda: poderia o perverso Jaws sobreviver à arriscada queda sobre a lona da tenda do circo?

Nessa sequência a resistência do ar é um fator decisivo. Se na Terra todos os corpos tivessem a mesma força de aceleração,[15] todos os cor-

15. Isso significa que no mesmo tempo de queda a mesma trajetória tem de ser percorrida, independentemente de qual corpo estiver em queda. Sem a resistência do ar, uma pena

pos cairiam com a mesma velocidade. James Bond não teria nenhuma resistência do ar, e, sendo assim, sem um impulso externo ele não teria nenhuma chance de alcançar o piloto. Os três segundos que decorrem do pulo do piloto à sua própria queda do avião não poderiam ser recuperados por nenhum tipo de manobra — James Bond ficaria sempre três segundos atrás do piloto. O mesmo vale para Jaws. Apesar de seu peso ser enorme, sem a resistência do ar ele não conseguiria chegar até James Bond.[16]

Para o cálculo da resistência do ar, são necessários os dados dos protagonistas. Primeiramente temos James Bond, com 1,83 metro de altura, 76 quilos de peso e uma largura de ombro de 45 centímetros neste último caso trata-se de um dado estimado, porém bastante razoável. Jaws, por sua vez, tem 2,20 metros de altura, pesa 144 quilos e tem uma largura de ombro de 55 centímetros.[17] Também no caso do piloto, peso e tamanho fazem toda a diferença para os cálculos. Suas medidas podem ser estimadas de maneira aproximada, à vista das cenas. Tem-se a partir daí: 1,86 metro de altura, peso de mais ou menos 70 quilos e largura de ombro de 43 centímetros.

O total de força atuante nos corpos em queda consiste na força peso exercida para baixo e na força de atrito, provocada pela resistência do ar e que se exerce para cima. Se a força peso é produto da massa e da gravidade, a resistência do ar é um complicador a ser introduzido aí. Ela depende da forma do corpo, mais precisamente da aerodinâmi-

---

iria ao chão com a mesma velocidade de um martelo. De maneira impressionante, isso foi demonstrado pelo astronauta David R. Scott na missão Apollo 15 à Lua, em 1971. Na Lua não existe ar, e consequentemente não há resistência do ar, de modo que todos os corpos caem com a mesma velocidade.

16. No caso dos saltos do braço de guindaste, as correções pela resistência do ar são mínimas, já que os tempos de queda são muito curtos. Ou seja, a resistência do ar ali não mudaria nada. No salto *bungee*, ao se considerar a resistência do ar, haveria desvios dos valores numéricos da ordem de até 15%. Em tese, isso também em nada alteraria o resultado. O contrário, porém, ocorre em *007 contra o Foguete da Morte*, uma vez que a resistência do ar desempenha um papel decisivo e a favor de James Bond, quando ele apanha o piloto no ar.

17. Jaws foi interpretado pelo ator Richard Kiel. Suas medidas são realmente as aqui arroladas.

ca, da densidade do ar, da área de contato e da velocidade do corpo em queda. A dependência da velocidade faz-se com isso quadrática, ou seja, uma duplicação da velocidade corresponde a uma quadruplicação da resistência do ar.

A aerodinamicidade de um corpo é descrita pelo chamado coeficiente de resistência aerodinâmica, conhecido como valor c_w. Esse valor se altera, a depender da forma do corpo em queda. No presente caso, o valor c_w deverá ser encontrado para um corpo em um paraquedas. O valor c_w de uma meia taça virada para baixo, isto é, de um paraquedas aberto tem em $c_w = 3,4$ seu limite máximo. Para uma esfera uniforme,

1.7 Na figura acima, Bond cai horizontalmente em relação à superfície da Terra. Sua área de contato A_{Bond} é relativamente grande e corresponde aproximadamente à sua altura multiplicada por sua largura de ombros. Essa área de contato tem o tamanho aproximado da superfície de contato do piloto $A_{Vilão}$, ou seja, da superfície de contato do vilão, que se encontra abaixo dele. Por isso ambos os corpos caem com velocidade semelhante. Na parte inferior da figura é visível como Bond diminui sua área de contato efetiva A_{Bond} em relação à resistência do ar, e com isso aumenta sua velocidade de queda V_{Bond}.

$c_w = 0{,}5$. Para corpos muito aerodinâmicos, como, por exemplo, as asas de um avião, os valores ficam em torno de $c_w = 0{,}01$. Além disso, o valor c_w é maior para uma pessoa em queda que esteja no ar na posição horizontal do que para uma pessoa que se agita caoticamente no ar, estando com o corpo encolhido ou quase como uma esfera. Em cada um dos casos, esses diferentes valores c_w estiveram na base dos cálculos para a cena em questão.

Além disso, as superfícies transversais dos corpos em queda desempenham também um papel relevante. Trata-se, aqui, de uma área de contato efetiva para a resistência do ar. James Bond se vale desse fato para apanhar o piloto, que paira no ar abaixo dele. A diminuição das superfícies de contato efetivas está representada de maneira clara na Figura 1.7. Com isso, 007 pode elevar consideravelmente sua velocidade de imersão.

Nos cálculos relativos a essa cena deve-se levar em conta que a densidade do ar diminui bastante com a altitude. É por isso que a atmosfera ao nível do ar tem uma densidade de 1,2 quilo por metro cúbico, enquanto a uma altitude de 6 mil metros acima do nível do mar — portanto, na altura da queda —, ela diminui em um terço, sendo de 0,44 quilo por metro cúbico.

Para poder contar com todos os dados possíveis, vamos utilizar o programa *Dynasys*, de construção de modelos e simulação de sistemas dinâmicos. O *Dynasys* é um dos chamados *freewares*. Com este *software* é possível simular movimentos de corpos, dadas todas as forças atuantes. O programa encontra integrações numéricas para equações de movimento.[18] O tempo de cada salto individual e a duração de cada queda livre nos são fornecidos pela própria cena, assim como as condições iniciais para o cálculo. Com base nisso, para todos os momen-

18. O programa é excelente para aplicação em sala de aula, uma vez que para a sua compreensão a matemática utilizada é reduzida a um mínimo necessário. Pode ser baixado na internet pelo site http://www.hupfeld-software.de/ (maio de 2008).

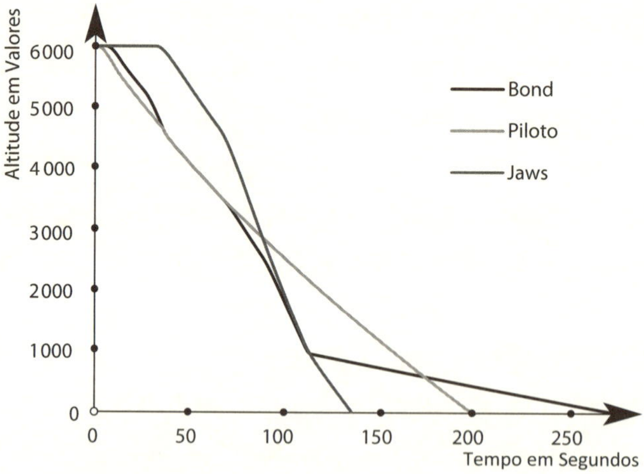

1.8 As alturas de queda dos protagonistas da cena são representadas em seu transcurso temporal. O eixo vertical mostra as respectivas quedas de altura em metros, iniciando-se por 6 mil metros. No eixo horizontal é introduzido o tempo decorrido a partir do momento em que o piloto é arremessado. O piloto (linha clara) cai do avião no ponto zero, e sua altitude passa a diminuir. James Bond (linha escura) é lançado para fora três segundos depois. Só então sua altura começa a diminuir. O Jaws (linha cinza), por sua vez, pula do avião 30 segundos depois. Por isso sua altitude só começa a diminuir a contar dos 33 segundos, e antes disso se mantém constante em 6 mil metros.

tos nos quais algum fator decisivo tiver sido alterado, o movimento de queda é determinado por uma análise precisa da cena. Assim, tem-se em mente as alterações das superfícies de contato efetivas dos corpos em queda e as alterações de valores c_w da queda. Adicionam-se ainda os diferentes pesos dos indivíduos tomados individualmente, o que, claro, não se altera com o passar do tempo, assim como o valor c_w do paraquedas que James Bond abre no final. Estimamos 12 quilos para o peso do paraquedas, o que é um valor realista. Assume-se que todos os paraquedas sejam idênticos. Com isso, o peso de 12 quilos deve ser acrescentado, respectivamente, ao de Bond, ao de Jaws e ao do piloto. Além disso, deve-se considerar que a densidade do ar aumenta à proporção que se cai em direção ao solo.

Uma simulação do movimento da queda dos três personagens é apresentada na Figura 1.8. Deve-se aplicar as altitudes correspondentes, isto é, as altitudes em que os indivíduos se encontram, como função do tempo decorrido desde o momento da queda do piloto.

Pelos cálculos, o avião deveria estar a uma altitude de no mínimo 6 mil metros. Esse valor, por certo, é bastante elevado, mas pode ser explicado, uma vez que o salto naturalmente não estava planejado e, no final das contas, todos os participantes têm de se salvar pulando do avião em queda. Saltos de paraquedas podem ser realizados sem problemas de uma altitude de 5 mil metros. A cena em questão termina com o choque do Jaws na tenda de um circo depois de 135 segundos, ou seja, 2h15 minutos. Mas a Figura 1.8 revela que James Bond evidentemente ainda vai pairar com seu paraquedas durante 140 segundos, até aterrissar em segurança 275 segundos depois. O piloto provavelmente se esborracha no chão após um tempo de queda de 205 segundos. Uma vez que essa queda, assim como a de Bond, não foi mostrada, seguem-se dados apenas estimados. Pode-se recorrer novamente à Figura 1.8, já que os três personagens deixam o avião em momentos diferentes. São os momentos de início da queda, cada qual mensurado assistindo-se à cena, ou seja, posteriormente. James Bond é sucedido por Jaws em três segundos, tudo isso depois de o piloto ter sido arremessado do avião. Quanto ao momento em que o próprio Jaws pula, pela cena do filme não é possível precisá-lo, e o transcurso deve ser reconstruído posteriormente. Pelo que se apresenta, conclui-se que Jaws tenha saltado cerca de 30 segundos após James Bond ter sido lançado do avião. A quebra na curva de queda de James Bond, cerca de 28 segundos depois, mostra a sua queda mais rápida, uma vez que a sua área de contato efetiva se reduz pela metade, com uma submersão mais abrupta. E 30 segundos depois que o agente secreto é arremessado, ou após 1.350 metros de queda livre em uma altitude absoluta de 4.650 metros sobre a superfície da Terra, ele alcança o piloto. Esse é o encontro da linha escura, que representa James Bond, com a linha clara, do piloto, na Figura 1.8. Nessa altitude os dois homens começam a luta no ar pela posse do paraquedas. A mais ou menos 3.450 metros seus caminhos se separam novamente, e o piloto começa a sua trajetória mortal para baixo sem paraquedas. Em uma altitude de aproximadamente 2 mil metros, Jaws, devido ao seu maior peso, consegue se aproximar de Bond, ficando a pouco mais de 100 metros dele. No entanto, ainda será necessária uma queda de quase mil metros para que Jaws alcance Bond. Tudo isso porque, ao perceber que Jaws está em seu encalço, Bond se movimenta, valendo-se tanto de um mergulho no ar quanto de sua aerodinâmica ótima. Em vista disso, serão necessários apenas dois segundos para que Bond se livre de Jaws, quando este alcança o cordão que o ata ao paraquedas. Com isso aumentam abruptamente seu valor c_w e sua área de contato efetiva, o que leva a uma desaceleração abrupta de seu movimento. Desse modo, Bond pode tocar o solo em segurança, enquanto Jaws segue em queda acelerada.

Na Figura 1.9 as velocidades de queda dos personagens são apresentadas em metros por segundo como função do tempo decorrido a contar da queda do piloto. Com o auxílio desse gráfico, pode-se fazer uma leitura das fases do movimento mais precisa do que a que foi feita pela Figura 1.8. Os três personagens começam do ponto de repouso, uma vez que o avião está a uma altitude constante de 6 mil metros. O piloto logo alcança uma velocidade de queda de 54 metros por segundo, o que corresponde a 194 quilômetros por hora, quando ele começa a se agitar caoticamente no ar. A seguir sua velocidade é reduzida, uma vez que ele, como já foi mencionado, mantém seu corpo estirado na horizontal, e com isso maximiza a sua área de contato efetiva em relação à resistência do ar. No encontro e logo em seguida na luta no ar com James Bond, o piloto alcança novamente uma velocidade de 55 metros por segundo, que é sua velocidade máxima. James Bond, ao contrário, em sua perseguição atinge um pico de velocidade de 76 metros por segundo, ou, fazendo-se a conversão, 274 quilômetros por

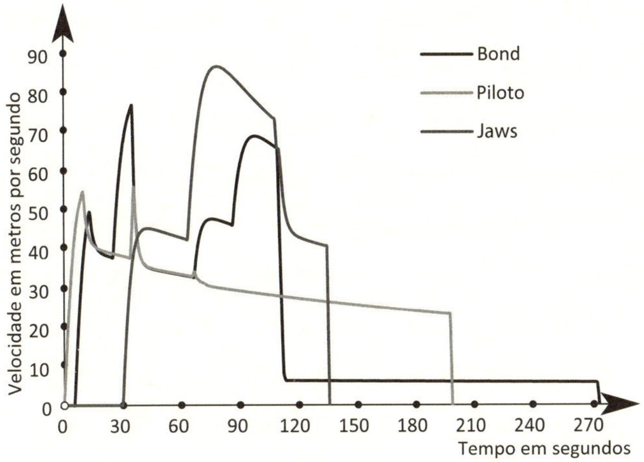

1.9 Aqui, a velocidade de queda dos protagonistas é apresentada no transcurso do tempo. O eixo vertical mostra a velocidade em metros por segundo. O eixo horizontal indica o tempo decorrido a contar do início da queda do piloto. Enquanto o indivíduo ainda está no avião, sua velocidade é igual a zero. A linha escura para James Bond inicia-se três segundos após a do piloto e 30 segundos antes da de Jaws.

hora![19] Após 30 segundos de queda conjunta, o piloto e Bond se separam. O piloto deve atingir, enfim, uma velocidade de 118 quilômetros por hora até seu fim que, provavelmente, não será nada agradável.

Para o caso de Jaws, que com seus 144 quilos tem quase o dobro do peso de James Bond, as precondições de cálculo são outras, e a velocidade máxima que se vai atingir será nitidamente maior. Após cerca de 80 segundos, Jaws chega à sua velocidade máxima, que é de quase 86 metros por segundo, o que corresponde a nada menos que 310 quilômetros por hora.[20] Ao final, todos os três caem a uma velocidade constante, e James Bond aterrissa a cerca de 30 quilômetros por hora, o que lhe garante a sobrevivência. O piloto se choca a algo a uma velocidade em torno de 100 quilômetros por hora e provavelmente não sobrevive.

---

19. A título de comparação: a velocidade máxima alcançada pelo Porsche 911 Carrera, que é de 285 quilômetros por hora, é pouca coisa maior. E com sua velocidade de queda, James Bond ultrapassaria sem problemas o seu Aston Martin DB5, que ele próprio pilota em diversos filmes, já que a velocidade máxima desse carro é de 238 quilômetros por hora.

20. Essa velocidade corresponde aproximadamente à velocidade máxima de uma Ferrari Testarossa 390 PS, que chega a 320 quilômetros por hora.

Jaws escapa da queda praticamente ileso. O choque é bastante amortizado pela lona da tenda de um circo, que está estendida a uma altura estimada em 20 metros e atua como distância de frenagem. O tempo de desaceleração perfaz aproximadamente 1 segundo, como revela a análise precisa da cena em questão. No momento do choque com a lona da tenda do circo, a velocidade de queda de Jaws é de 40 metros por segundo. A força a atuar no período de desaceleração de 1 segundo é de mais ou menos 8.200 newtons. Isso corresponde a cerca de 5 g, portanto cinco vezes a força da gravidade.[21] A título de comparação: em um carrinho de montanha-russa, as forças g exercidas por um carrinho em um *looping* são de até 6 g, e isso, claro, em um espaço de tempo bastante curto. É por essa razão que, em um espaço de tempo de 1 segundo, os próprios 5 g parecem um peso perfeitamente suportável. Isso vale sobretudo para o Jaws, de compleição obviamente mais robusta.[22]

A sequência inicial seria, portanto, perfeitamente realizável, tal como o espectador pode vê-la na telona, contanto que todos os atores estivessem a uma altitude inicial de 6 mil metros. Teoricamente, ela teria de ser rodada sem cortes e com três dublês. Na verdade, porém, ela foi realizada a uma altura de 3 mil metros, e sua montagem feita com base em mais de 90 cenas individuais.[23]

---

21. Sobre as chamadas forças g, tratará com detalhes o Capítulo 2. Aqui "5 g" significa apenas que Jaws tem de suportar cinco vezes o seu peso.

22. Em *007 contra o Foguete da Morte*, Jaws passa por várias situações complicadas. Em uma das cenas, ele segue empoleirado no bondinho do Pão de Açúcar até uma caverna, que voa pelos ares, enquanto ele sai completamente ileso. A bordo de sua lancha, ele se precipita de uma elevada queda d'água. Ao final do filme ele salva o próprio James Bond e o ajuda a destruir o foguete que arrasaria todo o planeta. Nessa ocasião ele sobrevive à explosão de uma estação espacial! Portanto, 5 g por um tempo de 1 segundo não é tão grande coisa para um tipo tão indestrutível!

23. Segundo descrição detalhada presente no documentário *Best ever Bond*.

Informações complementares

Para elucidar essa situação precária, a resistência do ar para James Bond é realmente essencial. A isso está atrelada a questão: como é que a Terra acelera todos os corpos com a mesma intensidade? Esse enigma rondou a humanidade até o século XVII, uma vez que a experiência cotidiana mostra que corpos mais pesados vão ao chão mais rapidamente que os leves. Quem iria negar que uma folha de papel cai mais lentamente do que um tijolo? Mas se a folha de papel for amassada, ela cai bem mais rápido do que antes, ainda que pelo ato de amassar sua massa certamente não se altere.

No século XVII, o célebre físico Galileo Galilei demonstrou esse enigma valendo-se de um interessante experimento de pensamento, uma vez que todos os corpos tinham de ser acelerados pela Terra com a mesma intensidade.

Galileo procedeu a uma demonstração por contradição:[24] a hipótese inicial é a de que corpos pesados de fato são acelerados com mais rapidez que os leves. Desse modo, eles também teriam de cair mais rapidamente. Uma ponderação lógica deverá demonstrar a contradição presente nessa hipótese. Se um corpo leve se encontra diretamente abaixo de um pesado, então este deve obstruir o movimento de queda mais rápido do corpo mais pesado, pois, segundo a hipótese, ele cai mais lentamente.[25] Como um todo, ambos os corpos, em conjunto, teriam de cair mais rapidamente que o leve, mas como um todo mais lentamente que o corpo pesado. Se ambos os corpos estiverem então ligados, como unidade, essa unidade é no todo mais pesada que

---

24. As comprovações por contradição são em geral as mais difíceis que a lógica pode oferecer. Ao mesmo tempo, são também o mais belo elemento da lógica, proporcionando sempre aquela duradoura sensação de "a-há!".

25. Uma moeda de um dólar também cai mais rápido que uma nota de um dólar. Aqui a resistência do ar obstrui o movimento do papel. Mas em nosso experimento de pensamento não há nenhuma resistência do ar, em sim diferentes massas.

o peso de ambos os corpos tomados individualmente. Segundo nossa hipótese inicial, com isso o corpo conjunto teria de cair com mais rapidez que os corpos individuais pesados. Porém, disso já teria antes resultado que ele tem de cair mais lentamente. Ora, ele não pode cair ao mesmo tempo mais rapidamente e mais lentamente! Portanto, a hipótese inicial é falsa, e todos os corpos têm de ser acelerados pela Terra com a mesma intensidade — e a comprovação por contradição fica assim consumada.

O fato de que na direção do centro da Terra todos os corpos se aceleram com a mesma velocidade não está em contradição com a observação segundo a qual diferentes objetos caem com diferentes velocidades, uma vez que todas as forças que atuam num corpo determinam seu movimento. Além da força de atração da Terra, atua, como segunda força essencial, o atrito do ar, que obstrui o movimento de queda. Essa força tem intensidades diferentes para corpos diferentes, sendo responsável, em última análise, pelas nossas experiências cotidianas, segundo as quais corpos pesados e de formas aerodinâmicas caem mais rapidamente que corpos leves e achatados. Infelizmente, a descrição matemática exata de um movimento de queda a levar em conta o atrito do ar é tão trabalhosa que as equações de movimento que se fazem necessárias são as chamadas equações diferenciais. Sua solução exige alta matemática.

Com o auxílio do programa *Dynasys*, é possível dispor essas equações de movimento e resolvê-las com um método de cálculo numérico,[26] como se pode ver pelas Figuras 1.8 e 1.9. Contudo, a constante de velocidade de queda pode ser calculada também com um equilíbrio de forças simples, que se ajusta a um tempo de queda maior, levando em conta o atrito do ar. Com essa deliberação, todos os cálculos exatos recebem ainda uma confirmação adicional com o programa *Dynasys*.

---

26. Para verdadeiros especialistas: o programa *Dynasys* faz uso de um método Runge-Kutta de 4ª ordem.

Para a força total atuar sobre um corpo em queda valem:

Força total = força peso – força de atrito

A força de atrito tem de ser diminuída da força peso, uma vez que a ela se contrapõe.

A força peso é simples: força peso = M × g, sendo M a massa do corpo em queda e g a força gravitacional da Terra, que é de g = 9,81 m/s^2.

Para a força de atrito tem-se:

Força friccional = 0,5 × c_w × A_{eff} × ρ_{ar} × v^2

Tem-se aqui como c_w o valor de resistência do ar ao corpo em queda, que depende exclusivamente de sua forma, A_{eff}, como sua superfície transversal efetiva, v sendo a sua velocidade atual e ρ_{ar} a densidade atmosférica, que, por sua vez, depende da altura da queda. A dependência quadrática de v faz com que a força do atrito cresça muito rapidamente, com uma velocidade de queda ascendente.

Se a força de atrito for igual à força peso, a força total que atua sobre o corpo em queda se dissipa, e ele continua a se mover a uma velocidade constante — isso está de acordo com a primeira lei de Newton. Sendo assim, essa velocidade constante pode ser deduzida do equilíbrio de forças força peso = força de atrito. Se as fórmulas forem aplicadas e a equação resultante for resolvida para v^2, chega-se à seguinte fórmula:

v^2 = 2 × M × g/ (c_w × A_{eff} × ρ_{ar})

Uma vez que a massa M no numerador da fração e o valor da resistência atmosférica c_w e a área efetiva A_{eff} ficam sempre no denominador, essa fórmula relata fielmente a experiência cotidiana, uma vez que corpos mais pesados, aerodinâmicos e com área efetiva menor caem com velocidade maior do que objetos leves e não aerodinâmicos de superfície maior. Na perseguição que empreende ao piloto em pleno ar, James Bond se utiliza das grandezas c_w e A_{eff} no numerador da fórmula acima, tendo no seu caso ambos os valores reduzidos, e sua velocidade, com isso, aumentada. Já o Jaws, em sua perseguição a

007, vale-se do fato de que o M fica no denominador da fórmula acima apresentada, com sua massa sendo quase o dobro da do elegante agente secreto.

De modo geral o valor c_w se altera com a forma do objeto em queda e deveria ser empiricamente determinado para todo e qualquer corpo. Para os cálculos aqui em questão, os correspondentes valores c_w são estimados por meio de comparação, e da melhor forma possível, de acordo com objetos semelhantes. Se uma pessoa cai de maneira mais ou menos caótica, o programa *Dynasys* vai tomar como base um valor de $c_w = 1,5$. Na queda de um corpo que se espraia na horizontal, a pessoa já não cai de maneira tão aerodinâmica. Nesse caso, para esse tipo de queda é usado $c_w = 2$. Uma pessoa que cai de cabeça tem, nitidamente, uma forma aerodinâmica. Isso seria considerado para um valor c_w menor de $c_w = 0,8$. Por fim, tem-se o maior valor de resistência do ar com $c_w = 3,4$ para um paraquedas aberto.

A dependência da densidade atmosférica do fator altura seria determinada em função da pressão atmosférica. A pressão ρ na altura h pode ser calculada com a chamada equação barométrica $p = p_o \times \exp(—h/h_o)$. E tem-se aqui p_o como pressão atmosférica no nível do mar; $h_o = 8.000$ m é a densidade da atmosfera.[27] A densidade atmosférica ρ_{ar} na altura h é proporcional à pressão atmosférica p, e nessa medida a relação de implicação é dada pela fórmula: $\rho_{ar} = p/ (R \times T)$. Aqui se tem $R = 300$ J/(kg × K) como a constante universal referida para 1 Mol e T (h) como a temperatura absoluta da atmosfera em kelvin na altura h. A título de simplificação, para os cálculos dos movimentos de queda foi utilizado o valor constante de 273,15 K, ou seja, 0° C para T.[28]

27. Essa não é a densidade real da atmosfera, e sim uma referência para a altitude, onde a densidade atmosférica é de apenas 36,8% da que se tem ao nível do mar.

28. Aqui certamente se teria de levar em consideração uma maior dependência da temperatura T, já que o ar a grande altitude é nitidamente mais frio do que na superfície terrestre. Para tornar o cálculo claramente compreensível, seria necessário abrir mão dessa correlação e usar um valor mediano. Uma análise mais precisa mostra que essa simplificação não exerce alteração relevante nos resultados principais.

Como apanhar um avião em pleno ar

Depois que James Bond, no início do filme *007 contra GoldenEye*, sai ileso do salto *bungee* que realizou na represa, ele se infiltra numa fábrica de armas químicas localizada nas proximidades, em Archangelsk. Ali ele encontra seu amigo e colega Alec Trevelyan, conhecido como Agente 006, também a serviço de sua majestade.[29] A missão de ambos os espiões é mandar as instalações pelos ares.

Quando tentam instalar os explosivos, são descobertos por soldados russos sob o comando do general Ourumov, e aprisionados. Enquanto a Bond cabe dispor os explosivos e ativar a bomba-relógio, 006 é surpeendido pelo inimigo. Ourumov ameaça executá-lo ali mesmo, caso James Bond não apareça em 10 segundos. Embora 007 se prontifique a aparecer, o general dispara pouco antes de o prazo terminar. Alec Trevelyan é atingido na cabeça por um tiro aparentemente mortal.

James Bond consegue fugir para uma pista de pouso ao lado da fábrica. Na troca de tiros com os soldados que o perseguem, ele avista um avião em operação de decolagem, corre atrás dele, alcança-o, abre a porta lateral e entra a bordo. Em luta para assumir o controle, James Bond e o piloto se engalfinham dentro da aeronave, que percorre a pista para decolar. Ambos caem do avião, e o piloto colide com um dos soldados que, de moto, perseguiam Bond. Aproveitando-se da situação, 007 apodera-se da motocicleta e segue atrás do avião, que vem a cair num precipício — a pista de decolagem dá para um profundo abismo. Diante dessa manobra aparentemente insana, os soldados russos interrompem a perseguição. De fato, o avião mergulha no abismo segundos depois, e James Bond faz o mesmo trajeto com a motocicleta. No ar, ele deixa a moto, precipita-se de braços abertos

29. No decorrer do filme, 006 é apresentado como agente duplo e faz as vezes de antagonista de Bond.

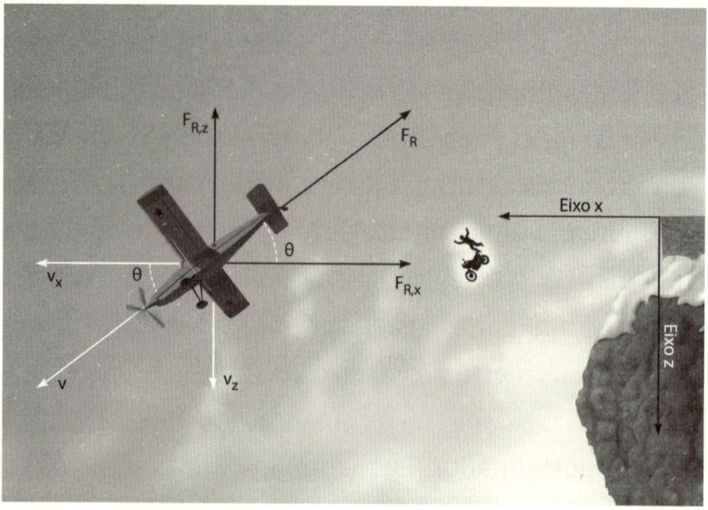

1.10 Representação de diferentes sentidos de movimento e força no salto do penhasco. A variável x designa aqui a distância do penhasco e z, a profundidade da queda. A força de atrito F_R atua em sentido contrário ao da queda. Os componentes horizontais e verticais de velocidade v e da resistência atmosférica são dados por v_x, $F_{R,x}$, v_z, $F_{R,z}$. O ângulo Θ entre a direção de movimento e o eixo x indica o ângulo de inclinação do avião. Uma queda perpendicular corresponde a um ângulo Θ = 90°.

e, no melhor estilo Superman, paira em direção ao avião. Lentamente se aproxima, até atingir seu objetivo 20 segundos depois: apesar do mergulho quase vertical, ele consegue agarrar a porta, que se mantém sempre aberta, e entra no avião.[30] Na cabine, 007 toma o manete e aciona-o freneticamente até que a aeronave alce voo para cima. Ao sobrevoar a fábrica, o dispositivo que ele havia instalado leva-a pelos ares. Missão cumprida!

No cinema, com certeza, alguém iria dizer: "Mas foi muita sorte!" Seria apenas sorte, ou teria sido o cálculo frio de um genial agente secreto? A manobra seria por princípio factível ou seria fisicamente impossível?

Em primeiro lugar, Bond tem de apanhar o avião no ar, depois, entrar a bordo e, por fim, conseguir controlar a aeronave. Todas as três

30. Mesmo que a porta não estivesse aberta, James Bond poderia simplesmente abri-la no ar. Mas isso demandaria muito tempo, e tempo é a única coisa que Bond não tem nessa cena!

ações por si sós já são de extrema dificuldade. Nas considerações a seguir, a força do motor do avião deve ser desprezada, uma vez que provavelmente sua força de flutuação, exercida pelas asas, teria efeito muito reduzido e acarretaria a precipitação no abismo. Os outros efeitos provocam correções de curso muito pequenas.

Por isso, a primeira parte da manobra é uma espécie de queda livre. Ao contrário da cena de *007 contra o Foguete da Morte*, na qual James Bond, o piloto e Jaws caem em direção consideravelmente perpendicular, e com isso perfazem um movimento unidimensional, 007 e o avião movem-se em duas dimensões — a horizontal e a vertical. Sob a óptica da física, os movimentos de James Bond e do avião são um arremesso horizontal (com atrito).

Felizmente, existe na física o chamado princípio da independência, isto é, um movimento bidimensional pode ser decomposto em dois movimentos unidimensionais independentes em direção horizontal e vertical. Esse princípio de independência pode ser visualizado por um experimento simples: na Figura 1.11 pode-se ver em primeiro lugar duas esferas de igual peso em um suporte representado pela linha tracejada mais superior. Quando as duas esferas caem ao mesmo tempo, a esfera clara, à direita, conserva ainda um pequeno empuxo horizontal, e com isso é possível constatar que ambas as esferas, não obstante, caem ao mesmo tempo. Ainda que a esfera à direita tenha feito um percurso mais longo, ambas as esferas encontram-se sempre ao mesmo tempo em igual altura. Portanto, o movimento bidimensional da esfera à direita nada mais é do que um movimento de queda perpendicular, que se sobrepõe a um movimento de translação horizontal simples.

Essa primeira consideração mostra, por si só, que a resistência do ar exerce um papel central na explicação dessa cena. Todos os corpos são acelerados pela Terra com igual intensidade. James Bond jamais poderia alcançar o avião sem a resistência atmosférica, uma vez que ele se

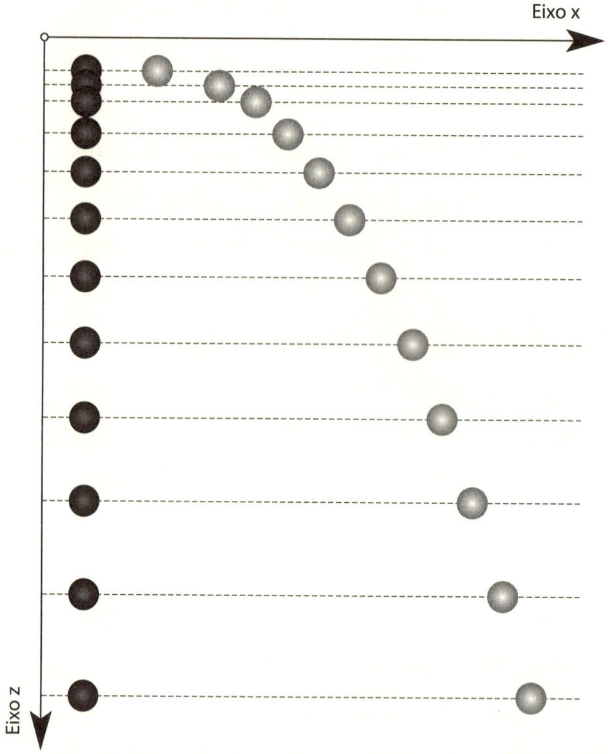

1.11 A figura apresenta uma tentativa de aplicação do princípio da independência dos movimentos. A esfera mais escura cai perpendicularmente ao chão, enquanto a esfera mais clara recebe um empuxo para a direita. Pode-se constatar nitidamente que ambas as esferas se encontram ao mesmo tempo na mesma profundidade z. O movimento na direção x é sobreposto pelo movimento de queda.

precipita no abismo dois segundos depois do avião, e dois segundos poderiam ser tempo demais. A Figura 1.11 ilustra essa situação: assim como nenhuma das duas esferas alcança, no decurso do tempo, uma profundidade de queda maior que a da outra, tampouco James Bond conseguiria alcançar o avião vencendo seu atraso de dois segundos na trajetória de queda perpendicular sem se valer da resistência do ar.[31]

Uma vez que tanto 007 quanto o avião alcançam alta velocidade em queda livre, a aerodinamicidade (a que também se pode chamar

31. Tomamos como ponto de partida que 007 não dispunha de nenhum motor de propulsão – poderia ser, por exemplo, um pequeno motor nas costas. Com tal dispositivo, obviamente ele teria facilidade de ganhar os dois segundos que o separavam do avião em queda.

conformidade aerodinâmica), além dos outros fatores que contribuem para a resistência do ar, tem um papel crucial. A partir do coeficiente de resistência aerodinâmica, ou seja, do valor c_w e da área de contato no sentido do movimento chega-se à resistência atmosférica de um corpo resultante da forma desse mesmo corpo. Tal como na cena do avião, considerando que Jaws só pode alcançar Bond em razão de seu maior peso no ar, o agente 007, em vez de estar aqui em vantagem, encontra-se em sérios apuros. O fato de que corpos pesados vão ao chão com mais rapidez que os leves deve-se à força de gravidade da Terra ter de ser compensada pela resistência do ar. Isso conduz, em última análise, a uma velocidade de queda maior do corpo mais pesado. O que James Bond possui de menos em peso se comparado ao do avião, ele tem de ganhar em aerodinamicidade, e precisa se valer da resistência atmosférica para apanhar o avião em pleno ar. A tarefa não é fácil, uma vez que o avião pesa cerca de 20 vezes mais que o agente secreto. Por isso, Bond teria de ser 20 vezes mais aerodinâmico que o avião em queda, para cair com a mesma velocidade! Definitivamente, isso só poderia ser conseguido com os talentos especiais do agente secreto britânico. Para nós, cidadãos normais, esse tipo de fuga estaria fadado ao fracasso, já que o avião em queda também tem formas aerodinâmicas.

Mas como, exatamente, James Bond consegue usar a resistência atmosférica a seu favor, a ponto de apanhar o avião? Pouco depois de cair no abismo, o agente secreto larga a motocicleta. A partir daí ele dispõe da vantagem, em relação ao avião, de exercer influência consciente sobre a resistência do ar e, com isso, sobre sua própria trajetória. Pode-se ver com nitidez a sequência de suas ações na cena do filme. Primeiramente, 007 tem de alcançar a maior velocidade possível no ar, a fim de recuperar a vantagem do avião. Para tanto, James Bond assume uma postura física que ofereça menos resistência do ar – por isso, ele estende os braços e as pernas completamente. Desse modo, sua resistência do ar torna-se claramente menor que a do avião. Já a entrada no avião, ao contrário, só se faz possível à medida que ele consegue, com aproximadamente a mesma velocidade, voar ao lado da aeronave. Para tanto é necessário desacelerar-se no ar. Isso Bond consegue ao ficar em posição quase ereta, o que aumenta bastante a resistência do ar em relação a ele.

Portanto, para um agente secreto a manobra assume ares de brincadeira de criança. Cálculos detalhados podem prová-lo.

Os resultados dessa primeira consideração, *grosso modo*, levando em conta a atração da Terra e a resistência do ar, já permitem entrever que as coisas funcionam não apenas qualitativamente. Como mostra a Figura 1.12, as trajetórias se cruzam. Na intersecção, James Bond e o avião encontram-se à mesma distância do penhasco, e a igual profundidade. Essa condição deve ser satisfeita, é claro, para a ação de entrar no avião. Mas isso não é tudo, já que para uma entrada bem-sucedida ambos têm de chegar a esse ponto de intersecção ao mesmo tempo. Não se consegue pegar o trem quando se chega à plataforma de embarque cinco minutos após a partida, ainda que o indivíduo tenha estado no mesmo lugar em que o trem estivera antes. Nesse caso, porém, as consequências seriam menos fatais do que seriam para James Bond em seu salto do penhasco.

Executar o encontro simultâneo é algo extremamente difícil e pode ser provado por meio de cálculos, mas, depois de alguns experimentos com os valores, chega-se àqueles que James Bond pode alterar no decurso da corrida com a moto e do voo pelo ar.

Para começar, montado na moto com que salta para o abismo, ele pode alterar sua velocidade inicial e se adequar o máximo possível à velocidade do avião. No ar, o agente secreto pode alterar sua aerodinamicidade e com isso alterar também a resistência do ar em relação a ele, e fazê-lo quase sem níveis de graduação, com os posicionamentos

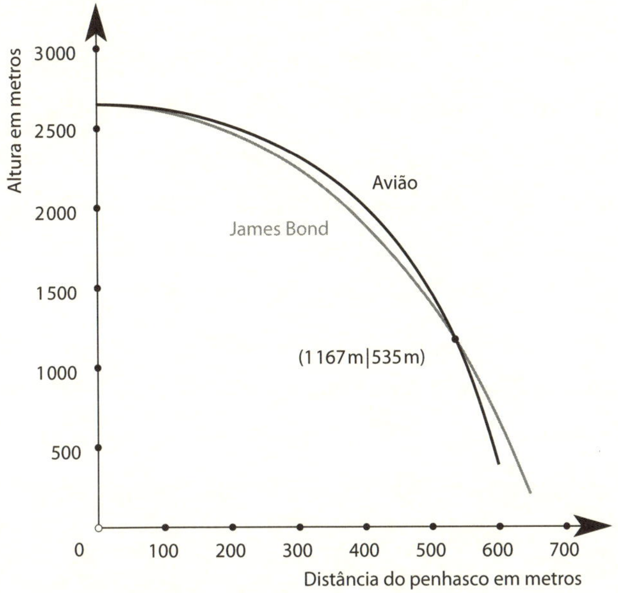

1.12 Trajetórias de voo calculadas para James Bond e para o avião, depois de caírem do penhasco. As duas trajetórias de voo se interseccionam, isto é, existe um ponto em que 007 e o avião ficam a igual distância do penhasco e se encontram em igual profundidade. Pelo gráfico pode-se ler que esse ponto de intersecção é alcançado a uma distância de 535 metros do penhasco, em uma profundidade de queda de 1.167 metros.

de seu corpo.[32] O problema que surge daí está no controle exato e constante da resistência do ar. Um agente secreto com bom treinamento certamente estará em condições de controlar seu corpo, para que possa corrigir sua trajetória de maneira intuitiva e correta. Pela Figura 1.12 tem-se um cálculo preciso para demonstrar o ponto de intersecção, ao mesmo tempo, das duas trajetórias para uma velocidade de cerca de 140 quilômetros por hora, com a qual o avião se lança para o penhasco. Pode-se chegar a resultados semelhantes, por exemplo, também com 145 quilômetros por hora. Portanto, algum erro na

32. Na cena, James Bond voa pelo ar quase tão rápido quanto o Super-homem. Se ele mantivesse os braços posicionados rentes ao corpo, a resistência do ar em relação ao seu corpo seria pequena; com eles abertos, a resistência do ar é sensivelmente maior. Aqui, para a direção do movimento contribui também a postura mais ereta, proporcionando maior área de contato.

estimativa das velocidades poderia ser corrigido por Bond durante o voo e sem maiores problemas. Tecnicamente, não haveria problemas em ser essa a velocidade inicial do avião, visto se tratar de um Pilatus SC-6 ou de um Pilatus Porter Turbo.[33] A moto que James Bond tomou na cena, uma Cagiva,[34] também poderia chegar a essa velocidade sem esforço. Todavia, Bond tem de optar por uma velocidade de salto um pouco menor que a do avião, uma vez que seu problema não está em apanhar o avião na direção horizontal, mas sim em compensar os dois segundos de queda livre na direção vertical. Se 007 caísse no abismo mais rapidamente que o avião, ele fatalmente seria arremessado para além do avião, já que as formas deste são muito mais aerodinâmicas. Desse modo, ele teria de agir com muito sangue-frio.

O agente 007 poderia seguir ainda outra estratégia para se apoderar do avião. Tendo como grande problema o seu peso reduzido em comparação com o do avião, ele poderia ficar com a moto no ar por mais tempo, aumentando, com isso, seu peso total. Porém, isso aumentaria a resistência do ar, diminuindo a possibilidade de alterá-la no voo. Ocorre que um peso total maior permitiria, com certeza, que James Bond caísse mais rapidamente, e desse modo sua aerodinamicidade desempenharia um papel fundamental. Cálculos detalhados demonstram que a influência da resistência do ar chega a exceder em muito a do maior peso. Como mostra a Figura 1.13, com a moto, e em razão da resistência do ar ser muito maior, 007 não teria a menor chance de apanhar o avião — nem mesmo com a velocidade de queda máxima de 180 quilômetros por hora. Desse modo, a decisão do agente secreto de largar a motocicleta o quanto antes foi totalmente correta. Enquanto está com a moto, James Bond tem de fazer

33. Esse avião Pilatus-Porter foi cedido para a filmagem pela empresa suíça "Air-Glaciers — Compagnie d'Aviation 1951 Sion". A máquina é conhecida por demandar pouco espaço para pousos e decolagens.

34. Presume-se que se trate de uma "Supercity 125" com velocidade máxima de aproximadamente 180 quilômetros por hora.

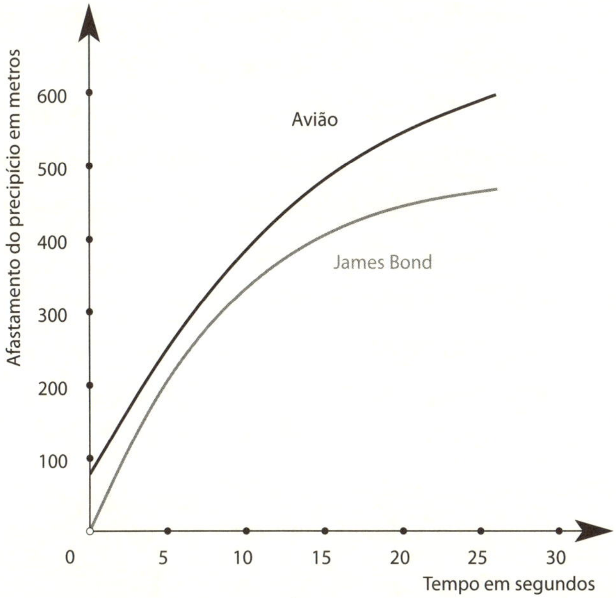

1.13 Distância do abismo calculada como função do tempo para James Bond e para o avião, caso o agente se mantivesse na moto durante o voo. Fica evidente que 007 não teria nenhuma chance de apanhar o avião, uma vez que as duas curvas não se cortam. Em nenhum momento James Bond e o avião se distanciam do abismo na mesma medida.

os cálculos de cabeça e rapidamente, para não cometer nenhum erro fatal. Em nenhuma outra cena fica tão evidente o quanto uma sólida formação em física teria sido determinante para a sobrevivência do agente duplo zero.

Também em razão de suas formas aerodinâmicas, James Bond pôde pegar o avião em pleno voo. Mas seria possível para 007, além disso, entrar no avião?

Ao contrário das imagens da cena, em que se vê 007 acomodando-se no avião de maneira quase confortável, mesmo os cálculos mais favoráveis apontam para uma velocidade de impacto de aproximadamente 85 quilômetros por hora. Sobreviver a esse tipo de impacto sem maiores danos só seria possível com um traje especial, de que, até onde se saiba, o agente secreto não dispõe: algo como uma roupa com miniairbags embutidos. Todos os cálculos apontam para uma velocidade de impacto elevada porque James Bond fica perto de fazer o avião mergulhar em seu curso, para então, de lado, reverter a trajetória da queda. Se agisse de outro modo, as trajetórias não coincidiriam em nenhum ponto. Dessa constelação resulta ainda uma velocidade relativa cada vez maior entre o avião e o agente secreto.

Para concluir, queremos saber ainda se James Bond será capaz de manter o avião no ar após sua entrada bem-sucedia e sair ileso. Na cena, após o salto do abismo decorrem 26 segundos até que Bond finalmente assuma o comando. Agora ele tem novamente de tirar o avião de uma trajetória de queda e ganhar altura — depois de 26 segundos de queda livre, a velocidade aumentou para respeitáveis 470 quilômetros por hora. Pilotos de acrobacias realizam tal manobra a uma velocidade de 300 quilômetros por hora, chegando a 400 quilômetros por hora. Por isso, a manutenção da altitude da máquina acaba sendo o menor dos problemas que Bond tem a resolver a partir do momento em que assume o *cockpit*. Em vista de todas as qualidades que James Bond possui, nem é preciso dizer que ele é capaz de pilotar um avião melhor do que o mais experiente piloto de acrobacias.

Passam-se 26 segundos até Bond interceptar o avião. Nesse tempo ele e a aeronave já perderam mais de 2.200 metros de altura e, mais uma vez, o sucesso da operação é, mais do que qualquer outra coisa, uma questão de espaço. Teria o penhasco espaço suficiente para essa manobra? Nas proximidades de Archangelsk isso não seria muito possível, uma vez que, sendo uma cidade costeira, ela não fica muito acima do nível do mar. Foi por esse motivo que o produtor do filme optou por usar a locação do monte Tellistock, nos Alpes suíços, que para todos os efeitos tem uma altitude de 2.651 metros. Não se sabe se o penhasco em questão chega a descer ao nível do mar, mas ele foi de boa serventia para James Bond. Portanto, partimos do pressuposto de que existe ali espaço suficiente para a queda.

É claro que a cena não foi rodada tal como aparece no filme. Na verdade foi um dublê que saltou com a motocicleta atrás do avião. Mas para apanhar o avião em queda, em vez de fazer como 007, o dublê acionou um paraquedas após cerca de 300 metros de queda livre e preferiu não salvar o avião em pleno ar, o que seria manobra por demais audaciosa.

Para todos os cálculos que se pode ver nos gráficos, utilizamos um computador para resolver as difíceis equações diferenciais. James Bond pode fazê-las de cabeça — enquanto persegue o avião montado na moto. Vale notar que, para essa tarefa, assim tão bem realizada, muitos professores de física certamente tirariam o chapéu.

Informações complementares

Na mecânica clássica, para o cálculo da trajetória procede-se da seguinte maneira: primeiramente, são averiguadas todas as forças atuantes no objeto investigado. Pela adição delas, chega-se às equações de movimento buscadas.

Tratando-se aqui de um problema bidimensional,[35] também devem ser consideradas as direções e os sentidos das forças atuantes. Para o salto do penhasco é preciso levar em conta duas forças: tem-se, por um lado, a força de atração da Terra atuando sempre na vertical e, portanto, a força peso $F_G = M \times g$, sendo M a massa do corpo em queda e $g = 9{,}81\ m/s^2$ a aceleração da Terra. Por outro lado, a força de atrito que o ar exerce nos corpos em queda $F_R = 0{,}5 \times c_W \times A_{eff} \times \rho_{ar} \times v^2$. Aqui novamente se tem c_w para o coeficiente de

35. Nosso mundo é naturalmente tridimensional. O salto do abismo, não obstante, pode ser calculado tendo-se à mão dois dados — a distância em relação ao abismo e a altura. Se houvesse um forte vento lateral, seria o caso de levar em conta também a terceira direção espacial. A título de simplificação, e para efeito de nossos cálculos, consideraremos uma total ausência de ar.

resistência do ar em relação ao corpo em queda, que depende exclusivamente de sua forma, com A_{eff} sendo sua área de contato direto com o ar, que é perpendicular à direção do movimento, v sua velocidade instantânea e ρ_{ar} a densidade do ar, que depende da altura em que está o corpo em queda.[36] A dependência quadrática de v mostra novamente que a força de atrito aumenta muito rapidamente com o aumento da velocidade. A força de atrito atua, pois, no sentido contrário ao do movimento do corpo. Portanto, parte da força de atrito se contrapõe ao movimento horizontal e parte dela obstrui o movimento de queda.

Como demonstrado na Figura 1.10, a trajetória pode ser descrita por meio de duas grandezas: a distância do penhasco, que na sequência será representada por um x, e a profundidade de queda, representada por z. Todas as grandezas que devem ser levadas em conta, como as velocidades e as forças atuantes, podem ser arranjadas nessas duas direções. Toda velocidade pode ser decomposta em um componente de velocidade do abismo, descrito como v_x, e um componente vertical, que descreve a queda, a ser referido como v_z. Esse procedimento sempre se apresenta nas equações de movimento, pois tal movimento bidimensional pode ser decomposto em dois movimentos unidimensionais. Matematicamente isso decorre sempre do caráter chamado vetorial[37] da velocidade e da força, este que, em última instância, fundamenta o princípio de independência dos movimentos nas direções x e z (ver Figura 1.11).

Do caminho para o abismo, portanto na direção x, atua apenas o componente x da força de atrito. Perpendicularmente a ela atua a força da gravidade e, na direção oposta, o componente z da força de atrito. Os componentes x e z das forças são calculados pelos respectivos

---

36. Nos cálculos para essa cena, a densidade do ar é considerada constante. Mas para uma altitude de 2.651 m, a densidade do ar muda sensivelmente.

37. Vetores são grandezas físicas, que não consistem apenas em números, mas também numa direção. O tempo, ao contrário, pode ser integralmente descrito por um número; por isso ele não é grandeza vetorial.

ângulos de incidência, com um pouco de trigonometria[38] (ver Figura 1.10). Com isso, as equações de movimento podem ser postas e resolvidas com o auxílio de um computador.[39] Como soluções, derivam daí ambas as funções x (t) e z (t), que dão a distância em relação ao abismo e a profundidade da queda para James Bond e para o avião em função do tempo. E quando se aplica z (t) em relação a x (t), resulta daí a trajetória z (x), como se pode ver na Figura 1.12. Calculam-se então as diferentes funções x (t) e z (t) e as trajetórias, a fim de investigar se há uma configuração na qual James Bond, depois de cerca de 22 s, e o avião se encontram na mesma distância do abismo e na mesma profundidade de queda. Daí se chega à hora de embarque do agente secreto.

Uma vez que James Bond em sua trajetória exerce uma influência decisiva sobre a alteração da resistência do ar, esta se manterá variável também nos cálculos para as curvas de voo na Figura 1.12. Se para o avião o valor c_w e a superfície de contato na direção de movimento são quase constantes, para 007 as grandezas são postas como variáveis no tempo. Essa alteração é modelada por uma função matemática, que põe em direção de movimento primeiramente um pequeno valor c_w e uma pequena área de contato, um e outro aumentando sempre mais no transcurso do voo. Com isso, a desaceleração do agente secreto no ar é bem descrita pelo ato de ele endireitar a posição de seu corpo no ar antes de entrar no avião.

Na Figura 1.14, o produto do valor c_w e da superfície de contato é considerado na direção do movimento como função do tempo.[40] Com

---

38. A trigonometria é a disciplina da matemática voltada para o estudo dos triângulos, mediante o cálculo de senos e cossenos.

39. Essas equações de movimento não serão dadas aqui de maneira explícita, pois são bem complicadas. A título de curiosidade, deve-se mencionar que, com base na dependência quadrática entre a força de atrito e a velocidade, resulta um sistema de equações diferenciais não lineares acopladas de segunda ordem para as funções x(t) e z(t). Esse sistema de equações só pode ser resolvido numericamente com o auxílio de um computador.

40. Para os especialistas: o aumento da resistência do ar foi modelado com o auxílio de uma função tangente hiperbólica.

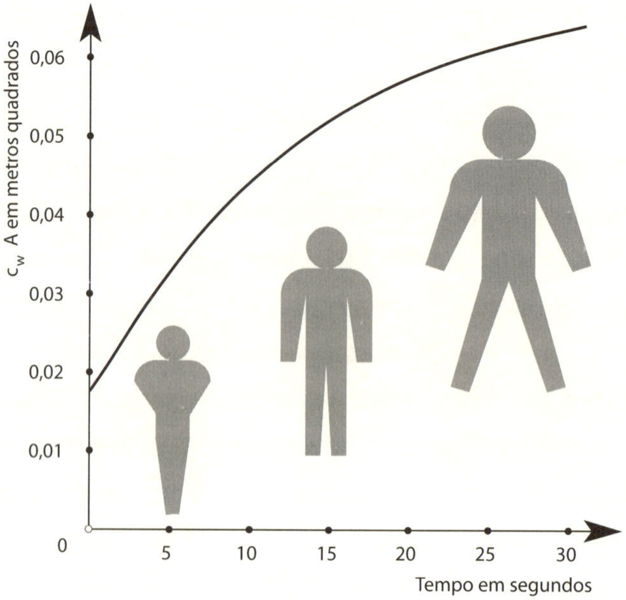

1.14 A resistência do ar em relação a James Bond depende do produto da superfície de contato e de sua aerodinamicidade (valor c_w). A curva na figura mostra o transcurso temporal dessa grandeza, que aumenta continuamente até 007 desacelerar seu voo para entrar no avião. As figuras menores mostram como James Bond gradativamente endireita a postura, fazendo a resistência do ar aumentar continuamente.

o auxílio de dois parâmetros, James Bond exerceu grande influência sobre sua curva de voo. Ele pode determinar, antes de mais nada, quão grande é a diferença entre o produto máximo e o mínimo a partir do valor c_w e da superfície de contato. Além disso, ele pode escolher o momento em que seu corpo "desdobra", e com isso ele aumenta a resistência do ar. Assim, ambos os parâmetros podem ser introduzidos no cálculo e ser reproduzidos com precisão.

Valendo-se da fórmula já dada para a velocidade em queda livre, com a resistência do ar dada por $v^2 = 2 \times M \times g/(c_w \times A_{eff} \times \rho_{ar})$, segue-se que um corpo pesado pode cair com a mesma rapidez que um leve, se a grandeza $c_w \times A_{eff}$ for correspondentemente menor. Uma vez que o "Pilatus Porter" pesa cerca de 1.500 kg, em James Bond essa grandeza pode ser pelo menos 1.500/76 = 20 vezes menor que a do avião em queda.

Como os carros capotam no cinema

Em *007 contra o Homem com a Pistola de Ouro*, James Bond realiza uma das mais espetaculares e também fisicamente mais interessantes cenas de proezas num automóvel que já foram rodadas. No início da cena, a assistente de Bond, Mary Goodnight, tenta introduzir um transmissor no porta-malas do carro do vilão Scaramanga e de seu "braço direito", que atende pelo nome de "Nick Nack". Scaramanga descobre o plano e a prende no porta-malas. Ao ser informado pela própria Mary, via rádio, James Bond dá início à perseguição. Contudo, só lhe resta "emprestar" um AMC Hornet Hatchback em uma loja de carros, uma vez que as chaves de seu carro estão com a própria Mary Goodnight. No assento do passageiro do carro encontra-se, como que por acaso, o xerife Nepomuk Pepper, um pouco acima do peso e já conhecido pela sua atuação em *Com 007 Viva e Deixe Morrer*.

Num dado momento da perseguição, o AMC de James Bond e o carro de Scaramanga encontram-se numa avenida que margeia um pequeno rio. Na outra margem, Scaramanga e Nick Nack estão com Mary Goodnight no porta-malas. Bond faz então uma manobra lendária, diante da qual Nepomuk Pepper só consegue dizer: "Você não vai...?". Como não há nenhuma ponte nas proximidades, o agente secreto ousa um salto sobre o rio, usando como rampa uma ponte quebrada cujas extremidades fazem com que o carro dê um giro no ar e aterrisse a cerca de vinte metros, na outra margem.

Mais uma vez tudo dá certo, e James Bond pode continuar a caçada a Scaramanga e salvar Mary Goodnight.

No início dos anos 1970, exibições com saltos desse tipo eram comuns em shows de acrobacias com automóveis, realizados no Houston Astrodome por diferentes dublês. Raymond McHenry, engenheiro da Universidade Cornell, no estado de Nova York, teve a ideia desse salto e, com a ajuda de um programa de computador, calculou os formatos

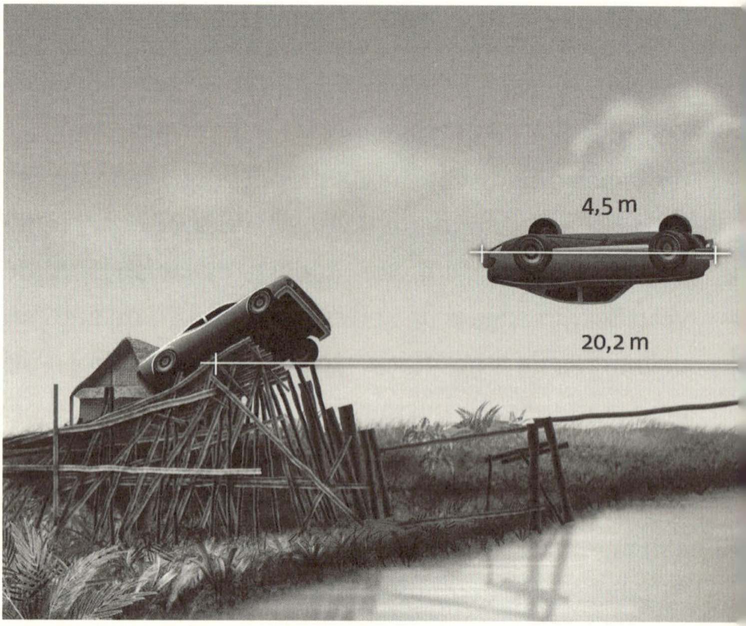

das rampas. Esse programa foi concebido originalmente para a simulação de acidentes de carro.[41] McHenry patenteou o "salto em espiral" em questão, assim como a rampa levemente retorcida, em junho de 1974. Em seus cálculos fazia-se necessária uma condição fundamental: o carro tinha de estar perfeitamente balanceado, com o motorista devidamente afivelado no meio do veículo. Mas, o que isso significa quando se tem a bordo um passageiro pesando tanto quanto Nepomuk Pepper, é o que também vamos demonstrar. Como James Bond poderia saber a que velocidade ele deveria subir na rampa a fim de aterrissar com segurança do outro lado?

No salto em espiral, o centro gravitacional do AMC Hornet percorre uma trajetória parabólica simples,[42] para a qual um movimento de

41. Na época foi usado um computador de 1974.

42. No salto em espiral a resistência do ar não exerce nenhuma influência. Em primeiro lugar, a velocidade do carro é relativamente baixa, o que determina uma resistência ao ar igualmente baixa; em segundo lugar, o movimento não tem duração suficiente, uma vez que a resistência ao ar "não tem tempo" de obstruir o movimento de maneira que seja relevante.

1.15 Determinação da amplitude do salto e da diferença de altura a partir da composição de três imagens de *007 contra o Homem com a Pistola de Ouro*. A uma distância de 4,5 metros do AMC Hornet Hatchback resulta uma distância de salto de 20,2 metros e uma diferença de altura entre o patamar do salto e o nível do solo de 0,5 metro.

rotação do carro em sentido longitudinal se dá em torno de seu centro de gravidade. Isso pode ser aplicado, sobretudo, em termos muito gerais. Em mecânica, por exemplo, é possível descrever todo e qualquer movimento desejado como um movimento do centro gravitacional com uma rotação sobreposta a esse centro gravitacional em movimento. Mas raramente esses movimentos independentes podem ser reconhecidos de imediato como no salto em espiral que James Bond realiza com Nepomuk Pepper.

Uma vez que os movimentos se dão de maneira independente, eles podem ser analisados individualmente, o que simplifica muito a descrição da trajetória. O salto sobre o rio, ainda que não fosse tão espetacular, tampouco seria possível, como é óbvio, sem uma rotação. Sob a óptica da física, são necessárias algumas condições adicionais sobre a rotação e a velocidade do carro na rampa.

Para uma descrição precisa da trajetória e, com isso, para a determinação da velocidade do salto, as medidas da ponte, a largura do rio e a diferença de altura entre ambas as partes da ponte são grandezas decisivas. Uma vez conhecida uma grandeza de referência como, por exemplo, o comprimento do AMC Hornet (ver Figura 1.15), elas podem ser facilmente calculadas com base nas imagens da cena do filme.

A velocidade do carro no momento em que deixa a rampa é chamada de velocidade de saída. Essa velocidade compõe-se de uma velocidade horizontal e de uma vertical (ver Figura 1.16). A divisão da velocidade depende diretamente do ângulo de ataque da rampa, que se torna, portanto, um parâmetro decisivo. O componente vertical é alterado continuamente pela força da gravidade que a Terra exerce sobre o carro. O componente horizontal da velocidade se mantém constante durante todo o salto. É semelhante ao que se tem no salto do abismo com a moto, a única diferença é que agora a resistência do ar não deve ser levada em conta. Por meio da força da gravidade se exercendo para baixo, a velocidade vertical do carro, com a qual ele deixa a rampa, diminui continuamente, passando de 9,81 metros por segundo até ele quase "parar" no ar. Desse modo a velocidade aumenta no sentido contrário, portanto para baixo, e isso igualmente de maneira contínua, até à aterrissagem a 9,81 metros por segundo. Uma bola lançada verticalmente para cima descreveria o mesmo movimento do componente de movimento vertical do AMC Hornet. Com isso, o carro descreve na direção horizontal um movimento constante e na direção vertical um movimento de oscilação. O princípio de independência dos movimentos aqui se mostra como soma da trajetória parabólica total do carro.

A partir da trajetória de voo do carro pode-se identificar a necessária velocidade de saída levando-se em conta o ângulo da rampa, a amplitude do salto sobre o rio e a diferença de altura entre o ponto de saída e o de aterrissagem. Como resultado, tem-se uma velocidade de 60 quilômetros por hora, com a qual James Bond teria de percorrer a rampa para aterrissar com segurança do outro lado.

1.16 O carro no salto da rampa com os diferentes componentes de velocidade nas direções x e y.

Se 007 partisse para o salto sem ter de encontrar um ponto de aterrissagem no outro lado do rio, e pudesse então utilizar os cinco metros de comprimento da rampa de aterrissagem, sua velocidade poderia oscilar em aproximadamente três quilômetros por hora acima ou abaixo da velocidade ótima. Os cálculos, é claro, James Bond os fez todos de cabeça — e isso precisamente no momento em que ele avistou pela primeira vez a extremidade da ponte que iria usar como rampa.[43]

Resta ainda esclarecer se nessa velocidade ótima seria praticável também o movimento de rotação em torno do próprio eixo longitudinal do carro, até então desprezado, ou se poderia sobrevir uma aterrissagem não segura, isto é, uma capotagem. Como se sabe, esse movimento de rotação foi possível em razão do aclive da ponte, na extremidade do qual ela se retorce, de modo que o carro, ao tomá-la, é

43. No salto do abismo, quando se põe no encalço do avião em queda (ver p. 49), ao que tudo indica James Bond resolve equações diferenciais não lineares acopladas em tempo recorde. Comparado com isso, o presente cálculo de velocidade é ridiculamente muito mais fácil.

levado a fazer uma rotação para a esquerda. O movimento de rotação assim provocado é mantido pelo automóvel até a aterrissagem. A condicionar esse movimento de rotação encontra-se uma velocidade, que é a chamada velocidade angular, que determina que o carro, a contar do momento do salto até a aterrissagem, tem de rodar uma vez em torno do próprio eixo.[44]

Essa velocidade de rotação é decisiva para determinar a velocidade do veículo, o ângulo de incidência e o comprimento da rampa. Quanto mais rapidamente o carro sobe na rampa, mais rápida se dá também a velocidade de rotação. Se a velocidade do carro fosse baixa demais, ele não chegaria a rodar suficientemente no ar, aterrissando de cabeça para baixo. Se a velocidade fosse alta demais, ele rodaria além da conta e se chocaria de lado. Assim, a velocidade de rotação poderia ser responsável não apenas pela amplitude correta do salto, mas também para que o carro chegasse à velocidade de rotação exata. Por seu aclive e declive progressivos, as rampas proporcionam um ângulo fixo, pelo qual o carro tem de realizar a rotação. James Bond pôde estimá-lo com exatidão, valendo-se de seu habilidoso golpe de vista. Durante todo o voo o carro pôde rodar quase uma vez inteira em torno de seu eixo longitudinal, ou, mais precisamente, o senso de proporção de Bond lhe fez chegar a um ângulo de rotação de 360 graus — 23,4 graus — 31,1, graus = 305,5 graus, uma vez que ambas as rampas já se encontravam um pouco retorcidas. Em todo caso, o carro não deve tocar com todas as quatro rodas no chão ao mesmo tempo. Um pequeno desvio do ângulo ideal em cerca de 305,5 graus pode ser completamente tolerável se o objetivo é chegar ileso ao outro lado do rio. Cálculos demonstram que James Bond e Nepomuk Pepper devem sobreviver ao salto sem maiores problemas se entrarem na rampa a uma velocidade inicial de 58 quilômetros por hora.

---

44. A velocidade angular é o quociente do ângulo de rotação percorrido e o tempo necessário para isso.

O resultado de 58 quilômetros por hora como velocidade inicial ótima para perfazer uma rotação em torno do eixo longitudinal está bem próximo do resultado de 60 quilômetros por hora para uma trajetória paralela pura. Ambas as velocidades estão estreitamente ligadas e, ainda, dentro de uma faixa de tolerância de que Bond dispõe para que o salto funcione. De um modo geral, pois, admitindo a taxa de tolerância, James Bond pode atravessar o rio, tal como se vê no filme, contanto que ele percorra a rampa da ponte quebrada com velocidade um pouco inferior a 60 quilômetros por hora. Com isso, uma tolerância de mais/menos dois quilômetros por hora é totalmente recomendável. Um dublê experiente não teria maiores dificuldades em realizar tal proeza.

Mas, seria o salto de um carro com rotação sobreposta em torno do eixo longitudinal algo realmente tão simples? A resposta é não, uma vez que falta esclarecer um aspecto importante: Por que o carro roda no ar de maneira tão regular e uniforme, sem sair do controle, como se vê nos filmes de ação em que os carros são lançados no ar? O que influencia a estabilidade de uma rotação? Uma rotação é caracterizada como estável quando pequenas interferências não comprometem a operação de maneira decisiva.

Para que um corpo realize uma rotação estável em torno do próprio eixo é fundamental que seu corpo seja o mais simétrico possível quanto à sua distribuição em torno do eixo de rotação. Este é, entre outros, o motivo pelo qual um *frisbee* ou mesmo um disco, ao voar, paira no ar com tanta estabilidade. No entanto, um carro não é exatamente o exemplo ideal de um corpo de rotação simétrica. Fatores comprometedores são o capô e, sobretudo, os ocupantes do carro, que muitas vezes não têm peso equivalente. Ambos os fatores são essenciais para que, durante um salto em espiral com um carro normal, toda e qualquer mínima interferência externa, como, por exemplo, o vento, seja suficiente para que o carro sofra um desvio de rota em pleno ar — com graves consequências para seus ocupantes. Por isso, para se realizar a acrobacia, o peso do capô do AMC Hornet é drasticamente reduzido, a fim de que haja uma distribuição do peso simétrica em torno do eixo longitudinal do carro. Além disso, o tanque, o motor e o volante são instalados no meio do carro, e todos os assentos e demais "utensílios" são removidos.

O dublê teria de ficar preso ao cinto de segurança no meio do carro e pilotá-lo semideitado. Com um AMC Hornet tão preparado e tão cuidadosamente balanceado, a proeza funciona bem já na primeira vez, pois o dublê tem de se manter o mais próximo possível da velocidade de salto correta, que é de pouco menos de 60 quilômetros por hora, e, no mais, confiar nas leis da física. Que James Bond tenha conseguido realizar a proeza tendo ainda um copiloto — no caso, o xerife Nepomuk Pepper, que, além de tudo, estava acima do peso — é mais um motivo para se afirmar que tal acrobacia não seria possível.

No *Cassino Royale*, James Bond, em alta velocidade, toma uma estrada rural que levaria ao local onde Vesper Lynd estava aprisionada. Num determinado ponto da estrada, seu carro, um Aston Martin DBS, capota várias vezes. O que faria um carro esportivo capotar de maneira tão violenta em uma estrada plana?

Por alcançar maior velocidade, um carro esporte necessita de muito mais atrito com o solo, uma vez que é construído para ter maior aderência à estrada, valendo-se de seus aerofólios e de uma aerodinâmica peculiar.[45] Além disso, os carros esportivos têm um centro de gravidade bastante profundo, o que dificulta a capotagem. Mesmo no caso de uma manobra preparada, o resultado seria, via de regra, uma batida lateral. No caso do automobilismo como esporte, ocorrências desse tipo muitas vezes são evitadas pelo fato de se fazer as curvas

45. Em um nível extremo, é algo que se pode observar num carro de Fórmula 1. Na Fórmula 1, velocidades de curva muito elevadas tornam-se possíveis pela forma aerodinâmica dos carros e pelos aerofólios. O efeito pressão no carro resulta tão somente de se exercer o efeito contrário ao que faria o veículo voar.

com maior velocidade — ou, como se costuma dizer, "evitar as curvas". Por isso, não há a menor chance de James Bond, por si só, ter capotado o Aston Martin.

Por esse motivo, nas filmagens foi introduzido, junto à rampa, um canhão de ar comprimido, de 46 centímetros de altura, não visível no filme. Esse canhão, montado atrás do assento do motorista, arremessou um pesado cilindro de metal teleguiado para baixo do carro. Com isso, o carro ganhou enorme velocidade de rotação no sentido longitudinal e capotou sete vezes.[46] Essas capotagens tampouco foram controladas pela distribuição de peso assimétrica dentro do veículo. O carro moveu-se caoticamente pelo ar, e ao final estava completamente destruído à beira da estrada — um verdadeiro pecado sucatear um Aston Martin novinho em folha para uma manobra como essa.

Informações complementares

Uma vez que nenhuma força atua no carro no sentido horizontal, ele realiza um movimento uniforme com a velocidade constante $v_{horizontal} = v_{o,x}$ (ver Figura 1.17). Tem-se aqui $v_{o,x}$ como componente de velocidade horizontal inicial. Com isso, relacionando-se a trajetória percorrida x com o tempo t, tem-se como resultante a fórmula simples $x = v_{ox} \times t$.

A força de atração da Terra exerce uma aceleração constante de $g = 9{,}81\ m/s^2$ sobre o carro em sentido vertical. Com isso, a velocidade vertical do carro altera-se permanentemente segundo a fórmula: $v_{vertical} = v_{o,z} - g \times t$ com o componente de velocidade inicial vertical $v_{o,z}$. Esse movimento é caracterizado como movimento uniformemente acelerado, uma vez que a velocidade se altera sempre em igual quantidade por tempo. Para a

46. A propósito, essas sete capotagens são um novo recorde mundial de capotagem de carro em um filme de ação!

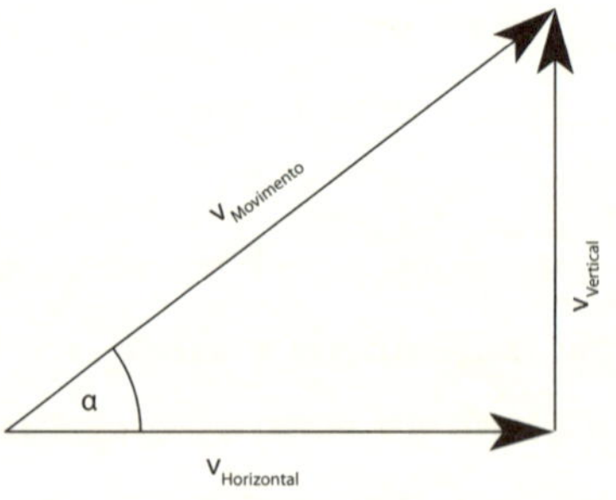

1.17 Divisão das velocidades em um componente horizontal e em outro vertical. Aqui fica nítido que as respectivas velocidades estão relacionadas com o ângulo de incidência α da rampa.

trajetória percorrida no sentido vertical z se valerá então de: $z = h_o + v_{o,z} \times t - 0{,}5 \times g \times t^2$.

Aqui se tem h_o como a altura do salto.

Quando se compõe a fórmula para x segundo o tempo t, portanto escreve-se $t = x/v_{o,x}$, inserindo-o na fórmula para z, chega-se a uma função quadrática z (x) para a trajetória que o carro descreve no voo sobre o rio. Uma função quadrática é designada na matemática como uma parábola, e recebe o nome de "trajetória parabólica", pois descreve a trajetória de um objeto lançado no ar, sendo que a resistência do ar pode ser desprezada.[47] Ora, é preciso pensar ainda que ambos os componentes de velocidade $v_{o,x}$ e $v_{o,z}$ podem ser expressos pelo valor da velocidade inicial na rampa v_o e pelo ângulo de salto α[48] (ver Figura 1.17). Com um pouco de talento matemático pode-se calcular a velocidade de salto necessária v_o para a amplitude de salto previamente dada e para a altura de salto h_o, bem como o ângulo de incidência dado.

Junto com o movimento de translação, pela torção da rampa obtém-se uma rotação do veículo. Para a descrição sob a óptica da física de uma rotação é utilizada a velocidade angular. Ao percorrer a rampa

47. Que uma pedra lançada para o alto percorre uma trajetória parabólica, era fato já bem conhecido por Galileo Galilei no início do século XVII.

48. Isso acontece com as chamadas funções trigonométricas seno e cosseno, matéria obrigatória no ensino escolar: $v_{o,x} = v_o \times \cos \alpha$ e $v_{o,z} = v_o \times \sin \alpha$.

de comprimento s o carro altera o seu ângulo de rotação ϕ em um espaço de tempo t determinado por sua velocidade v_o. A velocidade angular assim produzida se mantém constante por toda a duração do voo após o carro deixar a rampa. Porém essa velocidade angular é dada também pelos quocientes do ângulo de rotação total Φ em relação à duração do voo. Segue-se daí a condição $\phi/t = \Phi/T$. O tempo de voo T está vinculado diretamente à amplitude de salto e à velocidade de salto v_o do veículo. A partir do ângulo de rotação $\Phi = 305{,}5^\circ$ e $\phi = 23{,}4^\circ$ e do comprimento da rampa s = 4,5 m (Figura 1.15), juntamente com a equação para a trajetória parabólica, resulta uma segunda conexão entre a velocidade do salto v_o e a amplitude do salto. Disso se conclui que só mesmo combinações muito específicas a implicar a amplitude do salto e a velocidade do salto podem conduzir a um salto em espiral bem-sucedido para os parâmetros da rampa, tais como previamente dados.

Um carro sobre duas rodas

Em *007 — Os Diamantes são Eternos*, James Bond caça um velho conhecido, o megalomaníaco Ernst Stavro Blofeld, que com sua organização secreta "Phantom" tem a intenção de construir uma arma a *laser*, e com ela chantagear líderes poderosos com vistas à dominação mundial. Em sua caçada, 007, como tantas vezes acontece, entra em conflito com uma interpretação mais ortodoxa das leis americanas, razão pela qual acaba sendo perseguido por diversas forças policiais. Em um estacionamento, ele confunde seus perseguidores valendo-se de habilidosas manobras ao volante. A certa altura, porém, ele cruza o carro do xerife, que reinicia a perseguição. Na fuga, James Bond sem perceber entra em uma rua sem saída, que leva a uma estreita passagem para pedestres. Para fugir da perseguição, Bond utiliza uma rampa de carga e descarga como impulso, deixando o carro inclinado

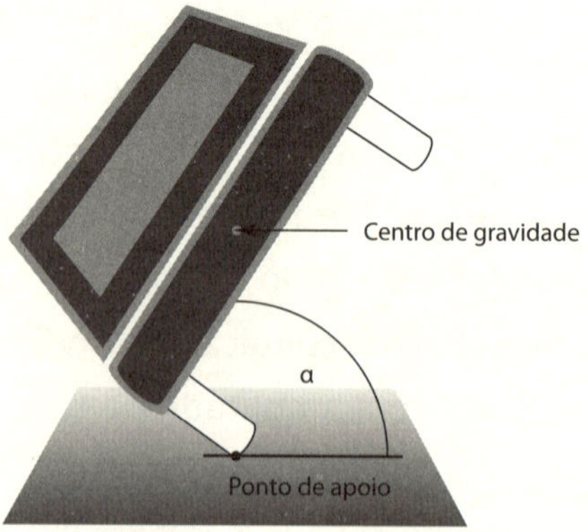

1.18 O carro no ponto de equilíbrio (instável). O centro de gravidade encontra-se diretamente sobre o ponto de apoio. O ângulo α também foi referido, o que descreve a condição do centro de gravidade relativamente ao ponto de apoio e, com isso, a inclinação. No equilíbrio se tem $\alpha = 90°$.

para a esquerda, e passa a dirigir sobre duas rodas. Desse modo, ele consegue passar pelo espaço diminuto sem maiores problemas. Seus perseguidores tentam fazer o mesmo, mas falham pateticamente, e o carro capota.

Como foi possível essa acrobacia, e o que James Bond teve de levar em conta? O que os policiais fizeram de errado?

Um automóvel rodando de lado está em equilíbrio somente sob determinado ângulo, precisamente quando o centro de gravidade do carro está sobre o ponto de apoio na rua (ver Figura 1.18). Só assim a gravitação atuante deixa de ter alavanca que possa fazer com que o carro volte à posição horizontal. Com isso, depois de chegar a esse ângulo, teoricamente o carro poderia se manter por um bom tempo na posição inclinada, ou seja, andando sobre duas rodas. Todavia, a estabilidade desse estado é como a de uma bicicleta que se mantém ereta e em equilíbrio ou a de um lápis sobre sua ponta, casos em que se pode falar igualmente de um "equilíbrio instável". De fato, o menor desequilíbrio logo faria o carro cair novamente.

Seria necessário que outra força viesse a atuar em sentido contrário ao da alavanca da gravidade, para impedir que o carro virasse ou

1.19 Depois de James Bond passar pela rampa de carga e descarga, ele ainda não chegou à condição de equilíbrio ideal. Por isso ele pende para a esquerda, fazendo com que a força centrífuga (seta branca) atue para deixá-lo novamente na posição inclinada.

voltasse à posição normal. É claro que James Bond poderia tentar, com a ajuda de seu próprio peso, balancear o centro de gravidade, e, para isso, sendo o peso de seu carro vinte vezes maior (trata-se de um Ford Mustang Mach 1, que pesa 1,4 tonelada), ele mais uma vez teria de se superar. Essa empreitada fica cada vez mais difícil até mesmo por sua passageira, que, pelo modo como o veículo está sendo conduzido, certamente não tem como ficar imóvel.

Em vez disso, James Bond utiliza a força centrífuga que, ao contrário da força da gravidade, atua lateralmente. Isso significa que, com a aproximação do ponto de equilíbrio, sua alavanca se torna máxima. É por isso que os carros esportivos são rebaixados. Eles são construídos para que seu centro de gravidade esteja em posição mais inferior. Assim, eles proporcionam à força centrífuga uma alavanca o mais baixa possível, a fim de impedir uma capotagem em uma curva. E uma vez que a força centrífuga só se faz notar nas curvas, James Bond pode controlá-la pelo modo de conduzir o veículo. Por exemplo, se ele o guiar para a esquerda, como se vê na Figura 1.19, ele fará a força centrífuga se exercer para a direita.

Além disso, 007 deve levar em conta que a força centrífuga depende não só da intensidade no ato de conduzir o veículo, mas também, em alta medida, da velocidade. Se ele estiver em baixa velocidade, ele não conseguirá corrigir suficientemente o deslocamento a partir da posição de equilíbrio. Se estiver em alta velocidade, as menores correções de direção podem fazê-lo virar, como no caso de uma derrapagem, quando ele busca guiar para o lado contrário. No entanto, James Bond, é claro, está consciente disso, razão pela qual guia pela viela a pouco menos de 30 quilômetros por hora, o que pode ser estimado por meio da mensuração do tempo na sequência do filme e pelo comprimento do carro. A essa velocidade, é pouco relevante o fato de ele receber impulso ao subir a rampa.

O segredo da acrobacia reside no fato de que James Bond é bem-sucedido em contrabalançar um equilíbrio dinâmico a partir da alavanca da força da gravidade com o da alavanca da força centrífuga. Por isso o carro se mantém sempre sobre duas rodas enquanto está em movimento. Com o carro nessa posição, a força centrífuga desaparece, e 007 nada mais tem a contrabalançar — o carro vai ficar novamente sobre suas quatro rodas. É como ao andar de bicicleta: só conseguimos manter o equilíbrio enquanto estamos montados nela e movendo-nos para a frente.

Qual a dificuldade de efetivamente realizar essa proeza? Se a James Bond em dado momento faltar, digamos, a posição de equilíbrio em alguns graus a mais, ele terá de fazer uma curva fechada com um raio de curva menor, a fim de produzir, a título de compensação, uma maior força centrífuga. Também durante o percurso, condicionado por pequenas perturbações do equilíbrio e seu tempo de reação,[49] de novo ele terá de corrigir pequenas diferenças. Na Figura 1.20 vemos a relação do raio da curva a ser percorrida como função da posição inclinada. Deve-se reconhecer que em uma inclinação inicial relativamente grande, de 75°, será preciso percorrer uma curva fechada com um raio

49. James Bond também tem seu próprio tempo de reação: ainda que seja menor que o das pessoas comuns, ele é de aproximadamente 0,1 segundo.

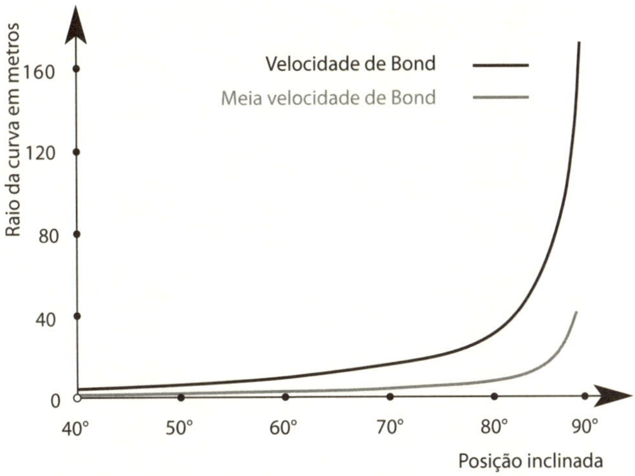

1.20 Tem-se aqui a posição inclinada, isto é, o ângulo α da Figura 1.18, aplicada em relação ao raio da curva a ser percorrida, para que o carro seja mantido em equilíbrio. A curva de cima representa a velocidade do carro de James Bond no filme *007 — Os Diamantes são Eternos*. A curva de baixo representa o cálculo para a metade da velocidade. Quanto maior for o desvio da posição de equilíbrio instável em relação aos 90 graus, menor será a velocidade escolhida, e com isso curvas mais fechadas, isto é, curvas de menor raio terão de ser feitas pelo carro para que ele não caia.

de apenas 20 metros a fim de que a força centrífuga mantenha o carro em equilíbrio. Um dublê certamente não terá a Figura 1.20 na cabeça; em vez disso, às pequenas perturbações ele reagirá de maneira intuitiva e compensatória.

Agora, o que o policial que perseguia James Bond no outro carro fez de errado? O policial procurou imitar a manobra de James Bond: depois que ele subiu na rampa com igual velocidade, de maneira completamente correta e intuitiva ele fez o carro pender para a esquerda, como bem se pode acompanhar pela cena. No entanto, ele parece não estar consciente de que o centro gravitacional de seu carro, que inclui ele próprio e seu colega, estão em um ponto mais alto que o do carro esportivo do agente secreto, de modo que atua ali uma força centrífuga muito maior, e o carro acaba capotando. Se o policial não levasse o carro tanto para a esquerda, e se tivesse até mesmo deixado a rampa antes de ela acabar, certamente ele teria conseguido perseguir James Bond, em vez de aterrissar em seu próprio capô.

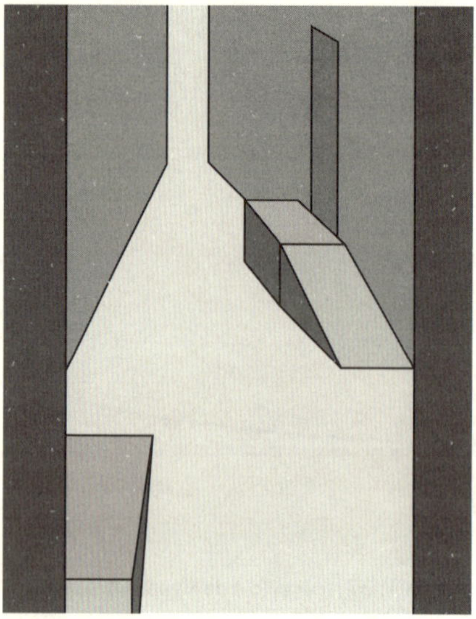

1.21 Em uma parte mais alargada da viela, aparecem duas rampas posicionadas em lados opostos e de maneira providencial. Ao passar pela rampa da esquerda, logo depois de entrar na viela, o carro de Bond fica suspenso sobre as rodas da direita, enquanto a rampa direita faz com que o carro fique suspenso sobre as rodas da esquerda, para em seguida sair da viela com o carro sobre as quatro rodas novamente.

Resta ainda esclarecer por que, na viela, a direção de inclinação do carro de James Bond mudou de repente. Afinal, o carro passa a andar de maneira muito estranha sobre as rodas da direita, para então novamente ficar sobre as quatro rodas! Como James Bond consegue isso? A explicação mais razoável seria a de que a cena foi rodada muitas vezes, e a montagem, infelizmente, colou dois segmentos de cena com posições laterais diferentes. Para encobrir essa falha, chegou-se a rodar posteriormente uma cena intermediária adicional, na qual se vê com nitidez como se altera o sentido da inclinação do carro na viela.

Mas uma explicação completamente plausível para a cena em questão se resume a dizer que na viela havia duas rampas, conforme indicado esquematicamente na Figura 1.21. Após a entrada do carro, a ruazinha ficaria novamente mais larga, o que não é possível verificar no filme. James Bond entra na viela sobre duas rodas, então desloca o peso enquanto a percorre e faz o carro virar. Na sequência, Bond sobe na outra rampa do outro lado da viela e faz o carro virar no outro sentido, aproveitando-se de todos os efeitos já mencionados. E, como que num passe de mágica, ele deixa a viela sobre as duas outras rodas, e tudo parece muito natural — sem nenhum erro de filmagem ou de montagem!

Portanto, a cena do carro foi realmente apresentada e rodada — sem nenhum truque de filmagem. A condução de um carro na posição inclinada é uma manobra usada com muita frequência em muitos filmes. E, entre os dublês, tampouco é uma manobra especialmente difícil.[50] E a maneira perfeita com que James Bond a realiza é reproduzida no filme *007 — Permissão para Matar*, só que dessa vez ele usa um grande petroleiro carregado de combustível, evitando desse modo a colisão de um foguete que fora mirado em sua direção.

Informações complementares

Quando forças atuam sobre um corpo que se encontra em determinada posição, elas produzem um momento de rotação. De modo geral, um corpo está em equilíbrio quando há uma compensação entre todas as forças atuantes, como também entre todos os momentos de rotação atuantes. O momento de rotação é definido como o produto da força atuante pela distância da força em relação ao ponto de rotação. Mas é de maneira crucial que essa distância depende do ângulo entre a direção da força da gravidade que atua na vertical e o braço de alavanca do ponto de rotação em relação ao centro de gravidade do carro. Na Figura 1.18 o ângulo em questão é de $90° - \alpha$. O ponto de rotação é, neste caso, o ponto de apoio do pneu na estrada. No caso da posição de equilíbrio (instável), esse ângulo é igual a 0°, portanto $\alpha = 90°$. Isso corresponde ao momento de rotação mínimo zero,

50. Em todo caso, o dublê necessita de um carro dotado de um bloqueio de diferencial. O bloqueio de diferencial possibilita que o carro ande mesmo com apenas duas rodas tocando o chão.

que pode ser exercido pela força da gravidade. O momento máximo de rotação se produz para $\alpha = 0°$. A força centrífuga, contudo, exerce-se num ângulo de 90° em relação à força da gravidade, e com isso ela tem outra alavanca e outro momento de rotação. O seu momento de rotação é máximo para $\alpha = 90°$ e nulo para $\alpha = 0°$. E agora, quando são equiparados ambos os momentos de rotação, tem-se como resultado os valores para o raio da curva percorrida como função da posição de inclinação, como se pode ver na Figura 1.20.

Deve-se esclarecer ainda de que modo a velocidade v do carro poderia ser determinada de maneira precisa. Mede-se o tempo t do momento em que a extremidade dianteira do veículo chega a um determinado ponto até o momento em que a traseira do carro passa por esse mesmo ponto. O comprimento do Ford Mustang é de 4,8 m. O tempo t pode ser mensurado com um cronômetro por um espectador postado diante do televisor. Mas essa maneira de chegar ao resultado pecaria por imprecisão. O melhor é decompor a cena em seus quadros individuais e daí obter a informação sobre o tempo. Um filme se compõe de 25 fotogramas por segundo. A passagem do carro dura 16 fotogramas. Portanto, para passar seus 4,8 m de comprimento, o carro precisa de um tempo de 16/25 s. Disso resulta a velocidade v do automóvel: v = 4,8 m/ (16,25) s = 7,5 m/s = 27 km/h.

Ao deixar a rampa, o carro já alcança uma inclinação de aproximadamente 45 graus. Para chegar à posição de equilíbrio, sem que tenha de exercer um controle muito forte, James Bond deve chegar a pelo menos 50 graus. E então, para transpor os 5 graus que faltam, o impulso obtido ao subir a rampa revela-se muito eficaz. Ao subir a rampa, o carro é posto em rotação. A energia de rotação assim obtida pode ser deduzida da distribuição de massa do carro, incluindo aí seus ocupantes e a velocidade angular de rotação, sendo sempre de novo determinada com precisão por uma análise individualizada do carro na rampa. A energia assim armazenada é despendida quando o carro deixa a rampa, ou seja, no momento em que o centro de gravidade do carro se eleva.[51] Levando-se tudo isso em conta, o resultado é uma mudança de altura do centro de gravidade em aproximadamente 5 cm, o que corresponde, de maneira precisa, à alteração desejada da posição de inclinação de 45 graus para 50 graus. Vale ressaltar, uma vez mais, que a rapidez e a precisão com que James Bond calcula e realiza ações como essa são espantosas!

51. Segundo a descrição técnica, a energia de rotação é convertida em energia potencial.

CAPÍTULO 2

James Bond e o espaço sideral

Em dois filmes de muito sucesso de James Bond há cenas no espaço. O filme *Com 007 Só se Vive Duas Vezes* (1967) foi rodado na época do programa americano Apollo, quando lançamentos de foguetes estavam na ordem do dia, já *007 contra o Foguete da Morte* (1979) é posterior a esse período, mas anterior ao voo do primeiro ônibus espacial — o primeiro ônibus espacial[1] na órbita foi lançado apenas em 1981. Tenhamos esses dois programas em mente, pois, neste capítulo, vamos analisar minuciosamente cenas de ambos os filmes.

A força centrífuga — entre agradável e mortal

Em *007 contra o Foguete da Morte*, o vilão Hugo Drax levou para uma estação espacial um grupo de pessoas especialmente escolhidas, enquanto todas as outras, habitantes da Terra que ele classificava como de menor valor, seriam envenenadas. Para que a vida das pessoas que foram escolhidas se tornasse o mais agradável possível, eles teriam que fundar uma nova cultura, superior, e criar uma força da gravidade especial. Para isso, um colaborador de Hugo Drax proveu a estação

---

1. O último voo à Lua, o Apollo 17, foi realizado em 1972. Com ele foi concluído o programa Apollo, e a Nasa só viria a empreender novo programa sistemático de viagens espaciais em 1981.

espacial, que era de formato quase circular, com um emissor de combustível que estava sempre em rotação. Desse modo, nas bordas exteriores da estação espacial era gerada uma força da gravidade artificial, que correspondia a cerca de 80% da gravidade da Terra, o que é mostrado no filme por um aparelho mensurador. A força da gravidade artificial possibilita que as pessoas se movimentem na estação espacial e possam ali trabalhar e viver sem problemas.

É sabido que na ausência de gravidade os músculos se atrofiam, tanto que os astronautas, após longas estadas no espaço, ao voltar à Terra não conseguem andar sozinhos. Por isso, a força da gravidade artificial acaba sendo imprescindível para a estação espacial das pessoas escolhidas por Hugo Drax.

A fim de preparar seus astronautas para as elevadas acelerações que resultarão do lançamento de foguetes, Hugo Drax encomenda uma "cadeira centrífuga". Em uma cadeira centrífuga, as pessoas recebem acelerações dentro de uma cabine, onde são movidas em uma órbita. Assim, a ação das forças no corpo humano pode ser estudada tendo-se uma força da gravidade até vinte vezes maior que a da Terra.[2] Quando James Bond é levado até os domínios de Drax pela encantadora dra. Holly Goodhead, ela o deixa à vontade para experimentar a máquina. Nesse meio-tempo, Goodhead recebe um chamado, e 007, sem suspeitar de nada, fica à mercê dos cuidados de Chang, o capanga de Hugo Drax. Chang, por sua vez, senta-se diante do painel de controle da cadeira centrífuga, pouco a pouco aumenta a sua velocidade e, com isso, as forças de aceleração que atuam sobre James Bond. Quando 007 se encontra já sob uma força de atração sete vezes maior que a da Terra, com o indicador de um instrumento de mensuração apontando

2. A cadeira centrífuga não é tão rara quanto parece. Ela faz parte do programa de treinamento-padrão exigido para os astronautas da Nasa que serão enviados a qualquer tipo de viagem espacial.

2.1 Roger Moore e Lois Chiles como James Bond e dra. Holly Goodhead em *007 contra o Foguete da Morte*.

7 g, o experimento deveria ser encerrado, mas o freio de emergência não funciona. Só quando a força de atração já está em 13 vezes a que se tem na Terra, portanto em 13 g, o agente secreto, sentado quase inconsciente na cabine, tem uma ideia que lhe salva a vida.

James Bond utiliza um dos inestimáveis "brinquedos" criados por Q. Nesse caso, dardos que, ao dobrar da mão, disparam pequenas cargas explosivas. Com o disparo de um desses dardos, Bond atinge o painel de controle — ele por si só não o conseguiria por estar preso com cinto à cadeira —, encerrando aquele que parecia ser um experimento fatal. O agente secreto mais uma vez deu sorte, restando ao capanga Chang uma enorme decepção por não ter conseguido matar Bond.

Sobre todos os corpos que se encontram na superfície da Terra atua uma força de atração e, graças a ela, eles não ficam simplesmente vagando pelo ar. Essa força de atração recebe o nome de gravitação e é provocada pela atração de duas massas, sendo uma delas a imensa massa da Terra, e a outra, a massa do corpo.[3] Essa força da gravidade acelera um corpo em queda na direção do ponto central da

3. A massa da Terra perfaz imponentes 6×10^{24} kg, ou seja, 6 bilhões de vezes um bilhão de quilogramas!

Terra. A aceleração para o centro da Terra, experimentada em razão da atração da massa da Terra, é comumente designada por g. Seu valor é o aqui já referido 9,81 m/s^2. Quando se fala em aceleração 13 vezes maior que a da Terra também se pode falar, de maneira

abreviada, em 13 g. Sob uma aceleração de 13 g, James Bond teria peso semelhante ao de um pequeno carro de passeio — portanto, em vez de seus 76 quilos, ele sentiria um peso de 76 × 13 = 988 quilos. É uma enormidade, tanto mais se se considerar que já aos 7 g a maior parte das pessoas perde os sentidos. O sangue desce para as pernas, e com isso o oxigênio deixa de ser bombeado para o cérebro, acarretando o seu desabastecimento. Isso provoca primeiramente uma perda de consciência e, depois de algum tempo, se a aceleração durar um pouco mais ou se houver um aumento das forças g, a morte. Somente indivíduos submetidos a treinamento intensivo e em trajes especiais, como os pilotos de caça, por exemplo — coisa que James Bond, apesar de sua boa forma física e mental, não é —, poderiam suportar uma carga de 13 g, e por um breve período. Os trajes em questão são preenchidos com um líquido cuja consistência é semelhante à do sangue humano. Esse líquido é responsável por exercer uma pressão no sentido contrário, impedindo que o sangue se concentre nas pernas. Fica então a pergunta: na cadeira centrífuga foi, de fato, exercida sobre Bond uma força de 13 g?

Na cabine em que James Bond está sentado atuam a força peso F_g na vertical para baixo e a força centrífuga F_z para fora. Pelo movimento da cabine por uma órbita, surge a força centrífuga.[4] Essa é a mesma força que impele os ocupantes de um veículo para o lado contrário quando se faz uma curva fechada. E também é ela que, num *looping* de montanha-russa, pressiona as pessoas do carrinho contra seus assentos.

4. O efeito positivo da força centrífuga já foi observado no Capítulo 1: 007 produz força centrífuga para manter o carro equilibrado sobre duas rodas.

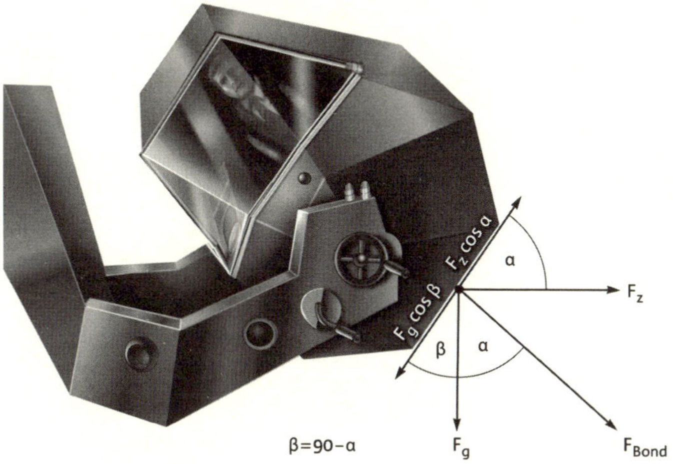

2.2 Observe as forças que atuam na cabine. Tem-se aqui F_g como força peso e F_z como força centrífuga. F_{Bond} é a força resultante, sentida por James Bond. O ângulo α descreve o desvio da cabine. Para α = 0 grau a cabine fica na posição vertical.

A força F_{Bond} sentida por James Bond compõe-se de sua força peso e da força centrífuga atuante, tal como aparece na Figura 2.2. A força resultante pode ser determinada uma vez que ambas as outras forças sejam consideradas como cantos de um retângulo e uma vez que as diagonais sejam traçadas por meio desse retângulo. Mesmo quando se conhece a força peso e a força centrífuga, a força que efetivamente atua sobre James Bond pode ser calculada de maneira relativamente simples, de modo semelhante ao que se tem no teorema de Pitágoras.[5] E, inversamente, na Figura 2.2 pode-se visualizar o ângulo de desvio da cabine e, de posse da massa suficientemente conhecida de James Bond, de 76 kg, é possível calcular a força centrífuga atuante em Bond. A dependência da força centrífuga em relação ao ângulo de desvio da cabine é representada na Figura 2.3. Pode-se inferir daí que com os 13 g atuantes, a cabine teria de ser desviada num ângulo de 85,5 graus. Ela ficaria quase na horizontal. Ao se verificar a medida do ângulo de

5. A título de rememoração: em um triângulo retângulo a soma dos quadrados dos catetos é igual ao quadrado da hipotenusa, como se tem pela fórmula: $a^2 + b^2 = c^2$.

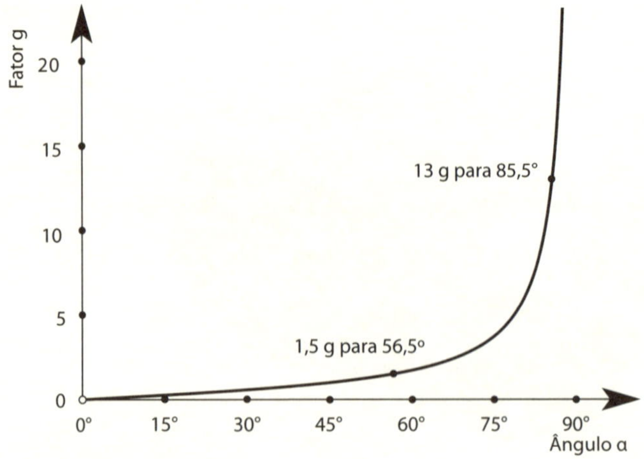

2.3 O gráfico mostra a relação entre a força centrífuga que atua sobre James Bond em unidades de aceleração da Terra g (forças g) e o ângulo de desvio da cabine da cadeira centrífuga (ver Figura 2.2). Por isso, uma força atuante de 13 g corresponde a 85,5 graus como ângulo de desvio da cabine. Mas pela cena do filme só é possível chegar a um desvio de 56,5 graus que, por sua vez, corresponde a uma força centrífuga de 1,5 g. É óbvio que tem trapaça aí!

inclinação, revela-se que ele perfaz apenas 56,5 graus e, com base nisso, pode-se retroativamente chegar à força centrífuga atuante sobre James Bond como sendo de 1,5 g.

Ora, algo não faz sentido, principalmente se levarmos em consideração que uma força centrífuga de 1,5 g leva a uma duração de rotação da cabine de aproximadamente 3,7 segundos. Ocorre que no filme a duração da rotação da cabine é muito mais curta e combinaria mais com os desejados 13 g. Isso só poderia ser explicado dessa maneira se a cena tivesse sido feita com uma duração de rotação de 3,7 segundos. Só assim se teria o ângulo de inclinação da cabine, conforme observado, de 56,5 graus. Ora, na sequência a cena foi pura e simplesmente rodada com uma velocidade quatro vezes maior, o que está de acordo com a duração da rotação, mas, é claro, não influencia o ângulo de inclinação. Com isso, fica comprovado um pequeno engodo por parte dos produtores de James Bond.

Mas de que outra maneira James Bond conseguiria se livrar daquela situação, que lhe seria fatal?

James Bond acerta um dardo no envoltório da cabine, fazendo parar a cadeira centrífuga. Ocorre que seu tiro certeiro não é tão fácil quanto parece, uma vez que sobre a cabine atuam forças chamadas aparentes (inerciais).[6] Graças a elas, sob a óptica de 007 o projétil não segue seu voo sempre em frente, e sim vira à esquerda (ver Figura 2.4). Isso ocorre porque a cabine continua a rodar mesmo durante o tempo de voo do disparo — portanto, o alvo se movimenta. Com o disparo, o projétil faz o caminho de volta de A para C, atingindo o envoltório da cabine do lado esquerdo. Para atingir em cheio o instrumento que está diante dele, portanto, com o disparo de A para B, James Bond teria de mirar segundo um ângulo de 22 graus para a direita, a fim de compensar esse efeito. Valendo-se de uma regra de três, esse ângulo permite chegar a uma volta completa e ao tempo de voo do projétil. É um cálculo fácil de fazer de cabeça, e 007 deve tê-lo feito em fração de segundo mesmo sob o efeito de uma carga de 13 g — sob tais condições, um verdadeiro golpe de mestre.

Forças aparentes surgem também por ocasião da força da gravidade produzida artificialmente na estação espacial do vilão Hugo Drax. A estação espacial é posta em rotação por força das emissões de combustíveis. Como na cadeira centrífuga, produz-se com isso uma força g. O homem não tem nenhum órgão dos sentidos para esse tipo de força que atua sobre ele. Por isso, a enorme força centrífuga em questão, que atua sobre os que habitam a estação espacial, é tida sem mais como gravitação artificial. A parede seria então o assoalho, pelo qual quase se é atraído. No filme, um instrumento de medição mostra 8 g. Na estação espacial, pois, uma vez acionada a rotação, a força gravitacional artificial em vigor é de 80% a da gravitação da Terra. Seria isso

6. Tais forças são ditas aparentes porque só aparecem em um sistema de referência de movimento associado. James Bond percebe os efeitos disso em sua cabine, ao descrever movimentos tais como os visualiza. Considerados de fora eles não existem, por mais que seus efeitos sejam percebidos. Se tomada em sentido estrito, a própria força centrífuga seria uma força aparente.

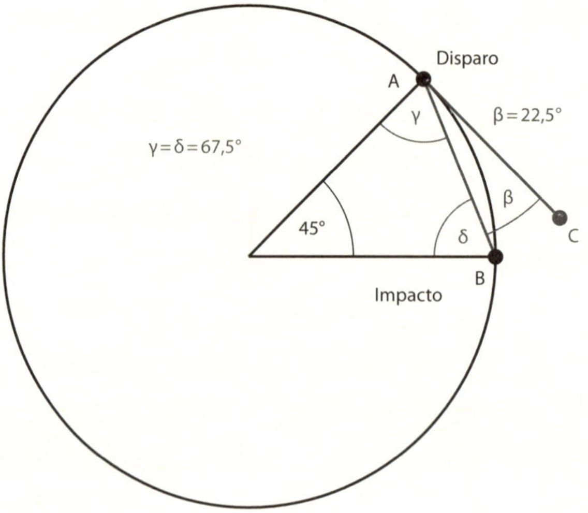

2.4 Gráfico da geometria do disparo do dardo, que salvou a vida de James Bond na cadeira centrífuga. No ponto A o dardo é disparado e, se não houvesse rotação da cabine, voaria direto para o ponto C. Nessa direção está o envoltório da cabine que 007 quer atingir. Ora, durante o voo do dardo a cabine continua a se mover até o ponto B, de modo que, pela perspectiva de Bond, o dardo nitidamente alvejaria o espaço à esquerda do envoltório da cabine. Logo, ele tem de mirar num ângulo β = 22,5 graus para a direita a fim de atingir seu alvo.

possível, e, quanto oxigênio seria necessário para produzir essa gravitação artificial?

Com base em uma dada gravitação de 0,8 g, pode-se calcular o raio da estação espacial, que resulta diretamente do tempo de rotação. Para isso faz-se necessária a velocidade de rotação da estação, que resulta diretamente do período orbital.

Quando se sobrepõem o primeiro e o último quadro do segmento no qual a estação espacial pode ser vista inteiramente, o ângulo coberto pode ser então mensurado. Levando-se em consideração a duração de 2,3 segundos, necessária para que a estação espacial percorra em rotação esses 4,2 graus, pode-se calcular o tempo para uma rotação completa tomando-se 2,3 × 360 graus/4,2 graus = 195 segundos. A intensidade da força centrífuga também depende diretamente do raio da estação espacial. Sendo conhecida a gravitação artificial de 0,8 g, pode-se calcular o raio necessário para uma conhecida velocidade de rotação (uma rotação em 195 segundos). Ora, chega-se assim a um raio de 7,5 quilômetros! Isso corresponde a cerca de 150 vezes o tamanho da Estação Espacial Internacional (EEI), em fase final de construção. Nem mesmo um supercanalha megalomaníaco como Hugo Drax seria capaz de construir uma estação espacial com essas dimensões.

Porém, o raio da estação espacial perfaz apenas aproximadamente 130 metros, como revela uma comparação com as dimensões do ônibus espacial nela ancorado. Se, a partir desse raio e do dado período orbital, for calculada a gravitação artificial vigente na estação, chegaremos a um valor de apenas 1,5 por cento da gravitação da Terra, portanto 0,015 g. Na estação espacial tem-se, pois, uma quase ausência de gravidade!

O erro de cálculo reside, pois, no período orbital, que teria de perfazer apenas 25 segundos em vez dos 195 segundos, a que se chegou pelo cálculo, a fim de obter uma gravitação de 0,8 g. É possível que a cena do filme, utilizada para a mensuração do período orbital, tivesse sido rodada oito vezes mais lentamente, tendo em vista um efeito cinematográfico. Ou então trata-se simplesmente de um equívoco. A produção do filme certamente não contava que alguém algum dia fosse pôr à prova cálculos como esse.

A quantidade de combustível necessária para a rotação da estação espacial pode ser determinada sobre a chamada conservação do momento linear. O momento linear é o produto da massa inercial de um corpo por sua velocidade. Por isso é importante saber a direção da velocidade. A conservação do momento linear pode ser contemplada usando-se como exemplo um indivíduo que segura uma bola sobre um skate. Enquanto ele está parado, o momento linear total de ambos é, obviamente, nulo. Se ele lança a bola para longe, bola e indivíduo contrapõem igual impulso que, em razão da conservação do momento linear, na soma tem de ser nulo. Com isso, o que se tem é um momento linear contabilizado como positivo, e o outro, como negativo. Isso só é possível quando ambas as velocidades estiverem em direções opostas, ou seja, a bola voa mais rapidamente para a frente e o indivíduo, por isso, em razão de sua massa maior, desliza lentamente para a frente.

Pode-se utilizar o mesmo princípio para determinar a quantidade de combustível necessária. Para tanto levamos em conta que o impulso do combustível expelido é completamente transferido à estação espacial. Os combustíveis podem se expelidos de um foguete a uma velocidade máxima de cerca de 11.500 quilômetros por hora. Considerando que a estação espacial de Hugo Drax tem aproximadamente as mesmas dimensões da EEI, sua massa pode ser estimada em 400 toneladas. Com o auxílio da conservação do momento linear podemos então calcular que se farão necessários mais ou menos quatro toneladas de combustível para produzir 0,8 g na estação espacial. Isso corresponde a aproximadamente 1% da massa total da estação espacial.

Esse é o principal motivo pelo qual tal procedimento não é utilizado para a produção de gravitação artificial a bordo da EEI. Essa enorme quantidade de combustível teria de ser, antes, transportada pela órbita terrestre, a custos realmente muito elevados. Outro problema seriam as forças aparentes, que surgiriam em virtude da rotação, tal como se tem na cadeira centrífuga. Uma vez que a força centrífuga depende do raio, a estação espacial teria de ter um raio muito grande ou uma enorme velocidade de rotação, para que disso resultasse uma força gravitacional artificial suficiente e as pessoas a bordo não sentissem a grande diferença de gravitação nas diversas partes da estação espacial. Além disso, o mesmo efeito que James Bond teve de produzir em sua cadeira centrífuga, mirando seu tiro de projétil a um ângulo de 22,5 graus além do alvo para a direita, teria de ser levado em conta durante todo o tempo na estação espacial. Para toda e qualquer ação seria o caso de planejar e levar em conta que o alvo da ação, durante o próprio movimento, estaria em contínuo deslocamento. E, na prática, todo habitante da estação espacial, em qualquer movimento que fizesse, teria sempre a sensação de ser puxado para o lado.[7]

A produção da gravitação artificial pela rotação de uma estação espacial é, portanto, completamente realista, e poderia funcionar de fato. Na prática, o que se tem é uma renúncia a tais experimentos, uma vez que as quantidades de combustível adicionais necessárias para a rotação nada têm de econômicas. E, na verdade, sobre a estação espacial de Hugo Drax há ainda dois outros fatos que são no mínimo curiosos. Em primeiro lugar, foram e têm sido necessárias cerca de 100 viagens de ônibus espacial para a construção e acabamento da EEI. É razoável estimar esse número de idas e vindas como o mínimo necessário para a conclusão da estação espacial de Hugo Drax, que chega a ser maior que a EEI. Portanto, uma centena de vezes Hugo Drax cuidou para que um ônibus espacial partisse de sua plataforma de lançamento na Amazônia brasileira — e isso sem chamar a atenção do serviço secreto britânico!

Em segundo lugar, é dito no filme que a estação espacial, graças a um escudo à prova de radares, não pode ser localizada da Terra. De fato, já há muito existe a chamada tecnologia Stealth, com a qual aviões podem ser camuflados contra rastreamentos de radar. Ocorre que em *007 contra o Foguete da Morte* a estação espacial e sua órbita são facilmente avistadas da Terra, com um telescópio normal, sem feixe de radar, ou seja, ela está muito próxima da Terra. Deve estar a cerca de 300 quilômetros sobre a superfície do nosso planeta, portanto em altitude semelhante à da EEI. Ora, se um serviço secreto resolvesse fazer uma busca intensiva no céu, valendo-se de satélites de espionagem, seria um milagre que o satélite britânico MI6 jamais tivesse se deparado com tão grande estação no céu. Então todo um departamento, especialmente voltado para essa função, fez "vista grossa".

---

7. Com isso o físico está se referindo à chamada força inercial ou força de Coriolis. A força de Coriolis é uma força aparente, que não incide se considerada de fora.

Informações complementares

Na Figura 2.2 pode-se visualizar que a força centrífuga F_z e a força da gravidade F_g compõem entre si um ângulo reto. A diagonal neste retângulo é a força F_{Bond}, que é a resultante das forças que atuam sobre

James Bond e que forma o ângulo α com a força da gravidade. Uma relação trigonométrica simples traz a correlação[8]: $\tan \alpha = F_z/F_g$.

Essas ponderações independem dos detalhes do modo de construção e da distribuição do peso da cabine. O que está em jogo é, simplesmente, a posição do centro de gravidade da cabine com passageiro. Em posição de repouso o centro de gravidade encontra-se precisamente sob o eixo de suspensão, e a cabine fica, ou melhor, pende na posição ereta, e isso graças à gravitação, cuja força atua verticalmente para baixo. Quando a cadeira centrífuga roda, a força resultante total F_{Bond} — portanto a soma da força centrífuga e da força da gravidade — assumem o papel que antes era exclusivo da gravitação, e a cabine então "pende" na direção de F_{Bond}. Além disso, ela se encontra inclinada na vertical sob o ângulo α. Ora, se a força centrífuga deve ser muitas vezes a da gravitação, então vale: $F_z = n \times F_g$. Resulta daí a fórmula $\tan \alpha = n$. Para uma força de 13 g que atua sobre James Bond tem-se n = 13, e a fórmula faz chegar a um ângulo de incidência α = 85,5°.

Para calcular com precisão o ângulo do disparo β tal como se tem na Figura 2.4, procedemos da seguinte forma: um movimento de rotação corresponde a 360° e dura, em uma cadeira centrífuga de raio estimado em 5 m e para uma força de 13 g, algo da ordem de 1,2 s.[9]

8. Em um triângulo retângulo, a tangente (tan) de um ângulo é dada como a razão entre o comprimento do lado oposto ao ângulo e o comprimento do lado menor do triângulo, que é adjacente ao ângulo (ou seja, tangente é a razão entre o cateto oposto e o cateto adjacente).

9. Isso se calcula simplesmente a partir da relação: $n \times g = R \times \omega^2$ com n = 13 para 13 g e g = 9,81 m/s² como também para o raio estimado da cadeira centrífuga, R = 5 m. Disso resulta que $\omega^2 = 25{,}5/s^2$ e com o tempo de rotação $T = 2\pi/\omega$ segue-se T = 1,2s.

O projétil está a caminho de uma cabine de cerca de 1,5 m com uma velocidade de disparo moderada de 10 m/s, ou, precisamente, 0,15 s.[10] Isso corresponde a um ângulo de $360^\circ \times 0{,}15/1{,}2 = 45^\circ$, pois, durante o disparo, a cabine continuou a girar. Uma vez que no esquema apresentado na Figura 2.4 aparece um triângulo isósceles, é sabido que a soma de todos os ângulos do triângulo perfaz 180°, disso resulta $\gamma = \delta = 67{,}5^\circ$. Segue-se daí, para o ângulo que se deseja encontrar, $\beta = 90^\circ - \gamma = 22{,}5^\circ$. Ora, este é também o ângulo segundo o qual James Bond tem de mirar à direita, fazendo com que o dardo atinja precisamente o envoltório na parte situada em frente ao assento da cabine, que é onde ficam os controles.

Para a força centrífuga vale a correlação: $F_z = M \times r \times (2\pi/T)^2$, onde estão arrolados a massa M do corpo em rotação, o raio de rotação r e a duração da rotação T. Uma grande força centrífuga então só aparece quando estão presentes grandes raios de rotação e pequenas durações de rotação. Uma vez que a força centrífuga deve atuar como gravitação artificial, na estação espacial ela corresponde à força peso $M \times g$ de um corpo de massa M. Todavia, na estação espacial atua apenas 0,8 g e, portanto, a força peso artificial efetiva é $0{,}8 \times M \times g$. Com isso chega-se à fórmula $M \times r \times (2\pi/T)^2 = 0{,}8 \times M \times g$.

Resulta daí, para o raio r da estação espacial, a correlação: $r = 0{,}8 \times g \times (T/2\pi)^2$, da qual, com introdução do número conhecido do tempo de rotação, que efetivamente foi medido e é de T= 195 s, segue-se o grande raio, medida não realista, de r = 7.500 m para a estação espacial. Inversamente, com a reformulação da equação acima a partir do raio conhecido, é possível calcular a gravitação artificial, com 0,8 simplesmente sendo substituído por n e a equação sendo reorganizada em função de n. Quando se faz isso, o valor realista de r = 130 m é introduzido na fórmula, neste caso, n = 0,015, ou seja, uma gravitação artificial de apenas 0,015 g na estação espacial.

---

10. A uma velocidade superior a 40 km/h, o lançamento de um dardo a mão certamente causaria grandes danos.

A quantidade de combustível demandada para a rotação da estação espacial é determinada para a chamada conservação de momento linear. O momento linear é o produto da massa pela velocidade e deve ter igual valor antes e depois da emissão de combustível. Com isso vale $M_{estação} \times v_{estação} = M_{combustível} \times v_{combustível}$ com a massa e a velocidade da estação $M_{estação}$, $v_{estação}$ e a massa e velocidade do combustível expelido $M_{combustível}$, $v_{combustível}$. Essa fórmula pode ser transposta segundo $M_{combustível}$ e como resultado se tem a relação $v_{estação} = r \times (2\pi/T)$, por fim: $M_{combustível} = 2\pi \times M_{estação} \times r/(T \times v_{combustível}) = 4.100$ kg.

Como massa e raio da estação espacial foram introduzidos, $M_{estação}$ = 400 toneladas e r = 130 m. O combustível foi emitido com uma velocidade $v_{combustível}$ = 3.200 m/s e o tempo de rotação devendo perfazer T = 25 s. Como se pode ver, desses dados resulta uma massa de combustível de aproximadamente quatro toneladas, necessária para a rotação. A esse respeito, especialistas observam que a rigor não se poderia falar aqui em conservação do momento linear, mas sim em uma conservação do momento angular, por se tratar de um movimento de rotação. Com isso o chamado momento angular seria a grandeza física a que se chega e que é preciso manter integralmente conservada. Porém, tal consideração conduziria ao mesmo resultado.[11]

Sobre foguetes e *jetpacks* (mochilas a jato)

Quando o indivíduo está sentado numa cadeira centrífuga, ele recebe as condições corpóreas que seriam sentidas em um voo no espaço

---

11. Sob as circunstâncias aqui arroladas, o momento angular é simplesmente o produto do momento linear e da distância em relação ao eixo de rotação do movimento. Disso se tem, em analogia com as considerações acima relativamente à conservação do momento angular, a correlação: $M_{estação} \times v_{estação} \times r = M_{combustível} \times v_{combustível} \times r$. Com isso r pode ser eliminado em ambos os lados, do que resulta a mesma fórmula presente no texto. Essa ponderação é válida, uma vez que a massa da estação espacial concentra-se essencialmente na distância r do eixo de rotação. Não fosse esse o caso, a distribuição da massa na estação espacial deveria ser considerada.

sideral. É hora de passar às questões técnicas com o intuito de explicar como seria tal viagem.[12] Em *Com 007 Só se Vive Duas Vezes*, desaparecem misteriosamente duas naves espaciais, uma da União Soviética e outra dos Estados Unidos. Obviamente, isso logo provoca mal-estar entre as potências atômicas, que passam a trocar acusações mútuas de roubo de tecnologia. James Bond, que pouco antes do incidente escapou de um atentado na China e, para confundir seus antagonistas, estava simulando um sepultamento no mar, recebe a missão de esclarecer o caso. Logo se descobre que o arquirrival de Bond, Ernst Stavro Blofeld, partiu do território japonês em um foguete destinado a capturar as duas espaçonaves. Com isso, Blofeld provocaria uma guerra atômica entre as duas superpotências — risco iminente que o serviço secreto britânico, claro, consegue impedir no último minuto.

De acordo com vários especialistas em equívocos cometidos em filmes, o voo do foguete Eagle-One de Ernst Stavro Blofeld é algo impossível de se realizar. Trazer um foguete de volta para uma órbita terrestre, com um peso adicional, na vertical, sem paraquedas e, por fim, fazê-lo aterrissar suavemente, na prática não é nada fácil. No decorrer da história, as missões espaciais — exceção feita ao programa americano dos ônibus espaciais[13] — aterrissaram, por mais que tivessem paraquedas, de maneira relativamente brusca na água ou no deserto, quando não se incendiaram na atmosfera da Terra.

---

12. O maior problema para uma viagem espacial contraria o ditado cunhado por Wernher von Braun: "Na conquista do espaço é preciso resolver dois problemas: a força da gravidade e a guerra de informações. Quanto à gravidade, estamos bem preparados".

13. Foram quatro ônibus espaciais idênticos, que receberam os nomes de Columbia, Challenger, Discovery e Atlantis. A Challenger explodiu ao ser lançada, em 1986. Como substituta foi posta a serviço a nave Endeavour. A Columbia explodiu em 2003, na fase de reentrada na atmosfera terrestre, e não foi substituída, uma vez que o programa de ônibus espaciais da Nasa já havia expirado. As duas catástrofes, a da Challenger e a da Columbia, foram os maiores reveses que se teve na história da aviação espacial, cada qual contabilizando sete vítimas fatais.

Queremos saber quanto combustível seria necessário para colocar um foguete na órbita da Terra e, no caso do foguete do filme, se depois de ele capturar uma nave espacial lhe seria possível desacelerar e aterrissar na superfície da Terra, e fazê-lo de maneira suave. Com esse objetivo, passaremos aqui a analisar com afinco dois potentes foguetes:

O Atlas Mercury é um foguete de cerca de 30 metros de altura, que nos anos 1960 foi usado para realizar o transporte das cápsulas Gemini, do programa espacial dos Estados Unidos. Essas cápsulas foram projetadas para duas pessoas, e seu peso, incluindo a tripulação, era de 1.360 quilos. Elas circundavam a Terra a uma altitude de aproximados 185 quilômetros, numa órbita chamada Low Earth — órbita terrestre de baixa altitude. Para cada voo, o Atlas Mercury demanda cerca de 110 toneladas de combustível. Suas dimensões são muito próximas das dos foguetes de *Com 007 Só se Vive Duas Vezes*,[14] que têm 33 metros de altura.

O Saturn V é o famoso foguete que foi usado para as missões à Lua nos anos de 1969 a 1972. Ele tem mais de 100 metros de comprimento e um diâmetro de cerca de 10 metros. O Saturn V transportava um peso de 130 toneladas na órbita terrestre de baixa altitude, e para tanto demandava imponentes 2.500 toneladas de combustível.

A uma análise mais atenta evidencia-se que a relação entre a capacidade de carga — ou seja, a massa que pode ser transportada em órbita terrestre de baixa altitude — e a massa do combustível é um ponto bastante crítico. No caso do foguete Atlas Mercury, a relação é de apenas 1:85, no do Saturn V, de 1:22. Nos foguetes de *Com 007 Só*

---

14. Como cenário, de fato foi construído um foguete no tamanho original de 33 metros. É por isso que o tamanho do foguete no filme nos é bem conhecido. As cápsulas espaciais vistas no filme são na verdade muito semelhantes às cápsulas Gemini, da Nasa. O mesmo se aplica às cápsulas espaciais soviéticas, ainda que na União Soviética não houvesse foguetes comparáveis. Aqui foi usado o mesmo modelo duas vezes: uma vez com "stars e stripes" — ou seja, com as estrelas e faixas da bandeira americana — e uma vez com a estrela vermelha comunista.

se Vive Duas Vezes constata-se que dos 33 metros de comprimento inicial somente algo em torno de 17 metros, após bem-sucedida missão, aterrissa com segurança na Terra. Isso demonstra a relação, já bem mais favorável, de pelo menos 1:2, entre carga útil e combustível para os foguetes de Blofeld.[15]

Trata-se de um problema sério e intrínseco aos foguetes: quanto maior a sua massa, mais combustível por segundo tem de ser utilizado, para trazê-los a determinada velocidade. Isso origina um círculo vicioso, ou seja, aumentando-se a carga útil, e com isso também a massa do foguete, mais combustível será necessário. Porém, quanto mais combustível for necessário para se chegar à velocidade final, mais energia terá de ser despendida para trazer esse combustível aos níveis anteriores. Com isso, vemo-nos numa espiral ascendente, ou seja, se mais energia for despendida, será necessário ainda mais combustível. Mas o motivo pelo qual a relação entre carga útil e dispêndio de combustível tem de ser tão desfavorável nos foguetes pode ser explicado em termos qualitativos. Em relação ao Atlas Mercury, o Saturn V apresenta a boa relação de 1:22. Essa relação mais favorável se deve, sobretudo, aos seus quatro níveis de combustão, em detrimento de apenas dois que se tem nos foguetes menores. A vantagem dos foguetes em múltiplos níveis de combustão consiste precisamente em lançar fora os tanques vazios livrando-se, assim, da necessidade de acelerar também essa massa.

Para o cálculo quantitativo da manobra de condução da espaçonave, tome-se, pois é grande a sua semelhança com o modelo do filme, um foguete Atlas Mercury. E para os dados relativos à força de cisalhamento e ao consumo de combustível, consultamos os bancos de dados públicos da Nasa. A força de cisalhamento de um foguete é proporcio-

15. Com isso, a relação deve ser até mesmo muito melhor, já que têm de ser considerados tanto o combustível necessário para a aterrissagem como a carga útil que tem de ser levada em órbita.

nal ao consumo de combustível, portanto à quantidade de combustível emitido em relação ao tempo. Com isso, a massa total do foguete diminui continuamente com o tempo. Faz-se necessário um modelo com o qual a trajetória de um foguete possa ser calculada, considerando que deva ser conhecido em que medida a massa do foguete diminui com o tempo, assim como a força e a direção em que atua a força de cisalhamento. Dessa maneira surge uma simplificação, uma vez que a força gravitacional da Terra sobre um objeto na órbita terrestre de baixa altitude é cerca de 5% menor que a de um objeto de mesma massa na superfície da Terra. Portanto, para o cálculo da aceleração da Terra, pode-se novamente inserir a constante $g = 9{,}81\ m/s^2$. Desse modo, ela se faz independente da altura em que o foguete se encontra.

Agora, por que motivo um astronauta na órbita da Terra fica sem peso? A resposta é: porque ele está quase em queda livre. E assim como se tem nos chamados voos parabólicos, nos quais, em um avião, por um curto período de tempo, há uma ausência de gravidade, também numa órbita em torno da Terra os astronautas se sentem sem peso algum.[16]

O que logo salta aos olhos como algo espantoso obedece a um princípio simples: quando sobre um objeto — por exemplo, um foguete — e sobre um corpo — por exemplo, um astronauta — que se encontra no referido objeto, atuam as mesmas forças, o corpo parece desprovido de peso. Isso também pode ser elucidado com o auxílio de um elevador hermeticamente fechado. Se o elevador estiver em queda livre, sem ser segurado por cabos ou freios, seus ocupantes se sentirão realmente desconfortáveis, em virtude da sensação de estar sem peso. Mas se, em um outro exemplo, por meio de um cabo de reboque atuar outra força sobre a cabine, a força exercida sobre o piso do elevador

---

16. Por esse motivo, experimentos com a ausência da gravidade podem ser realizados também em torres construídas especialmente para que se possa ter, por um rápido instante, a sensação de ausência de gravidade.

será distribuída entre os ocupantes. De modo preciso, essa força é percebida como força da gravidade. Em uma nave espacial na órbita da Terra, após o desligamento do motor propulsor atua apenas uma força da gravitação, precisamente como a do elevador em queda livre. Uma vez que sobre os astronautas atua somente essa força, eles se sentem desprovidos de peso até a nave espacial ser acelerada ou freada por outra força.

As propulsões dos foguetes também funcionam segundo o princípio da conservação do momento. E é esse princípio que nós queremos uma vez mais elucidar: um skatista está sobre seu skate e com uma caixa de tijolos nas mãos, numa rua plana. No início ele está parado, e o momento total tanto do skatista como da caixa de tijolos é nulo, já que nada se movimenta. O skatista pode mudar seu momento, e com isso sua velocidade, se lançar fora um dos tijolos no sentido contrário ao da direção de corrida por ele desejada. Todavia, ambos se movem em direções contrárias, já que os momentos têm precedentes diferentes, porém sua soma, em razão da conservação do momento, é nula, tal como antes.

É exatamente segundo esse princípio que funcionam também os foguetes; a diferença é que seu combustível não consiste em tijolos.[17] Nos foguetes, o combustível é lançado para baixo com enorme velocidade, razão pela qual o foguete se move na direção contrária, para cima. Contudo, a aceleração produzida pelo impulso deve ser maior que a aceleração da Terra — ou então ele não se moverá, podendo até mesmo cair. No entanto, a aceleração da Terra, que é de $g = 9{,}81\ m/s^2$, é bastante grande e corresponde à aceleração de um bólido de Fórmula 1, que passa do 0 a 100 em três segundos.

17. Em princípio, um foguete poderia ser impelido até mesmo com tijolos, contanto que estes fossem lançados fora com rapidez suficiente.

Agora que o modo de funcionamento básico de um foguete é conhecido, podemos planejar uma manobra concreta: um foguete deve reunir carga na órbita da Terra, para então trazê-la de volta à Terra.

Consideremos em primeiro lugar a aterrissagem, a fim de determinar a quantidade de combustível que se fará necessária. Essa quantidade de combustível, por ocasião da partida, tem de ser de antemão trazida à órbita. Na órbita terrestre de baixa altitude, uma espaçonave em trajetória paralela à da Terra tem uma velocidade de cerca de 7.900 metros por segundo, o que corresponde a 25 mil quilômetros por hora. Logo, para circum-navegar a Terra ela leva menos de duas horas. Para desacelerar a essa velocidade uma carga útil de 2.720 quilos, que é o valor aproximado, em quilogramas, do peso das duas cápsulas americanas Gemini com sua tripulação, é necessária muita energia. Ocorre que no início do procedimento de pouso a massa da aeronave não corresponde apenas à massa das duas cápsulas mais a tripulação: o combustível total necessário para uma aterrissagem também deve já estar a bordo. Uma vez mais, a título de comparação: para transportar uma carga útil de 1.360 quilos com um foguete Atlas Mercury em uma órbita terrestre de baixa altitude são necessárias 110 toneladas de combustível. E, inversamente, para trazer a velocidade de uma cápsula de novo para o zero, é necessária no mínimo a mesma quantidade de combustível. No caso de ter de desacelerar duas cápsulas, mais duas tripulações e o combustível introduzido para a aterrissagem, a quantidade de combustível necessária para tal empreitada seria estimada em mais ou menos o dobro. Mas essa quantidade de combustível significa que é necessário ainda muito mais combustível para a partida do foguete!

O problema pode ser resolvido numericamente de maneira precisa com um computador. Pelo resultado do cálculo: para que uma espaçonave de 2.720 quilos de massa movida a propulsão por reação aterrisse com segurança na Terra, são necessários cerca de 400 toneladas

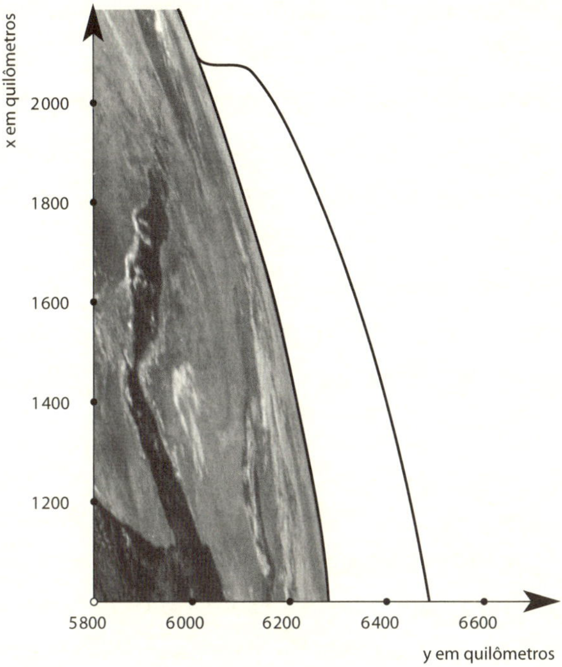

2.5 A trajetória do foguete [linha externa], que compreende as duas cápsulas Gemini, em aterrissagem na órbita da Terra, em perspectiva lateral. A linha interna representa a superfície terrestre.

de combustível — quatro vezes mais do que cabe num foguete como o Atlas Mercury. A Figura 2.5 mostra a trajetória percorrida do foguete em visão lateral.

Até agora a dificuldade se manteve sob controle, uma vez que uma aeronave só pode entrar na atmosfera sob um ângulo bem determinado, para que, ao fazê-lo, ela não se incendeie ou tenha de ser arremessada de volta para o espaço sideral. Tais cálculos precisos, que levam em conta esse fato, possibilitam um modelo ainda mais complicado, mas em princípio não produzem resultados diferentes. Portanto, com um foguete Atlas Mercury não provido de equipamentos pesados, a aterrissagem das duas cápsulas, como se pode ver em *Com 007 Só se Vive Duas Vezes*, ocorreria sem maiores problemas.

No entanto, como se recebe uma espaçonave de 400 toneladas em uma órbita terrestre? Para relembrar, o foguete com o mais alto nível de desempenho que algum dia já foi posto no espaço, isto é, o Saturn V, demandou uma carga útil de 130 toneladas em uma órbita terrestre de baixa altitude. Com o mesmo programa de computador empregado na simulação da aterrissagem pode ser calculada também a partida. Resultado: a missão de Blofeld consome mais de 10 mil toneladas de combustível por voo![18] — ou seja: no mínimo isso. Com a evolução contínua dos foguetes Saturn V, nos dias de hoje, essa missão certamente seria concebível — por mais que o fosse, por outro lado seria um empreendimento ineficiente e custoso.[19]

Existe, porém, ainda um problema: a tolerância dessa manobra pelo corpo humano. Trata-se de uma condição marginal importante, uma vez que elevadas acelerações, ou seja, forças g, só poderiam atuar por um breve período, para que a tripulação não perdesse os sentidos. A Figura 2.6 mostra a força g atuante em cada momento da aterrissagem da cápsula espacial. A tripulação tem de estar com o corpo em forma, para conseguir suportar forças de até 8 g durante alguns segundos. Deve-se também levar em consideração nesse caso que a aceleração pode, na realidade, ser comandada de maneira mais precisa do que é possível em um modelo simples. Os elevados picos de carga poderiam então, muito provavelmente, ser nivelados por meio de manobras de desaceleração mais suaves.

Em relação a *Com 007 Só se Vive Duas Vezes* tem-se ainda uma pequena história secundária. Segundo informações do serviço secreto japonês, oxigênio líquido estaria sendo transportando em um navio, o Ning-Po, para a base secreta do vulcão de Blofeld. O serviço secreto tirara duas fotos diferentes do Ning-Po, e em cada uma o navio era visto em profundidades diferentes. James Bond concluiu daí que entre

18. A manobra que Blofeld realiza de fato consome ainda mais combustível, uma vez que o foguete desacelera e gira.

19. O tempo dessa contínua evolução é lento, e deve-se considerar que o Saturn V tem mais de 40 anos.

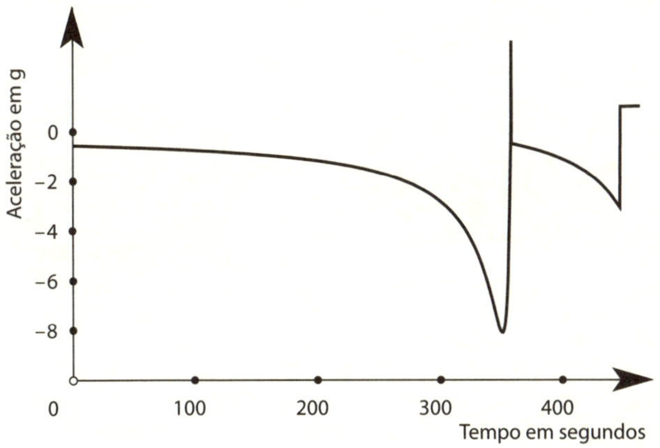

2.6 Resultado do cálculo das forças g atuantes na aterrissagem sobre os ocupantes da cápsula espacial em relação ao tempo. Deve-se observar que um pico de carga superior a 8 g tem de ser suportado durante alguns segundos. Isso muito provavelmente teria consequências fatais, o que foi evitado por uma manobra de desaceleração em cuidadosa gradação.

uma foto e a outra o navio fora descarregado. O oxigênio líquido é um combustível de foguetes bastante comum, cuja combustão é feita em reação de gás oxídrico com água. Uma vez que dois átomos de hidrogênio detêm apenas um sétimo da massa de um átomo de oxigênio, nessa reação o oxigênio compõe apenas 85,7% da massa total. Com base em ambas as fotos feitas do Ning-Po, segundo o princípio arquimediano foi possível inferir a quantidade de carregamento de combustível de foguete. Segundo o princípio arquimediano, um objeto boiando desloca a quantidade de água correspondente à massa desse mesmo objeto. Portanto, se um cubo hermeticamente fechado, com um comprimento de aresta de um metro e massa de 500 quilos, é lançado na água, então 500 quilos de água, portanto cerca de 500 litros de água, têm de ser deslocados. O cubo afunda 50 centímetros na água.

Como mostra a Figura 2.7 de maneira bastante esquemática, a quantidade de água deslocada pelo navio Ning-Po pode ser desprezada. A diferença de profundidade perfaz cerca de cinco metros. O Ning-Po tem aproximadamente 20 metros de largura e 100 metros de comprimento, o que corresponde ao deslocamento de um volume de

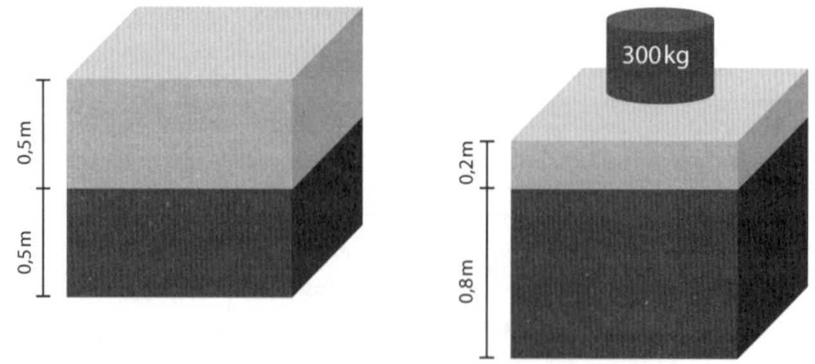

2.7 Exemplo que ilustra o princípio arquimediano no qual os volumes distribuídos podem ser visualizados muito facilmente. À esquerda, o cubo pesando 500 kg afunda numa profundidade de meio metro, já que a quantidade de água deslocada pesa tanto quanto o próprio cubo. À direita, a quantidade de água deslocada por um peso de 300 quilos aumenta, indo a 800 quilos, o que provoca um afundamento do cubo em 80 centímetros.

5 × 20 × 100 = 10.000 metros cúbicos, quantidade de água que pesa cerca de 10 mil toneladas, e para isso vale a regra geral. Um litro de água pesa um quilo. Ora, é precisamente essa a quantidade de combustível que foi calculada para a missão de Blofeld! Tudo parece se adequar perfeitamente e comprovar uma vez mais o vigor lógico dos filmes de James Bond.

Outro exemplo do uso da propulsão de foguetes pode ser visto na abertura do filme *007 contra a Chantagem Atômica*. Com o auxílio de um *jetpack* (algo semelhante a uma mochila a jato), James Bond consegue escapar do vilão no Landgut Château d'Anet. Em poucos segundos, ele deixa o castelo e elegantemente aterrissa ao lado do Aston Martin, no qual uma colega já espera por ele. Eles guardam o *jetpack* no porta-malas e prosseguem na fuga.

O ***jetpack*** foi inventado no início dos anos 1960.[20] Segundo dados do fabricante, com esse modelo seria possível um voo de 20 minutos, para se chegar a uma altura de 18 metros. Com isso, são possíveis uma velocidade máxima de 55 quilômetros por hora e uma distância de voo

20. O "Bell Rocket Belt" foi inventado por Wendall F. Moore em 1961 pela empresa Bell Aerosystems. Em 1984, ele se tornou bastante conhecido quando um dublê aterrissou com um *jetpack* no meio do estádio em que se realizava a abertura dos Jogos Olímpicos de Los Angeles.

de 250 metros. Com o programa de computador introduzido para os foguetes de Blofeld busca-se simular um voo vertical de um indivíduo pesando 76 kg, e isso deve incluir uma aterrissagem suave.

Em primeiro lugar, é preciso esclarecer o modo como o *jetpack* funciona. O motor, em tese, como o de um foguete comum, funciona por meio da emissão de combustível para baixo, ao que se produz um impulso para cima. No *jetpack* não são utilizados hidrogênio líquido e oxigênio como combustíveis (como acontece nos foguetes grandes), mas sim peróxido de hidrogênio.[21] O peróxido de oxigênio reage sob pressão, tornando-se um composto de vapor d'água e oxigênio. Esse composto se liquefaz a uma temperatura de mais ou menos 740 graus Celsius nos jatos do *jetpack*, produzindo, desse modo, o impulso necessário. O jetpack aqui utilizado contém 27 quilos de peróxido de oxigênio. Em razão do vapor d'água extremamente quente que é exalado, o piloto tem de usar uma roupa isolante, para não se queimar. Portanto, para o caso de James Bond deve-se partir do pressuposto de que seu traje muito bem cortado não só nada tem de inflamável como, ainda, exerce efeito isolante.

Os dados técnicos do *jetpack* e o peso de 76 kg, de Bond, são inseridos no programa de simulação de trajetória de foguete. A curva de voo, então calculada, pode ser vista na Figura 2.8. Chega-se a uma altitude de voo de uns bons 25 metros e um tempo de voo de aproximadamente 20 segundos. Esses valores estão de acordo com os valores informados pelo fabricante para o tempo de voo e para a altitude de voo. Portanto, o programa para cálculo das trajetórias de foguete é apropriado tanto para um foguete Saturn V quanto para um *jetpack*. O motivo para isso é que ambos funcionam exatamente segundo o mesmo princípio.

---

21. Ao contrário do H_2O da água, a fórmula do peróxido de oxigênio é H_2O_2. O peróxido de oxigênio é identificado também como superperóxido de hidrogênio, muito usado para mudar a cor dos cabelos.

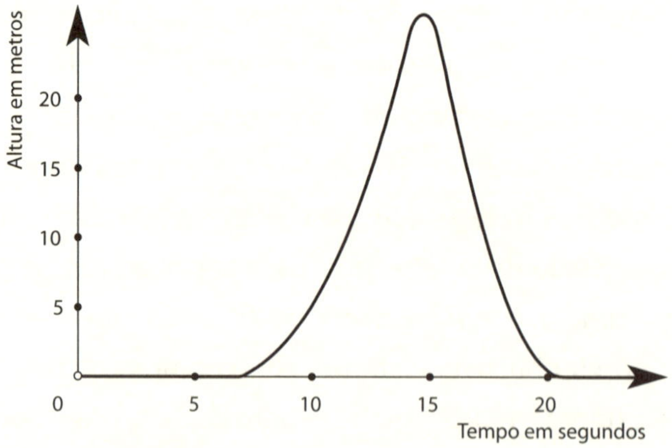

2.8 Altura de voo calculada por James Bond com um *jetpack* em função do tempo. Ela pode voar a uma altura de 25 metros com uma duração de voo total de 20 segundos.

Portanto, a manobra de arredondamento da cápsula espacial iniciada por Blofeld é bem inverossímil, mas não impossível. Com um foguete superpesado, mais do que quatro vezes o tamanho de foguetes como o Saturn V, poderia até funcionar.

Ocorre que o *jetpack* voou de fato. Ele funciona segundo o mesmo princípio dos foguetes comuns. Por isso o seu consumo de combustível é tão alto e voos de mais de um minuto de duração parecem irreais. O combustível para esse tipo de voo com uma mochila a jato custa algo em torno de 3 mil dólares, o que o torna muito pouco atraente como meio de transporte de massa.

Informações complementares

As forças que atuam sobre o foguete estão bem claras: a força da gravidade F_g impele o foguete com a massa M para baixo. O motor do foguete exerce uma força de propulsão F_s, que atua em sentido contrário ao da gravidade. Se a força de cisalhamento for maior do que a força da gravidade, o foguete pode levantar. Uma força de cisalhamento menor pode atenuar a força da gravidade, para que com isso a cápsula espacial aterrisse suavemente. O mais importante é que desse modo a massa acelerada sempre se altera, uma vez que o foguete expele combustível para trás. Existe, pois, uma massa de foguete relacionada ao tempo, grafada como M (t). O cálculo do movimento de um foguete baseia-se inteiramente na mecânica clássica de Newton. A equação completa para a massa do foguete M (t) alterada é: massa × aceleração = gravitação – força de cisalhamento.

Já há três séculos ela é conhecida como "equação do foguete". Como solução fundamental para a equação do foguete obtém-se a seguinte relação para a velocidade final v_{final} de um foguete, que inicialmente detém a massa $M_{inicial}$ e após o esgotamento do mecanismo de propulsão produz a massa final:[22] $v_{final} = v_{combustível} \times \ln (M_{inicial}/M_{final})$ com $v_{combustível}$ como a velocidade com que o combustível é impelido pelo mecanismo de propulsão. Essa equação explica de forma concisa o enorme dispêndio de oxigênio pelos foguetes. Com o intuito de duplicar velocidade final v_{final} de um foguete, a relação entre as massas $M_{final}/M_{inicial}$ tem de ser quadruplicada. De modo concreto, isso significa que se deve passar de $M_{inicial}/M_{final} = 10$ (este é um valor muito otimista!) para $M_{inicial}/M_{final} = 100$, a fim de duplicar a velocidade final. Portanto, o foguete consiste em mais de 99% de combustível! É o que se vê no logaritmo da fórmula acima.[23] Para compensá-lo, a massa de combustível deve aumentar exponencialmente, a fim de que se obtenha a correspondente elevação da velocidade final. Se se considerar que a mais rápida velocidade de emissão para combustíveis, por princípio, não pode ser muito superior a $v_{combustível} = 12.000$ km/h e que uma relação de massa $M_{inicial}/M_{final}$, na melhor das hipóteses, pode chegar a oito para um em foguetes, disso

22. Por motivo de clareza, na fórmula a gravitação é desprezada, gravitação esta que para um termo – g × t puxaria para o lado direito, sendo, na fórmula, t o tempo de voo do foguete.

23. Trata-se com isso do chamado *logarithmus naturalis*, ou seja, o logaritmo de base e = 2,718281... Na fórmula, o *logarithmus naturalis* é abreviado com o símbolo "ln".

resulta, como velocidade mais elevada para um foguete normal, em razão de ser ln (8) ≈ 2 o valor de v_{final} = 24.000 km/h = 6.700 m/s. Por essa razão, os motores de foguete normais são absolutamente inapropriados para aventuras de ficção científica. O cálculo acima demonstra também que com um foguete de estágio único de modo algum seria possível deixar o campo gravitacional da Terra e fazer, por exemplo, uma viagem à Lua, já que a chamada velocidade de voo perfaz 11.000 m/s. Por isso, tais voos só são factíveis com foguetes que compreendam vários estágios, nos quais se possa realizar uma relação de massa $M_{inicial}/M_{final}$ maior. Como dificuldade adicional tem-se que o cálculo não pode ser realizado de maneira pura e simplesmente unidimensional, isto é, não basta considerar a que altura chega um foguete em determinado tempo. Adicionalmente, além da altura é preciso que se leve em conta também a distância lateral em relação ao ponto inicial. Sim, o foguete deve ser lançado em uma órbita. Para chegar a ela, ele precisa alcançar uma velocidade orbital considerável $v_{orbital}$, passível de ser estimada, *grosso modo*, pelo equivalente entre força gravitacional e força centrífuga. O resultado $v_{orbital}^2 = g \times r$, sendo o raio orbital r em torno de 6.500 km, produz $v_{orbital}$ = 28.000 km/h.

O cálculo deve ser realizado de maneira também bidimensional. De modo prático, são escolhidas como coordenadas a altura a que chega o foguete sobre a superfície da Terra e o ângulo entre a linha que liga a *posição atual* com o centro da Terra e a linha que liga o *ponto inicial* com o centro da Terra.[24] Essas coordenadas são também chamadas coordenadas polares. Com essas coordenadas pode-se facilmente considerar que o impulso do foguete nem sempre atua na vertical e para cima, mas sim, a depender da fase do voo, é inclinado para o lado. Essa inclinação do foguete é bem difícil de controlar, e os resultados

24. Esse ângulo pode ser contemplado tendo-se à mão um relógio analógico. Trata-se do ângulo que compreende o ponteiro de horas com a posição marcando 12 horas.

são sensíveis ao procedimento escolhido. Ou seja, nem mesmo teoricamente é tão simples colocar um foguete em órbita!

Difícil também é o escalonamento do foguete em vários estágios. O cálculo deve levar em conta que, para os diferentes graus, o foguete produz impulsos diferentes. Como seria de esperar, um impulso maior significa também maior consumo de combustível, de modo que, nas diferentes fases do movimento, a massa do foguete também diminui com rapidez diferente.[25] Na Figura 2.9 tem-se o resultado de um cálculo para o ângulo de incidência de um foguete Atlas Mercury em função do tempo. De início, o foguete sobe na vertical (ângulo de incidência 0°), para então, ao final, girar em uma órbita (ângulo de incidência de 90°). Também é mostrada a força de impulso assumida e de que modo se desenvolve a massa total do foguete como função do tempo. Reconhecem-se nitidamente os dois estágios do foguete.

Com o auxílio da Figura 2.10 pode-se reconhecer a tática a ser seguida para o cálculo da aterrissagem da cápsula espacial. Tem-se uma velocidade de voo paralela à superfície terrestre, tem-se a velocidade orbital e, paralela à superfície terrestre, a velocidade da queda. Na manobra, a enorme velocidade orbital é reduzida, para então se iniciar uma queda vertical e desacelerada.

25. Para o cálculo foi assumido o consumo de combustível como proporcional à força de impulso. Trata-se de uma escolha óbvia.

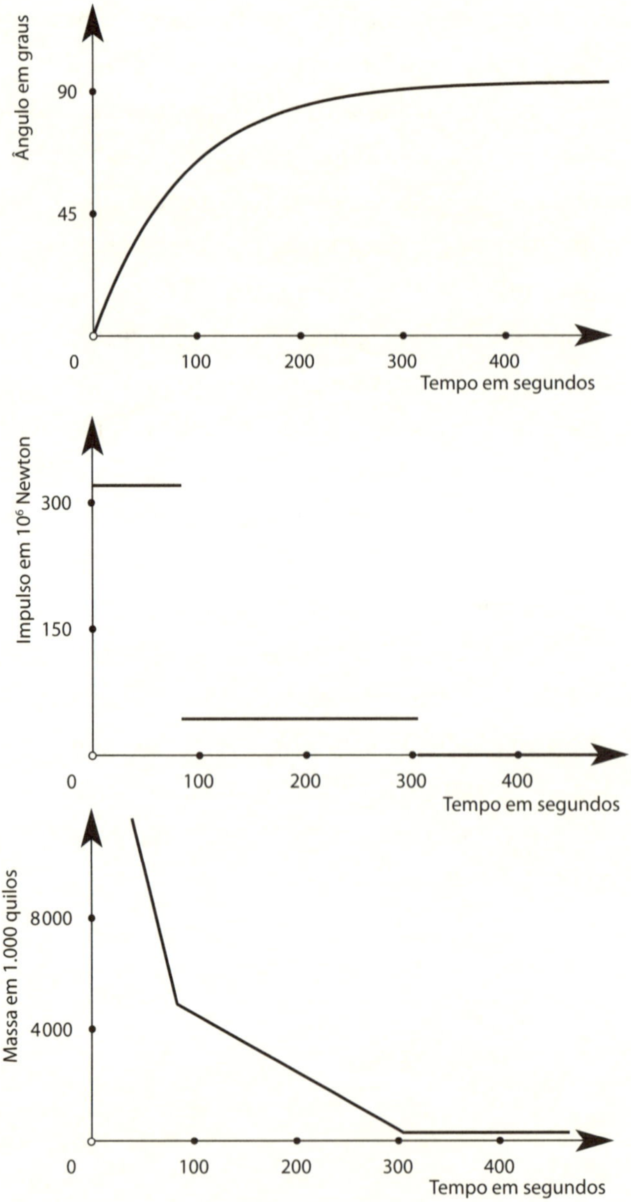

2.9 Cálculo do lançamento de um foguete Atlas Mercury. A alteração do ângulo de incidência, da massa e do impulso em correlação com o tempo é representada em todos os instantes. Os dois estágios do foguete podem ser reconhecidos de maneira clara. Até os 80 segundos após o lançamento, a força de impulso é grande. Então o primeiro estágio é queimado e desatracado. Para o segundo estágio foi aplicada uma força de impulso correspondentemente menor. O ângulo de incidência altera-se continuamente de zero (lançamento) a 90º (órbita).

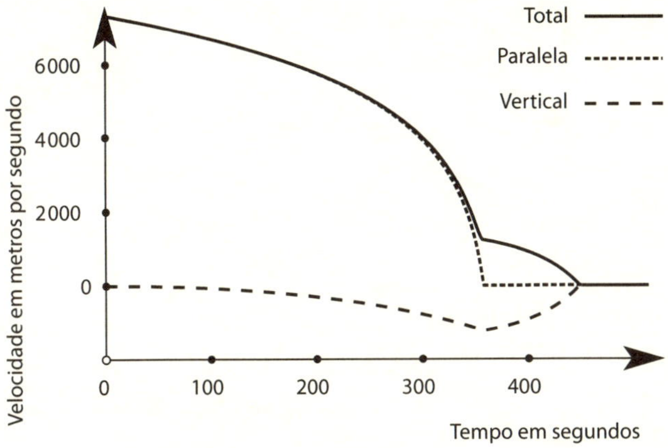

2.10 Cálculo da velocidade como função do tempo na aterrissagem da cápsula especial do vilão Blofeld. A linha tracejada representa a velocidade total. A linha cheia é a velocidade perpendicular à superfície terrestre, a velocidade da queda. Ela é negativa, uma vez que a cápsula cai para baixo. A linha com tracejado curto caracteriza a velocidade paralela à superfície da Terra, que é a velocidade orbital. De início, a grande velocidade orbital desacelera-se quase completamente em paralelo com a superfície terrestre, e em seguida a queda livre é compensada, e ambos os componentes de velocidade são nulos após cerca de 450 segundos. A cápsula aterrissa.

CAPÍTULO 3

Laser, raios X e truques ópticos

Nos filmes de James Bond, é muito comum o uso de raios *laser*. Os *lasers* são mostrados cortando objetos, e podem também ser usados como armas de aniquilação. Queremos mostrar aqui os bastidores das técnicas de uso dos raios *laser*. Por isso, pouco nos interessarão os detalhes de funcionamento de um *laser*, e sim muito mais seus efeitos no meio circundante.

É muito comum James Bond utilizar dispositivos tecnológicos para visualizar o interior de objetos. A fim de descobrir como esse ou aquele *gadget* funciona, é preciso deslindar alguns fundamentos da óptica. E, por fim, será possível compreender que as radiações da luz, do *laser*, dos raios X e teraherz nada mais são do que particularidades diferentes da radiação magnética.

Seria de fato possível instalar um espelho multidimensional que atue enfeixando os raios solares, e com essa radiação daí concentrada destruir toda a vida na Terra? Seria possível raios *laser* cortarem barras de ouro, carrocerias de automóveis, até foguetes? Seria possível construir uma fonte de raios X pequena a ponto de caber tranquilamente na pequena cigarreira de Bond?

E mais: quando James Bond olha uma mulher nos olhos, ela se derrete. Mas qual seria a vantagem adicional de uma "olhada profunda" do agente secreto?

"Ícaro" — arma ou ilusão?

Em *007 — Um Novo Dia para Morrer*, Gustav Graves, oficial norte-coreano que faz o antagonista de Bond, planeja a invasão da Coreia do Sul. No entanto, entre os territórios de ambos os países, estende-se um cinturão minado contendo um milhão de minas terrestres. Para aniquilar esse campo minado ele constrói "Ícaro". Ícaro é um espelho gigante, que está na órbita da Terra e deve concentrar, isto é, enfeixar os raios do Sol e usá-los como arma. Com a força do raio, Graves deseja limpar o campo minado entre as Coreias do Norte e do Sul, abrindo caminho para o seu exército. Como tão grande instalação não poderia passar despercebida aos serviços secretos de vários países, Gustav Graves tenta engabelar o mundo com uma espetacular apresentação dos fins pacíficos do espelho.

A um toque de botão, espraia-se no painel de controle cilíndrico do Ícaro uma folha prateada, enquanto Graves explica os fins da instalação: "Preparem-se! Será possível levar luz e calor a todos os cantos do globo. Poderemos semear e colher em todas as estações do ano. Não haverá mais fome no mundo. E tem mais... Nós propomos um segundo Sol, que irradiará como um diamante gigante no céu. Com ele será feita luz!".

Ao fim dessas palavras, a extensão da folha é fechada, e os raios de sol por ela refletidos fazem com que a noite da ilha se torne dia. Alguns dos convidados chegam a colocar óculos de sol. Gustav Graves explica de modo metafórico o modo de funcionamento do Ícaro: "Ícaro é único. Sua cobertura de um prata celestial vai aspirar a luz do Sol e distribuí-la suavemente pela superfície da Terra".

Não demora nem um dia, e James Bond, em fuga, perseguido pelo comparsa do vilão, acaba conhecendo o verdadeiro objetivo do Ícaro. Enquanto Bond, aparentemente em fuga, passa zunindo em um trenó lançado por um foguete sobre as superfícies congeladas da Islândia,

3.1 Para sua sorte, James (Sean Connery) olha Bonita (Nadja Regin) profundamente nos olhos.

ele é acompanhado por Graves via imagem de satélite. Graves ativa o modo arma, pelo qual do centro da superfície prateada de Ícaro sai uma ponta metálica. Logo depois, do pequeno dispositivo Ícaro envia um poderoso e concentrado raio de sol. Esse raio imediatamente faz derreter um buraco de 14 metros de diâmetro na espessa cobertura de gelo[1] e tem como alvo James Bond.

Ao final da perseguição enfurecida, Bond, com seu trenó ultra-aerodinâmico, suspenso por um cabo de aço, pende de um glaciar de cerca de 85 metros de altura, o qual é cortado lentamente pelo raio de Ícaro a cerca de 66 metros. E é de maneira espetacular que James Bond se salva do enorme bloco de gelo.

Sob a óptica da física é possível questionar mais dois modos diferentes de atuação de Ícaro. É realmente possível fazer com que a noite se transforme em dia no espaço sideral? De que tamanho teria de ser o espelho e a que altura ele deveria voar? O efeito destrutivo de Ícaro poderia ser efetivamente percebido com um espelho ou com algum outro dispositivo óptico? Se feita com relação a um objeto pequeno,

1. Em cenas posteriores podem ser vistos ainda outros possíveis diâmetros de irradiação. Por isso, para os cálculos a seguir são tomados por base, como o melhor dos casos, diâmetros de irradiação de apenas três metros.

essa pergunta é trivial, pois com uma lupa é possível focalizar a irradiação do Sol com intensidade capaz de incendiar papel ou outros materiais inflamáveis. Por isso, para fins militares, questiona-se novamente sobre as dimensões do Ícaro e se ele teria o mesmo destino de seu epônimo — ou seja, se ele próprio se derreteria — ou se as temperaturas cada vez mais altas não representariam problema algum.

Iniciemos com o uso pacífico do Ícaro: primeiramente é preciso investigar o que significa transformar a noite em dia. Em uma tarde de verão sem nuvens nos trópicos, a irradiação do Sol incide perpendicularmente sobre a superfície terrestre. Com isso, a irradiação do Sol por metro quadrado tem uma potência de mil watts, o que corresponde a cerca de 17 lâmpadas comuns de 60 watts posicionadas em cada metro quadrado da Terra. Ora, a irradiação do Sol que chega à superfície terrestre, em todo caso, é apenas parte da irradiação do Sol que efetivamente incide sobre a Terra. A atmosfera terrestre por si só já filtra ou reflete de volta parte deles, sobretudo os raios ultravioleta, que são nocivos ao ser humano. O esforço efetivo da irradiação solar na distância Terra — Sol[2] é descrito pela chamada constante solar. Ela tem um valor de 1.400 watts por metro quadrado. Isso corresponde a 23 lâmpadas de 60 watts comuns por metro quadrado de superfície.

Em uma noite sem lua, nenhum raio solar chega à Terra. Nas regiões densamente povoadas da Europa Central, a maior parte da luz celeste noturna provém das fontes luminosas instaladas por mãos humanas, como na iluminação das ruas. A luz da maior parte das estrelas remanescentes no céu noturno é fraca a ponto de ser ofuscada pela luz produzida pelo ser humano. Esse é o motivo pelo qual a nossa própria galáxia, Via Láctea, fica quase irreconhecível ao céu noturno.[3]

2. A distância média entre a Terra e o Sol é de 149.597.870.691 metros, portanto, 150 milhões de quilômetros.

3. A iluminação das cidades é designada por astrônomos também como iluminação visual. Para observar a Via Láctea de maneira ótima, é preciso viajar para as regiões escassamente povoadas do Canadá ou valer-se de um telescópio-satélite que se encontre na órbita terrestre.

Portanto, Ícaro teria de trazer todos os mil watts por metro quadrado para a superfície terrestre noturna, a fim de torná-la reluzente como se fosse dia. Ora, isso não é difícil, uma vez que basta fazer a luz do Sol mudar de direção com um espelho plano no ponto desejado da Terra. É claro que para tal empreitada o espelho não deve estar nas sombras da Terra. Com isso, um espelho ideal reflete a irradiação total do Sol, de 1.400 watts por metro quadrado. Também nesse caso, tal como na irradiação normal do Sol, a atmosfera terrestre filtra os "indesejados" 400 watts por metro quadrado, por meio dos processos de absorção e reflexão.

Para emitir a mesma intensidade de irradiação do Sol, o espelho deve ter no mínimo o tamanho da superfície que deve ser iluminada. Mas quanto mais inclinado o modo como a luz do Sol incide no espelho e quanto maior a inclinação com que o espelho encontra a Terra, maior terá de ser o espelho. Na cena em que Gustav Graves apresenta o seu invento Ícaro, ele ilumina um palácio de gelo e o ambiente que o circunda: uma superfície circular com um diâmetro de aproximadamente 170 metros.

Portanto, o espelho deveria ter um diâmetro de pelo menos 170 metros. Se se o comparar com o exemplo do observatório Arecibo, em Porto Rico — que aparece no filme *007 contra GoldenEye* — cujo espelho parabólico tem um diâmetro de 300 metros, para o vilão Graves não seria tecnicamente muito mais difícil construir um espelho desse tamanho.

O material ideal para uma construção em pleno espaço sideral seria o Mylar®, uma folha de tereftalato de polietileno[4] que reflete cerca de 99% da luz incidente. Esse material tem um peso de dez gramas por metro quadrado e forte resistência a impactos. A superfície especular acima descrita teria assim um peso de aproximados 230 quilos, a que

4. O tereftalato de polietileno é abreviadamente designado pela sigla PET. É o material de que são feitas, por exemplo, as garrafas de plástico.

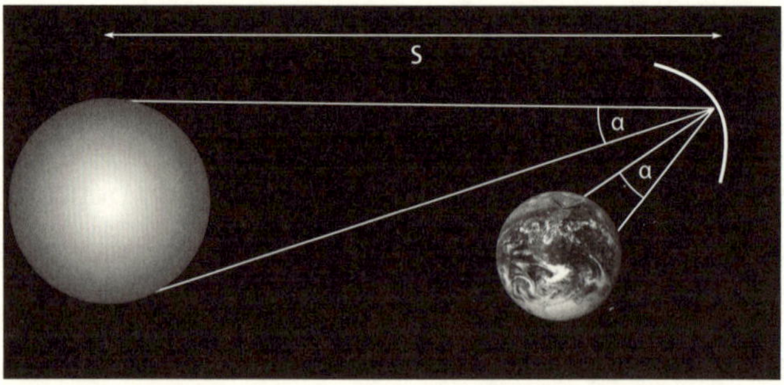

3.2 Todo e qualquer ponto do Sol envia radiação para toda e qualquer direção espacial possível. Presume-se que aqui se encontrem representadas as bordas do cone luminoso que aparece em um ponto do espelho de Ícaro e de lá sejam refletidas para a Terra. A partir dessa construção geométrica, é possível calcular a altura de voo máxima do espelho.

se deve adicionar o peso do equipamento de içamento e de controle. Portanto, o peso do Ícaro, que teria de ser transportado da Terra à órbita da Terra por foguetes de carga, não chega a ser um problema.[5]

Depois que o tamanho e o peso de Ícaro estiverem definidos, pode-se especular sobre a posição do enorme espelho. Nessas ponderações, o tempo de circunvolução em torno da Terra desempenha um papel importante, por especificar o tempo de influência de Ícaro em determinado ponto na superfície terrestre. O tempo de circunvolução de um satélite está relacionado à sua altura sobre a superfície terrestre. A Estação Espacial Internacional (EEI) está a uma altura de 330 a 410 quilômetros. Assim sendo, ela precisa de 90 minutos para dar a volta em torno da Terra. A referida altitude não seria vantajosa nem para fins militares nem civis, já que um determinado ponto estaria a distância muito pequena da instalação. Satélites de televisão e telecomunicação voam a uma altitude de 36 mil quilômetros. Para essa trajetória de circunvolução, um satélite precisa de um dia inteiro, ou mais precisamente: 23 horas, 56 minutos e 4,09 segundos. Sendo esse tempo suficiente para a Terra girar uma vez em torno de seu próprio eixo, o satélite persistirá quase sempre no mesmo ponto sobre a su-

5. Um ônibus espacial pode levar sem problemas uma carga de 30 toneladas por voo no espaço.

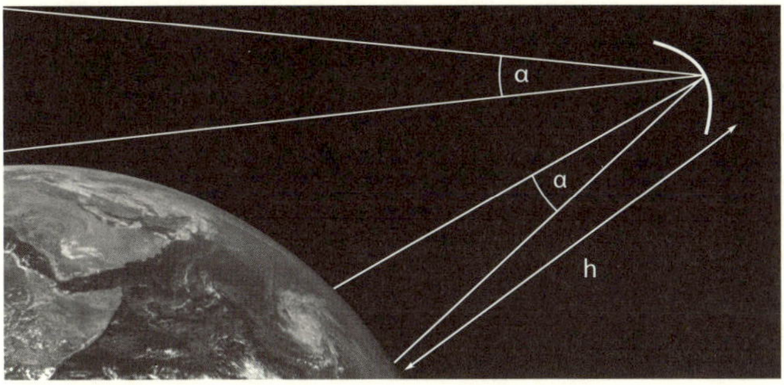

3.3 Uma vez que a pequena parte do espelho apenas reflete, mas não focaliza, o ângulo de abertura α de ambos os cones é igual. Com isso a dimensão da imagem especular para todo e qualquer ponto pode ser determinada tão somente pela distância h em relação ao espelho, sendo independente de sua forma.

perfície da Terra.[6] Trata-se aqui de um satélite em órbita geoestacionária. Essa altitude de voo seria mais apropriada à iluminação contínua de um determinado local. Para fins de uso militar, ao qual é preferível a flexibilidade quanto à mudança de local, essa altitude de voo em todo caso não é ótima. A altitude de voo real reside, pois, presumivelmente, em algum lugar entre ambos os exemplos citados, e com isso o uso pacífico e o militar podem ser atrelados de maneira ótima.

Se Ícaro fosse realmente um espelho, sua altura de voo poderia ser deduzida diretamente das cenas de *007 — Um Novo Dia para Morrer*. Uma vez que um espelho reflete diretamente a luz, as dimensões da imagem e do objeto refletido estariam em relação direta com as respectivas distâncias. Da superfície do Sol a luz é emitida em todas as direções. Se se considerar um único ponto na superfície do espelho ou um pequeno pedaço do espelho que possa ser visto como plano, esse poderá aparecer do lado do Sol que é voltado para ele. Os raios de sol correspondentes vão compor então um cone de luz, tal como se pode ver na Figura 3.2. Todo raio de luz individual é refletido. A reflexão acontece segundo a lei "ângulo de incidência igual a ângulo de reflexão". Os raios refletidos comporão novamente um cone.

6. Isso vale precisamente apenas para a linha do Equador, uma vez que na Europa todas as antenas de satélite apontam para o sul.

Os raios percorrem seu caminho do Sol até um ponto no espelho. Depois que foram refletidos, distanciam-se entre si em seu caminho até a superfície terrestre. Quanto mais o espelho se distanciar da Terra, mais os raios de luz poderão divergir, portanto maior será a superfície iluminada.

Esse efeito é velho conhecido de quem trabalha com projeção de filmes: para fazer variar as dimensões da imagem, a distância do projetor à parede é alterada. Se um espelho plano for pura e simplesmente focalizado, mas não refletido, o ângulo de abertura de ambos os cones de luz será o mesmo, como se pode ver na Figura 3.3. Com isso, a dimensão da imagem para todos os pontos só poderá ser determinada pela distância do espelho, sendo independente de sua forma. Todo ponto individual no espelho deterá então um cone de luz de onde ele se origina com determinado ângulo de abertura, que será igual para todos os pontos, isto é, para todo e qualquer ponto do espelho haverá, na Terra, uma superfície refletida correspondente. A posição dessas superfícies depende da forma do espelho. É suficiente que as imagens de todo ponto especular se recubram uma a outra, e então a menor imagem possível a surgir será grande como a imagem produzida a partir de um único ponto do espelho. Se voluntariamente se dispuser as imagens de diferentes pontos especulares umas ao lado das outras, a superfície refletida poderá ser grande como se queira, e haverá, naturalmente, uma luminosidade muito menor. Se for conhecida a dimensão da superfície refletida, então, uma vez que se conhece também o diâmetro[7] do Sol e a distância deste à Terra, poder-se-á facilmente determinar a altura de voo máxima do espelho sobre a superfície da Terra.

Se se introduzir o diâmetro de 170 metros, que é o que se tem na cena descrita, para a superfície iluminada pela luz do dia, chega-se à altura máxima de aproximadamente 18 quilômetros. A essa altura, Ícaro

---

7. O diâmetro do Sol perfaz 1.392.000 quilômetros. Isso é 109 vezes o diâmetro da Terra.

daria a volta em torno da Terra em cerca de duas horas, se não fosse desacelerado pela resistência do ar da atmosfera superior. Além disso, a essa altura de voo reduzida o espelho desapareceria na sombra da Terra logo após o pôr do sol, e com isso se inutilizaria. No caso de alturas de voo realistas, tem-se um diâmetro da superfície iluminada de 3,3 quilômetros no caso da órbita da EEI e de aproximadamente 334 quilômetros para uma órbita geoestacionária. Essas superfícies podem ser visualizadas na Figura 3.4.

Tendo considerado os fins civis, passaremos aos fins reais de Ícaro, que são os militares. É evidente que o raio de luz que Ícaro produz e enfeixa tem um efeito extremamente destrutivo. Mas qual a potência produzida por Ícaro, e quais devem ser suas dimensões?

Poderemos analisar melhor essas questões recorrendo à cena em que Gustav Graves faz uso do raio para derreter as bordas do glaciar em que James Bond está dependurado com um supertrenó. A potência produzida por Ícaro resulta, assim sendo, dos volumes de gelo derretido em momentos anteriores do filme. Com o auxílio das dimensões

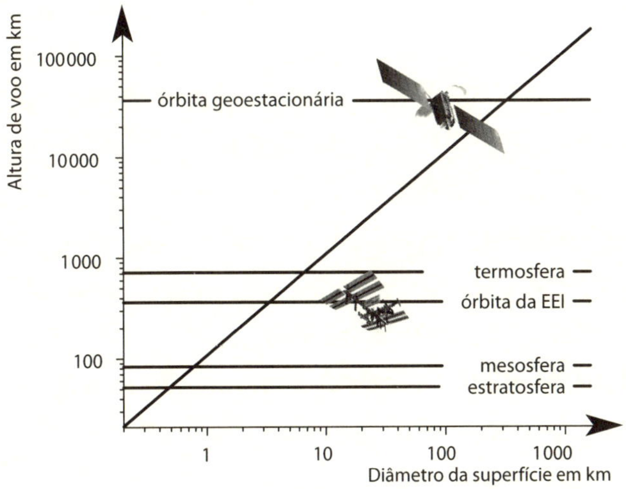

3.4 A linha mostra a conexão entre as superfícies iluminadas e as alturas de voo de um espelho. Quanto maior é a altura de voo de Ícaro, maior se torna o diâmetro da superfície iluminada. Deve-se considerar que ambos os eixos estão escalonados logaritmicamente para representar uma área que seja grande em alturas e superfícies.

físicas de Bond, é possível estimar o tamanho do trenó e, a partir daí, a altura da borda da geleira que está se derretendo, bem como sua largura: respectivamente, 85 metros e 66 metros. O volume do gelo derretido aparece então como produto de ambos os valores e da largura do raio. Na cena seguinte, no gelo, a largura do raio pode ser comparada com as dimensões do trenó e estimada em cerca de 14 metros.

Em outra cena do filme tenta-se destruir Ícaro com um foguete antissatélite. Relacionando-se a proporção entre o diâmetro do raio e o do foguete, o resultado é uma largura de raio de aproximadamente três metros. Evidentemente Ícaro pode ser acionado de muitos diferentes modos, com larguras de raio diferentes e, com isso, também com intensidades diferentes. Para destruir um foguete que esteja se aproximando, é necessário um raio que, de maneira nítida, esteja mais intensamente concentrado, ou seja, enfeixado, do que o que se tem no derretimento da geleira.

Uma vez que a largura do raio, durante o derretimento da borda do glaciar, não pode ser reconhecida com nitidez, partimos da ação em que Graves diminui a largura do raio em três metros. O raio teria então a mesma força que teve para destruir o foguete. Resulta daí um volume de gelo em derretimento de 85 × 66 × 3 = 16.830 metros cúbicos, o que corresponde a uma massa de cerca de 15.500 toneladas. Para derreter uma quantidade de gelo tão enorme como a mostrada no filme no espaço de nove segundos, seria necessário uma potência de 570 gigawatts. A potência de Ícaro corresponde então à potência de quase dez bilhões de lâmpadas incandescentes de 60 watts ou também à potência líquida elétrica de mais de 400 usinas nucleares atômicas Isar II. É sabido que 570 gigawatts equivalem a 570.000.000.000 watts. De fato, uma potência impressionante!

Como já se sabe, o Sol abastece a Terra a distância e com uma potência de 1.400 watts por metro quadrado, dos quais apenas 72% efetivamente chegam à superfície terrestre, em razão da atmosfera. Portanto, para estar em condições de produzir por energia solar a potência necessária, Ícaro deveria ter uma superfície de não menos do que 570 quilômetros quadrados. Assim, com o emprego das folhas de Mylar®, a superfície do Ícaro pesaria sozinha, sem contar o vigamento e os controles, 5.700 toneladas, o que perfaz quatorze vezes o que deve pesar a Estação Espacial Internacional em estágio final de construção.

Para transportar essa carga em uma órbita geoestacionária, o foguete lançador Ariane, em uma versão atualizada como a do 5ECA, teria de voar cerca de seiscentas vezes.

Ainda que se conseguisse levar todo o material para o espaço, dificilmente se conseguiria abrir um espelho dessas proporções, e note-se que ainda se teria de comandá-lo de maneira precisa. Mas quem sabe com quais meios de auxílio Gustav Graves não haveria de contar em sua construção?

Por fim, gostaríamos de examinar ainda se Ícaro, que estava em condições de, em curto espaço de tempo, derreter gelo e caçar minas e foguetes no ar, esquentava durante seu funcionamento. Para isso contemplamos a ponta metálica no meio do espelho, uma vez que ali a potência total irradiada atravessa a menor seção transversal, razão pela qual é precisamente ali que se pode esperar pelos maiores efeitos.

A temperatura é a velocidade média do movimento dos átomos ou moléculas individuais de um corpo. Quanto mais quente um objeto, mais rapidamente se movimentam seus átomos.[8]

Assume-se que uma vez que a totalidade da potência fornecida pelo Ícaro é absorvida na ponta, os átomos na ponta são instados a um movimento mais rápido. Com isso é possível estimar a mudança de temperatura máxima em relação ao tempo.

---

8. Como consequência, todos os átomos de um corpo encontram-se em repouso na temperatura zero absoluto. Com isso, no zero absoluto a temperatura é de zero Kelvin ou de −273,14 graus Celsius.

Para descobrir a quantidade de átomos presentes na ponta do Ícaro, é preciso antes conhecer o volume dessa sua extremidade.[9] O raio da ponta e o raio do Ícaro estão numa relação de 1:40, ou seja, na saída o raio é quarenta vezes menor do que o próprio Ícaro. Disso resulta, portanto, um raio da ponta de 330 metros. Isso não significa que o raio incida com a mesma largura na superfície da Terra, uma vez que numa focalização que se valesse, por exemplo, de uma lupa ou de um espelho côncavo, o raio poderia ser concentrado ainda mais.[10]

Com esse valor para a ponta chega-se, juntamente com outros valores, a um aumento de temperatura de apenas 21 graus Celsius por hora de funcionamento. Deve-se considerar, no entanto, que durante o funcionamento a temperatura aumenta mais lentamente, pois, lembrando o que foi assumido, a energia total é irradiada na ponta, e Ícaro quase chega a absorver a totalidade da luz do Sol, porém sem tornar a distribuí-la. Mas uma vez que a luz do Sol pode ser efetivamente redistribuída em forma de raio, a energia à disposição para o aquecimento do Ícaro é nitidamente menor. Aqui a grande extensão do Ícaro é uma vantagem, pois há muita matéria a ser aquecida em decorrência do funcionamento. Exatamente por isso a elevação de temperatura fica muito aquém do que se espera; em todo caso, com partes dele ficando a uma temperatura sensivelmente superior à temperatura ambiente do espaço sideral, que é de cerca de —270 graus Celsius.

Tampouco haveria motivo para temer um derretimento daqueles equipamentos tão caros! No entanto, com a elevação da temperatura,

---

9. Em um dado metálico com comprimento de aresta de um milímetro encontram-se, via de regra e de maneira geral, dez trilhões de átomos, ou seja, 10.000.000.000.000.000.000 átomos. Em uma ponta de alfinete encontram-se aproximadamente um trilhão de átomos. Se se dispusesse esse número um ao lado do outro resultaria uma superfície grande como a da Rússia.

10. Mesmo quando se tem um comprimento de raio de apenas três metros na superfície terrestre, o ângulo de abertura do raio daí resultante, com base na distância maior entre o Ícaro e a Terra, é menor do que mil graus. Com isso, nas imagens o raio aparece sempre como paralelo, por mais que ele seja talvez levemente convergente, o seu foco estando a uma distância de 330 metros e tendo apenas três metros.

Ícaro provavelmente ficaria um pouco deformado. Ocorre que a deformação teria, sim, consequências, uma vez que a focalização dos raios durante o funcionamento teria de passar por reajustes contínuos.

Portanto, Ícaro é mesmo um desafio à técnica da engenharia. Até seria factível, mas não sem um enorme dispêndio de recursos.

Informações complementares

Gostaríamos de analisar a separação da borda do glaciar pelo Ícaro de maneira mais precisa do que fizemos até agora. Com Gustav Graves perseguindo James Bond com seu Ícaro, na cena em questão, quando se tem o derretimento do glaciar, não aparece o raio de luz cortando completamente a borda do glaciar, como até agora foi assumido no texto. Era suficiente cortar o glaciar somente até que a borda, em razão do peso da parte subtraída, ruísse.

Crucial para a profundidade de corte necessária h é, por um lado, a massa M do volume do gelo, que é separada em razão do corte do restante do glaciar, e, por outro lado, a capacidade de carga da cobertura de gelo de espessura d. O volume do gelo separado resulta então como produto da profundidade de corte h com a área base F do bloco de gelo separado. A cena não permite visualizar a superfície do bloco de gelo separado; no entanto, pode-se visualizar o monitor de Gustav Graves. Uma análise detalhada dessa representação do monitor nos dá uma superfície de aproximadamente 350 m^2. Sendo conhecida a espessura ρ do gelo como 916,8 kg/m^3, resulta daí a massa do gelo separada sendo massa = espessura × volumes para $M = \rho \times h \times F$.

Vale como regra geral para a carga L em quilos carregada por uma camada de gelo em metros de espessura d: $L = 70.300 \times d^2\ kg/m^2$. Agora, se se introduzir para L a massa M do volume de gelo separado, tal como calculado acima, e substituir d por $(H - h)^2$, segue-se a equação: $\rho \times F \times h = 70.300 \times (H - h)^2\ kg/m^2$.

Aqui se tem o H como a altura factual da borda do glaciar, portanto H = 85 m.

Fazendo o cálculo para a altura h e introduzindo os respectivos valores numéricos para as outras grandezas chega-se, por fim, a uma profundidade de corte de aproximadamente h = 67 m. Portanto, ao contrário do que o texto, com sua abordagem simplificada, permite supor, a borda do glaciar de 85 m não é inteiramente derretida, mas será suficientemente se Ícaro penetrar no gelo apenas 67 m. Os 18 m restantes ficam por conta do peso do bloco de gelo. Agora, se se partir dessa profundidade de corte e de um raio focalizado de 3 metros de largura, será necessária ainda uma potência de 450 gigawatts, para derreter as restantes 67 × 66 × 3 × 0,9168 = 12.160 toneladas de gelo. Ícaro deveria ter uma superfície de 450 km^2, se tivesse um peso de 4.500 toneladas, e poderia ser levado à órbita geoestacionária com cerca de 470 voos do Ariane 5ECA.

O corte é fino, a destruição é profunda: raios *laser*

James Bond está novamente em apuros. Enquanto espiona a fundição de ouro suíça do vilão Auric Goldfinger, ele encontra Tilly, irmã de Jill Masterson, que foi assassinada. Ambos espreitam o centro de contrabando, onde Tilly acaba assassinada pelos homens de segurança de Goldfinger, e James Bond, inconsciente em razão de um acidente automobilístico, cai nas mãos de Oddjob, capanga de Goldfinger. Quando o agente secreto recupera a consciência, vê-se preso a uma chapa de ouro em um laboratório da fundição. "Não, Mr. Bond, eu esperava que você morresse!", ele diz em meio à atmosfera empoeirada do subterrâneo, enquanto um raio vermelho devora lentamente a chapa de ouro e avança entre as pernas de James Bond, seguindo em direção às suas partes íntimas. Situação desesperadora, mas sobretudo uma oportunidade para que Goldfinger teste seu

mais novo brinquedinho, um enorme aparelho dotado de raios *laser*, com o qual ele pretende derreter a enorme porta de aço de Fort Knox, a instalação central americana para reservas de ouro. Mas tão logo, no último instante, 007 pronuncia "Grand Slam", nome da operação secreta, Goldfinger conclui que James Bond vivo lhe será mais útil, e desliga o *laser*.

Em *007 — Os Diamantes são Eternos*, o vilão Ernst Stavro Blofeld, usando diamantes sul-africanos roubados, constrói um satélite a *laser* e tem de transportá-lo à órbita terrestre. Com essa arma a *laser*, Blofeld destrói uma base lançadora de foguetes dos Estados Unidos, um submarino soviético (sob a água!) e um arsenal de foguetes chineses. Ele ameaça destruir todas as armas do mundo. Mas o país que oferecer mais pela arma a *laser* deverá ser poupado da destruição, e com isso garantiria a sua hegemonia sobre o mundo todo.

Em *007 Marcado para a Morte*, é James Bond quem utiliza um *laser*. Fabricado por Q, esse aparato técnico complementar faz com que 007 e a francoatiradora Kara Milovy se livrem de um monitoramento desagradável que lhes impõe a política tcheca. Quando o carro de polícia começa a persegui-los, 007 aciona o *laser* acoplado no eixo dianteiro de seu Aston Martin, separando o chassis da carroceria do carro de polícia. Enquanto os policiais tentam frear, o chassis fica para trás, e a carroceria desliza com piloto e copiloto: "Corrosão ácida!", explica James Bond à passageira visivelmente atordoada.

Todas essas cenas têm em comum o uso de raios *laser* para fundir metais. Por esse motivo, queremos ver se com raios *laser* é fisicamente possível cortar uma chapa de ouro, dividir um carro ao meio ou mesmo destruir foguetes atômicos.

Logo depois de James Bond, Willard Whyte e os outros membros do serviço secreto tomam conhecimento do que Ernst Stavro Blofeld projetou, e eles próprios dão uma explicação para o modo de funcionamento do *laser* no espaço. James Bond considera: "Uma enorme

3.5 Em *007 contra Goldfinger*, James Bond (Sean Connery) deve ser cortado ao meio por um feixe de raios *laser*.

quantidade de diamantes lapidada por um especialista, fazendo uso da refração da luz...". Ao que Willard Whyte retrucou: "O primeiro feixe de raios *laser* foi produzido por um diamante. Se o conhecimento do dr. Metz sobre diamantes e refração for um décimo da fama que ele leva, a energia armazenada por essa coisa já será descomunal".

Na vida real, Theodore Maiman produziu o primeiro raio *laser* no ano de 1960, com a ajuda de uma pedra preciosa, que não era um diamante, mas um rubi.[11] No rubi, os elétrons, contidos em concentração insignificante nos átomos de cromo, podem ser bombeados com um *flash* de luz a partir de uma lâmpada xenon em estados de elevada energia. Dali, pela emissão de luz vermelha, podem de novo reincidir no estado base. Disso resulta uma luminosidade muito mais intensa que a das lâmpadas incandescentes normais, nas quais o processo de emissão de átomos individuais não é concomitante, e sim casual.[12] Desde os primeiros *lasers* de rubi, nos anos 1960, essas fontes de luz

---

11. O diamante nada mais é do que uma modificação especial do carbono. O rubi é um monóxido de alumínio dotado de cromo, isto é, contaminado em quantidade muito pequena.

12. O raio *laser* é não apenas bastante intenso, mas tem também muitas outras propriedades, como sua coerência e sua forte focalização, no que se diferencia da luz de outras fontes.

passaram por contínuo desenvolvimento, que contou com a introdução de outros materiais.[13]

Mas os diamantes, por princípio, não podem servir de base para um *laser*, e o modo como uma "enorme quantidade de diamantes" pode ser "lapidada" pela refração da luz não é questão que se possa explicar de uma perspectiva física. Na verdade, esse enunciado carece de sentido. Poder-se-ia até pensar que diamantes são introduzidos como meios ópticos para operar a refração da luz, com isso efetivamente enfeixando a luz em uma lente. Na verdade, o diamante é um material de índice de refração extremo, com o qual, nessa medida, seria possível fazer lentes especialmente compactas e eficazes.[14]

Ora, como então é possível caracterizar a intensidade de um *laser*? Como grandeza física para explicá-lo vem nos servir a potência, ou seja, a quantidade de energia em relação ao tempo que é transferida com a luz do *laser*. O exemplo mais conhecido desse tipo de potência são as lâmpadas incandescentes. Nas lâmpadas incandescentes, a potência, medida em watts, indica a quantidade de energia elétrica, esta medida em joules, convertida por segundo em luz e calor. As lâmpadas incandescentes comuns geralmente têm potência entre 25 e 100 watts.

Para poder estimar a potência do *laser* mostrado no filme, medimos o tempo demandado pelo *laser* para aquecer o material em questão. A energia necessária para fazer o material se fundir é calculada essencialmente com base na massa, na diferença de temperatura entre a temperatura inicial e a temperatura de fusão e na capacidade térmica do material. A capacidade térmica indica o quanto de energia um

13. Esse desenvolvimento vai até os dias de hoje e, atualmente, vive seu ponto alto com o desenvolvimento em nível mundial dos raios infravermelhos, em laboratórios como o Deutschen Elektronen Synchrotron (Desy), em Hamburgo.

14. O chamado índice de refração do diamante é de 2,4; em materiais ópticos comuns, como o vidro, esse mesmo índice é de 1,5. O índice de refração é uma medida para a intensidade do desvio da luz em uma superfície de interface matéria-ar. Se se quisesse cortar uma lente com um diamante, isso não seria muito simples, pois, sem falar nos custos, o diamante é um dos materiais mais duros que existem.

corpo pode absorver e armazenar em forma de calor. Além disso, para o equilíbrio de energia deve-se levar em conta ainda o calor de fusão. É a energia que tem de ser produzida em um corpo para que se dê a passagem de um estado sólido para um estado líquido. Em um corpo sólido, os átomos se encontram em uma rede cristalina e, para romper essa rede, o calor de fusão é necessário. Os cortes que o *laser* provoca em *007 contra Goldfinger* e em *007 Marcado para a Morte* dão a entender que a matéria é em parte fundida e em parte evaporada. Portanto, a energia demandada reside em algum lugar entre a quantidade necessária de material a ser fundida e aquela a ser evaporada. Para evaporar o metal é necessário ainda, além da energia demandada para a fusão do metal, energia para o aquecimento até o ponto de ebulição e para a passagem do estado líquido ao gasoso.

Se todos esses processos fossem levados em conta, o *laser* de Goldfinger deveria ter uma potência entre 4,8 e 50 quilowatts, dependendo de o corte ter sido produzido por um processo de fusão ou de evaporação. A grande discrepância entre ambos os valores dá-se por meio do elevado dispêndio de energia demandado para a evaporação do metal. A título de comparação: um carro de passeio comum tem uma potência de motor de aproximadamente 40 a 50 quilowatts. Além disso, deve-se considerar que um *laser* não pode converter toda potência elétrica alimentada em potência de luz. A parte da potência elétrica que efetivamente tem de ser convertida em potência luminosa chama-se grau de efeito.[15] Para os cálculos das cenas do filme foi assumido sempre um grau de efeito realista de 10%. Isso significa que se o *laser* é armazenado com uma potência elétrica de 1.000 watts, ele irradia 100 watts como potência de luz.

Do ponto de vista técnico, hoje não seria nenhum problema chegar à potência calculada do *laser* tal como ele foi usado no filme *007 con-*

---

15. O conceito de eficiência tem um significado até mesmo bem mais comum: costuma-se ter informações sobre quão eficiente é a conversão de uma forma de energia em outra.

tra Goldfinger. Na indústria, não é de hoje que são empregados *lasers* com esse tipo de potência, ou com potência até maior, para cortar e fundir metais. Diferentemente do *laser* usado por Goldfinger, no emprego real da luz laser para cortes e fusões a *laser* trabalha-se hoje com raios infravermelhos, o que significa que se está além da luz visível.[16] E o motivo para tal é bastante simples. Superfícies de metal refletem a luz visível — consequência disso é a reluzência característica dos metais. No entanto, em um processo de corte a luz do *laser* é absorvida, o metal sendo aquecido na parte que recebe os raios. É por esse motivo que o infravermelho é empregado: para que as superfícies de metal não reflitam a luz infravermelha. Ao que tudo indica, Goldfinger inverte esse problema, valendo-se de um tratamento especial dado às superfícies de ouro. Ou então a alta potência do *laser* altera a superfície, e com tanta intensidade que a luz é absorvida. Alguns truques já caíram no gosto do canalha...

Por que razão o raio *laser* em todas as cenas é visível como um reluzente raio vermelho? Em um apontador *laser* pode-se ver simplesmente o ponto na superfície de projeção e não o próprio raio *laser* inteiro e em cor vermelha. Considere-se que, se houver fumaça de cigarro no ambiente, o raio poderá ser reconhecido por se refletir nas partículas de fumaça em todas as direções. Evidentemente, na fundição de ouro de Auric Goldfinger há muito pó de ouro flutuando no ar, uma vez que o raio *laser* é ali bem visível.

Como funciona o *laser* que Q instalou no Aston Martin de Bond? Uma vez que o carro obviamente é muito mais maciço do que uma fina chapa de metal, devemos tomar como ponto de partida que uma potência laser maior, de doze a 90 kilowatts — novamente isso vai depen-

16. A radiação infravermelha é como a radiação eletromagnética da luz vermelha, com a diferença de o comprimento das ondas ser maior que o comprimento de ondas da luz vermelha.

der de o material estar na forma liquefeita ou de vapor — é necessária para destruir o carro de polícia tcheco. Independentemente da potência demandada, a pergunta que naturalmente se faz é se em um carro em movimento — podendo ser movido, por exemplo, por uma bateria de automóvel ou por um gerador —, essa potência pode ser efetivamente disponibilizada. Baterias de automóvel de ótimo rendimento, como as encontradas em carros de luxo, são capazes de proporcionar uma corrente enorme, de até 1.000 ampères, em um período de tempo muito curto. A potência elétrica é o produto da tensão, que nesse caso é de doze volts, pela intensidade de corrente. Obtém-se com isso uma potência de doze quilowatts, que, no entanto, fica à disposição apenas por um breve período. Uma bateria de carro como essa estaria em condições de alimentar um *laser* a ponto de ele poder cortar uma carroceria.

Mas uma bateria de automóvel seria capaz de armazenar toda a energia suficiente para cortar de lado a lado um carro de polícia? Bem, uma bateria de carro tem uma capacidade total de até 100 ampères-hora. Portanto, ela poderia proporcionar uma corrente de até 110 ampères durante horas e a uma tensão de doze volts. Multiplicando-se a tensão de doze volts por 100 ampères de corrente de descarga e 3.600 segundos, chega-se a uma energia armazenada de 4.320.000 joules = 4,3 megajoules. Para dividir o carro de polícia ao meio, seriam necessários entre 200 e 500 quilojoules de energia, portanto, menos de um décimo da energia total armazenada em uma bateria de automóvel.

De maneira análoga, em se tratando dos satélites a *laser* de Blofeld, pode-se pensar na intensidade de rendimento que essas armas deveriam ter. Em todo caso, os objetos-alvo aqui não são intensamente aquecidos, uma vez que ou eles se fundem ou se evaporam, como podem apenas incandescer até ficar vermelhos. Isso é suficiente para fazer com que foguetes atômicos sejam capazes de funcionar, o que significa que, para estimar o rendimento necessário já não será preciso calcular a temperatura do ponto de ebulição e do calor de fusão e de evaporação do material. Resta então apenas a energia necessária para trazer um objeto a um ponto de incandescência de pelo menos 400 graus Celsius. Trata-se aqui não de aquecer finas chapas de ouro ou de uma fina carroceria de aço de um carro de polícia tcheco, mas teriam de ser aquecidos um submarino inteiro e foguetes chineses de muitas toneladas de peso. Para dificultar ainda mais, entre as fontes de *laser* no espaço e seus alvos na Terra há muitos quilômetros de atmosfera, e na atmosfera os raios *laser* se dispersam pelas moléculas de ar, havendo significativas perdas de energia. Por meio dessa dispersão de moléculas de ar da atmosfera, o feixe de raios *laser* se expande, e o fator de perda aqui é certamente de dez para 100. Mas para uma estimativa aproximada essa perda deve ser desprezada. Obtém-se a potência desejada multiplicando-se a massa do alvo pela capacidade de aquecimento do material em questão e pela diferença de temperatura entre a temperatura ambiente e a temperatura de incandescência, valor que deverá, por fim, ser dividido pela duração do processo.

A massa vazia do foguete na base de lançamento americana é de aproximadamente 20 toneladas. Um submarino soviético chega a expelir 4.300 toneladas. Isso, segundo dados dos tipos de foguete e de submarino existentes no ano de 1971, ano de lançamento do *007 — Os Diamantes são Eternos*. Se durante as cenas é necessário tempo para a destruição de ambos os alvos, disso resulta que o *laser* de Blofeld, destinado à destruição de mais de duzentos pesados submarinos,[17] necessita de apenas metade do tempo. A potência *laser* necessária tem de ser ajustável para uma gama de potência bastante grande, com isso adequando-se ao seu alvo.

---

17. Deve-se desprezar aqui o fato de que o submarino está em uma profundidade considerável. É claro que a água do entorno se aquece, o que faz com que uma potência *laser* muito maior seja necessária.

Com isso, chega-se ao cálculo segundo o qual para a destruição do foguete a *laser* seria necessário produzir uma potência elétrica de mais ou menos um gigawatt. No caso do submarino seriam necessários pelo menos 100 gigawatts de potência.

Usinas nucleares modernas produzem por cada bloco de reator cerca de um gigawatt de potência elétrica. Em *007 — Os Diamantes são Eternos*, para aquecer o submarino a ponto de incandescência, tinha de ser posta à disposição dos satélites a potência de um total de cem dessas modernas usinas atômicas! Em uma cena James Bond descreve as dimensões do satélite: "Bem aqui! Pude observar que ele tem cerca de seis pés de altura!". Um pé, que é unidade de medida inglesa, corresponde a 30,48 centímetros. Portanto, o satélite tem cerca de 1,80 metro de altura.

Certamente o satélite tem a bordo uma fonte de energia supercompacta, que corresponde a cem usinas nucleares atômicas. Mesmo os painéis solares colocados na parte de fora dos satélites nem de longe produzem potência suficiente para o funcionamento de *laser* tão forte. Como já sabemos, nas proximidades da Terra o Sol produz uma potência de aproximadamente 1,4 quilowatt por metro quadrado. Se se dividir a potência demandada de 100 gigawatts por 1,4 quilowatt, os painéis solares teriam de ter uma superfície de pelo menos cerca de 70 quilômetros quadrados, o que corresponde à superfície de 10 mil campos de futebol. Mas se ainda assim se considerar que células solares costumam ter um grau de efeito de 20%, a superfície demandada aumentará em até cinquenta campos de futebol. É claro que nada disso pode ser visto exatamente dessa maneira em *007 — Os Diamantes são Eternos*.

Esses cálculos nos mostram que o emprego de armas a *laser*, tendo satélites como base, há muito deixou de ser uma utopia. O governo americano chegou a essa conclusão depois que, durante os anos 1980, investiu cerca de 30 bilhões de dólares no desenvolvimento, em última instância malsucedido, de um sistema de defesa por mísseis antibalísticos que interceptariam mísseis soviéticos no espaço.[18]

Mas o poder visionário do filme de James Bond não pode ser subestimado. *007 contra Goldfinger* chegou aos cinemas em 1964, e *007 Marcado para a Morte*, em 1987. O primeiro *laser* foi construído em 1960, mas o *laser* industrial, de corte, semelhante ao que se tem no filme, foi desenvolvido apenas nos anos 1990. Nossas ponderações aqui mostram que o *laser* para corte de metais seria relativamente fácil de ser produzido, e a quantidade de energia necessária não seria tão irreal.

Informações complementares

A definição de potência, como energia demandada em relação ao tempo, produz sempre a potência *laser* desejada. A energia se compõe da energia necessária E_1, para a elevação da temperatura, e da energia necessária para a fusão E_2 e para a evaporação E_3.

Para E_1 tem-se: $E_1 = c \times M \times T$

No caso, M é a massa que aquece a temperatura T e c a capacidade de aquecimento específica, que é uma constante conhecida para todo material.

Para E_2 tem-se: $E_2 = M \times Q_s$, com o aquecimento de fusão Q_s indicando quanta energia é necessária para fundir um quilo do material. Também Q_s é uma constante conhecida para todo material.

Para E_3 vale uma relação semelhante: $E_3 = M \times Q_v$ com o aquecimento de evaporação Q_v indicando quanta energia é necessária para

18. Trata-se do programa SDI (Strategic Defense Initiative), iniciado pelo ex-presidente americano Ronald Reagan. Esse programa foi suspenso após o colapso do comunismo, nos anos 1990, sem maiores comoções nem alardes. E, já na época, era possível comprovar, de maneira tão simples quanto pelos cálculos aqui demonstrados, que o SDI jamais funcionaria.

evaporar um quilo do material. E novamente se tem Q_v sendo uma constante conhecida para todo material.

Todas as partes reunidas resultam no todo da energia demandada para fundir ou evaporar a massa M de um material:

$$E = E_1 + E_2 + E_3 = c \times M \times T + M \times Q_s + M \times Q_v$$

A potência *laser* demandada P é, pois, simples: P = E/t, onde t é a duração com que o raio *laser* incide sobre o material. Esse tempo é mensurado diretamente ao serem assistidas as cenas em questão, e com isso é também conhecido. A partir de estimativas das quantidades de metal M fundidas ou evaporadas, das diferenças T das temperaturas de fusão e evaporação conhecidas dos materiais ouro e aço à temperatura ambiente, dos respectivos aquecimentos de fusão e de evaporação Q_s e Q_v, bem como das capacidades de aquecimento específicas, chegou-se aos valores para a potência *laser* necessária.

Uma vez que alvos irradiados por Blofeld em *007 — Os Diamantes são Eternos* não são fundidos nem evaporados, as energias E_2 e E_3 podem aqui ser omitidas. Todavia, já não mais se tem acesso direto a temperaturas finais, diferentemente de outros casos, em que se conhece a temperatura de fusão e de ebulição dos materiais participantes. Pode-se então estimar a temperatura buscada com base no espectro de ondas eletromagnéticas irradiadas por meio de aquecimento. Para corpos incandescentes, tal análise resulta em uma temperatura de aproximadamente 400° C.[19]

19. Esse tipo de análise se utiliza da chamada "lei do deslocamento" de Wien, que relaciona os comprimentos de ondas do máximo do espectro de ondas eletromagnéticas emitido por um corpo e sua temperatura. Aqui é preciso considerar que ao incandescer, um corpo tem seu máximo de irradiação no domínio da irradiação infravermelha. Sendo assim, esse máximo só pode ser determinado com um aparelho mensurador que tenha sensibilidade para tal.

Eu vejo o que você não pode ver — James Bond tem golpe de vista

Investigações no Japão conduziram James Bond, no filme *Com 007 Só se Vive Duas Vezes*, ao escritório de Mr. Osato. Bond, que se apresenta como Mr. Fisher, executivo recém-contratado pela empresa "Empire Chemicals", senta-se numa poltrona de encosto alto, diante de uma mesa a cerca de 2,75 metros de distância. Mr. Osato está sentado do outro lado da mesa, equipada com diversos dispositivos eletrônicos. Enquanto conversa com Mr. Fisher, Mr. Osato secretamente aperta um botão, fazendo surgir, embora não visíveis a Bond, dois monitores por meio dos quais Osato pode ver imagens de raios X do torso do agente secreto. As imagens mostram claramente a pistola de 007, uma Walther PPK, despertando suspeitas em Mr. Osato, levando-o a se questionar quem é, na verdade, Mr. Fisher.

Nas imagens de raios X a arma está do lado direito. Sendo James Bond destro, por isso portando a arma do lado esquerdo, evidentemente que a imagem de raios X foi feita de trás. Portanto, a fonte radiográfica está acoplada ao encosto da cadeira, e o detector de raios X em algum lugar na mesa.

Os raios X saem de um tubo de raios X evacuado, no qual é aquecido um fio incandescente, para daí saírem elétrons. Submetidos a uma alta tensão, de cerca de 50 mil volts, esses elétrons são assim acelerados e vão ao encontro de um ânodo de cobre. No material do ânodo eles são intensamente desacelerados, dando origem aos raios X (ver Figura 3.6).

Da energia dos elétrons que estão no ânodo é convertido apenas cerca de 0,7% em raios X; os 99,3% restantes são perdidos como calor, além de aquecerem o material dos ânodos. Por isso as fontes de raios X têm sempre de ser resfriadas. Em tese, um tubo de raios X pode ser pequeno a ponto de poder ser acoplado num assento de poltrona. O gerador de alta tensão pode ser posicionado fora da poltrona.

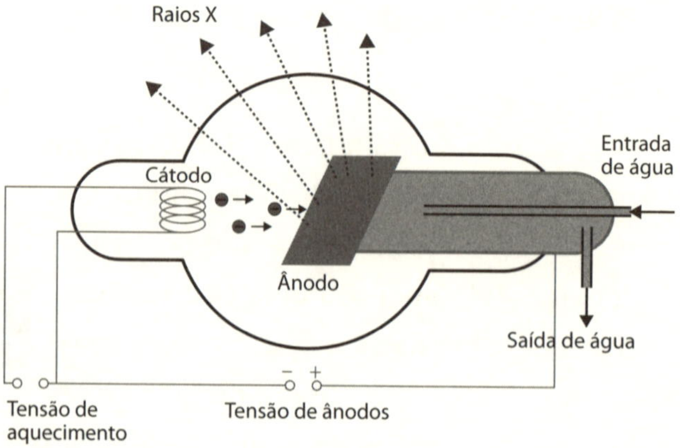

3.6 Representação esquemática dos componentes mais importantes de um tubo de raios X, encontrados em um êmbolo de vácuo.

No entanto, temos um problema com a fonte de alimentação. A única solução seria passar os cabos necessários por entre os pés da poltrona. Eles teriam de estar, então, firmemente afixados no assoalho. Talvez seja esse o motivo pelo qual, no filme, a poltrona em que James Bond está sentado se encontre relativamente distante da mesa de Mr. Osato: suponhamos que este recebesse uma pessoa, e esta quisesse ali se acomodar confortavelmente — ela não poderia empurrar a poltrona para trás; por isso mesmo a poltrona já estava recuada.

Quando os raios X encontram um obstáculo, eles são absorvidos; por esse motivo, a força de absorção depende da constituição do material de que se compõe o obstáculo. Materiais pesados como chumbo, ferro ou cobre absorvem mais radiação do que os leves, como água ou carbono. O ar e gases de todo tipo na verdade absorvem bem pouca radiação. Não obstante, as fontes de raios X não podem estar na parede atrás de James Bond, já que a uma distância relativamente grande da mesa de Mr. Osato muita radiação se perderia pela dispersão no ar, e em todo caso dessa posição não seria fácil filmar Bond na poltrona.

Uma vez que o corpo humano é constituído, em essência, de substâncias leves, como carbono e água, uma pistola sob a vestimenta logo seria ressaltada em uma imagem radiográfica. Na medicina, as radiografias são postas em contato com um filme radiográfico e o escurecem. Quanto mais radiação houver em um ponto do filme, mais escuro ficará aquele ponto. Por isso, em uma imagem radiográfica, ossos e outros materiais impermeáveis aparecem como claros, e os órgãos que ali se encontram, compondo-se primordialmente de água e carbono, aparecem mais escuros. A arma de Bond é impermeável aos raios X e aparece clara nas radiografias de Mr. Osato.

Ora, de que modo Mr. Osato pode ver as radiografias em seu monitor — apenas 20 segundos após James Bond se sentar na poltrona? Não seria necessário antes revelá-las?

Para tornar visíveis os raios X, revelar o filme não é necessidade incondicional. Existe outra possibilidade, que é o amplificador de imagem, com o qual até mesmo imagens em movimento podem ser registradas em tempo real. O aparelho também tem a vantagem de poder de pronto armazenar as radiografias. Em um amplificador de raios X a radiação, em um monitor de entrada, encontra um dispositivo chamado cintilador,[20] que dos raios X produz luz pulsada. Essa luz pulsada converte-se em sinal eletrônico, intensifica-se, para então aparecer no monitor. De fato, James Bond pode ser radiografado, sua imagem, captada, e logo fielmente representada no monitor que fica na mesa de Mr. Osato. Essa técnica também explicaria como duas radiografias poderiam ser vistas ao mesmo tempo nos monitores.

A fim de obter radiografias com diferentes luminosidades, algumas configurações têm de ser alteradas no tubo de raios X. A intensidade de um feixe de raios X depende da velocidade dos elétrons, controlada pela alta tensão aplicada, e depende também do número de elétrons, ou seja, da força da corrente entre cátodo e ânodo. Ambos podem ser controlados de fora. Não há nenhum problema em,

20. Um cintilador nada mais é do que um cristal especial. Nos dias de hoje, os cintiladores são compostos, por exemplo, de sulfato de zinco.

no espaço de 20 segundos, duas tensões e forças de corrente diferentes se exercerem sobre o tubo de raios X, registrando duas imagens com intensidades diferentes. É evidente que o dispositivo de Mr. Osato produz automaticamente essas duas radiografias, e com contrastes diferenciados, para que com isso o observador possa escolher a melhor imagem. Ocorre que uma pistola não produziria contraste radiográfico tão nítido, já que dela não seriam incondicionalmente necessárias duas imagens. Fica óbvio que Mr. Osato é uma pessoa muito precavida.

É importante saber ainda que James Bond fica sentado na poltrona cerca de um minuto. Nesse minuto, ele recebe uma carga radiográfica de corpo inteiro. É uma carga de raios bem considerável, que, embora não chegue a causar propriamente malefícios, não é muito saudável.

Isso também deve ser levado em consideração ao se tratar de Mr. Osato e seus colegas. Embora seja visível que eles estejam mais longe da fonte de raios X e recebam uma carga de raios muito menor, quando Mr. Osato faz incidir seu aparelho sobre cada um dos convidados, com o tempo essa carga de raios acumulada passa a ser bem considerável.

Em *007 contra o Foguete da Morte,* em que os raios X também são utilizados, James Bond encontra-se na luxuosa residência de Hugo Drax.[21] A piloto de helicóptero de Drax, Corinne Dufour, conduz Bond — após um encontro fortuito — a um espaço no qual há uma cômoda. Ao analisá-la com mais atenção, James Bond descobre uma espécie de cofre que pode estar em seu interior. Para abrir o cofre, ele lança mão de um dispositivo, parecido com uma cigarreira, e o traz junto à porta. Junto com os cigarros de James Bond há também um monitor. Ao ser acionado, aparece uma imagem, muito semelhante à de uma radiografia, do mecanismo de segurança da porta do cofre.[22] Enquanto

---

21. Na filmagem, serviu de locação para a residência de Hugo Drax o magnífico castelo Vaux le Vicomte, nas proximidades de Paris.

22. Em princípio poderia ser também uma imagem de ultrassom. Mas o sinal de ultrassom se interrompe na presença de ar, e é evidente que James Bond não utiliza nenhum gel de

James Bond gira os botões para chegar ao código correto, ele pode observar no monitor como o mecanismo de segurança funciona e, com isso, logo consegue abrir o cofre.

Uma vez que o detector radiográfico aqui utilizado tem dimensões muito reduzidas, somos levados a supor que as fontes de raios X estão dentro do cofre, tratando-se de um moderno semicondutor.[23] Esse semicondutor trabalha exatamente como um sensor de imagem em uma câmera digital, convertendo a luz incidente diretamente em um impulso elétrico, que é então mais uma vez processado. Nos últimos anos tais sensores foram desenvolvidos para uso em radiologia, mas em 1979, quando *007 contra o Foguete da Morte* foi lançado nos cinemas, era ainda utopia. O agente secreto britânico parece estar aqui muito à frente de seu tempo.

A fim de descobrir se a porta de segurança pode ser efetivamente radiografada, investigamos com que intensidade os raios X são atenuados pela porta. A medida utilizada para isso é o coeficiente de atenuação, que é específico dos metais e conhecido para todas as substâncias. Partindo da grande espessura da porta de segurança e da suposição de que é feita de aço, segue-se que a intensidade dos raios X que chegam ao detector diminui em cerca de 1,5 por mil em relação a seu valor de partida. Com isso fica claro que por trás da porta de segurança existe uma fonte de raios X imensamente grande, resultando daí também outras especificações. Por exemplo, uma fonte de raios X forte teria de se resfriar com intensidade correspondente. Normalmente chega-se a esse tipo de resfriamento mediante um ciclo de irrigação. Uma vez que

---

contato. Tampouco o sinal poderia penetrar a folga de ar entre a primeira camada metálica, a porta de segurança e o próprio mecanismo de fechamento.

23. Um amplificador de radiografia seria grande demais. A fonte de raios X não poderia ficar dentro da cigarreira, uma vez que a fonte de alta tensão necessária não pode ter seu tamanho reduzido a tal ponto.

a fonte de raios X está localizada no cofre, a implementação técnica parece bem difícil.[24]

Mas por que Hugo Drax instala um tubo de raios X em seu cofre, ajudando com isso a espionar o agente secreto? Ao que tudo indica, a memória do vilão está um tanto cansada. Se ele esquecer a combinação correta, ainda assim ele poderá — assim como James Bond — abrir o cofre.

Em busca de seu velho amigo Valentin Zukovsky, em *007 — O Mundo não é o Bastante*, James Bond, ao chegar ao cassino, usa seus óculos de raios X para examinar um dos seguranças, descobrindo, através de suas roupas, que ele está de posse de alguns objetos como, por exemplo, uma arma de fogo, uma faca e peças de roupas íntimas femininas nas cores azul e branca. Conseguir enxergar a decoração de um interior e as pessoas que ali se encontram, e mesmo algumas flores delicadas, parece algo bastante normal. Depois de Bond ter encontrado o amigo Zukovsky pesadamente armado, ouviu uma ou outra novidade e pediu o seu drinque — o vodka martini, batido, não mexido, é claro.

Em *Com 007 Só se Vive Duas Vezes*, Mr. Osato descobriu, também, com a ajuda de óculos de raios X, a arma secreta que Bond estava portando. Mas seria de fato possível visualizar todo um cassino com óculos de raios X? Certamente já é possível comprar pela internet "óculos de raios X",[25] bem parecidos com os óculos de James Bond. Mas será que vale a pena comprar óculos de raios X? Que benefícios ele traria?

Como foi dito anteriormente, para ser radiografado, um objeto tem de estar entre a fonte de raios X e o detector. No entanto, James Bond pode trazer consigo apenas a fonte de raios X ou o detector. O outro

24. A propósito: se um abastecimento de alta tensão completo coubesse em um pequeno cofre, o sistema de resfriamento por água deixaria de ser um problema.

25. Podem ser encontrados, por exemplo, no www.asseenonscreen.com por ridículos 15 centavos de libra esterlina!

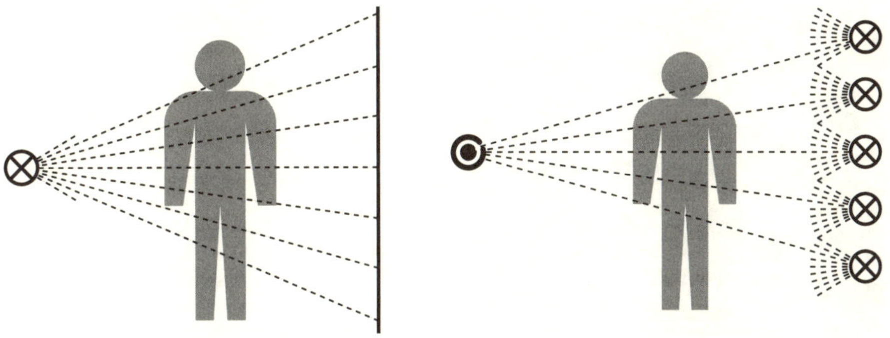

3.7 James Bond porta a fonte de raios X, reproduz a imagem de pessoas na parede de uma sombra de raios X — as imagens são maiores do que as pessoas em estado real; cada raio toca no detector em outro ponto (ver à esquerda). Se o próprio James Bond tiver de levar consigo o detector, ele terá de lidar com um detector muito pequeno, que diferencia os raios com base na direção desses raios (ver à direita), enquanto o cassino é radiografado de todos os lados com raios X.

dispositivo teria de ser ocultado atrás das paredes do cassino ou dentro delas. O conjunto não é de todo problemático: ver a Figura 3.7.

Em primeiro lugar assumimos que James Bond traz consigo apenas o detector. A fonte de raios X está em algum lugar por trás das paredes do cassino. Se fosse utilizada uma fonte de raios X para a visualização, as sombras de raios X que o grupo de pessoas projeta seria maior que o próprio grupo e, com isso, muito maior que as lentes dos óculos de raios X. Ou seja, não poderia funcionar. Tampouco seria possível James Bond esconder um detector no bolso, pois a radiografia perderia a seletividade por direção. Isso funciona quando o detector está em uma caixa de aço dotada de um pequeno furo, enquanto Q ou outro ajudante do cassino "inundariam" com radiografias por todas as direções. Tal como um televisor, um computador pressupõe a reprodução de uma imagem ponto por ponto, e ela é então projetada diretamente nas lentes dos óculos do agente secreto.

Mas o que significa, exatamente, inundar um cassino com raios X? Significa que atrás de cada ponto de imagem deveria haver um tubo de raios X. Portanto, seria necessário conhecer cada centímetro do cassino, bem como ter um tubo por centímetro quadrado de parede,

3.8 Análise detalhada das imagens que James Bond vê com seus óculos no filme *007 — O Mundo não é o Bastante*, no cassino de Valentin Zukovsky. Aqui a pistola da mulher ainda está bem visível...

portanto 10 mil tubos por metro quadrado. E se cada tubo de raios X demanda uma potência de 100 quilowatts,[26] resulta, ao todo, uma potência de um gigawatt por metro quadrado de parede.[27]

Mesmo quando não são levados em conta os enormes custos e também as despesas com refrigeração dos tubos de raios X (afinal, o serviço secreto via de regra tem orçamento ilimitado), fica a questão sobre a quantidade de raios X que devem ser direcionados. A água, principal componente do corpo humano, aquecer-se-ia intensamente

com a absorção da radiação, já que após cerca de 16 segundos ela começaria a cozinhar. O mesmo valeria, claro, para o vodca martini de James Bond. Fosse como fosse, os visitantes do cassino não iriam perceber, pois a carga de radiação ficaria em torno de fabulosos 19.600 sieverts por segundo. Já cinco milésimos de segundo seriam suficientes para compor a dose de 100 sieverts, que seria mortal para qualquer ser humano.[28] Mesmo James Bond, por mais duro que possa ter se tornado pela abrangente formação que recebeu no serviço secreto britânico, não

26. Tamanha potência seria necessária para, no mínimo, radiografar uma pessoa inteira. A radiação de cada tubo tem de cobrir todas as áreas do cassino visitado por James Bond.

27. Só pra lembrar: são 1.000.000.000 watts e correspondem à potência de 10 milhões de lâmpadas incandescentes de 100 watts ou de uma usina nuclear atômica de porte médio.

28. Pode-se ter uma boa ideia do que se passaria no cassino submetendo 50 gramas de pudim, o que dá mais ou menos o tamanho de um porta-ovo, à potência máxima do micro-ondas (1.000 watts). Não, não façam em casa!

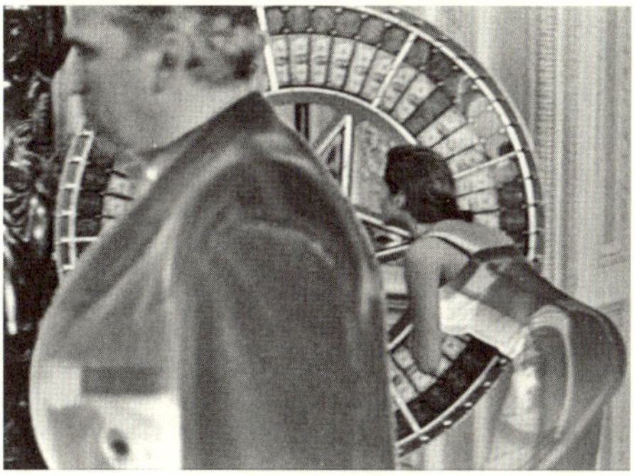

Já quando o homem passa pelas duas mulheres, a pistola some da imagem. Ora, uma imagem de raios X não pode ser encoberta com tanta facilidade!

poderia se responsabilizar por "inundar" um cassino com esse tipo de radiação só para poder olhar, com seus óculos de raios X, o que as pessoas tinham debaixo das roupas.

Nitidamente mais realista é a hipótese de James Bond trazer consigo a fonte de raios X, tendo secretamente equipado as paredes do cassino com detectores de raios X do M16 britânico. A imagem dos detectores seria então transmitida aos óculos de James Bond via rádio, e nos óculos seria projetada em suas lentes. Uma vez que tal solução demandaria um único tubo, a carga de radiação seria apenas moderada. Mas o aquecimento representaria agora um problema espinhoso. Em caso de plena carga, mesmo um bom tubo de raios X resistiria por apenas 46 segundos. É improvável que James Bond tivesse acoplado um circuito de refrigeração para a fonte de raios X. Fazer pausas na recepção de uma imagem radiográfica poderia demandar muito tempo. Para um filme corrente com 25 fotogramas por segundo restam ainda nove milésimos de segundo de tempo de radiografia, o que é bem pouco, mas não impossível. A necessidade de corrente elétrica para a fonte de raios X de James Bond poderia ser suprida, em princípio, com uma bateria de lítio iônico, que pesaria aproximadamente 1,6 quilo.[29]

No ato de radiografar com raios X, todos os materiais absorvedores são vistos entre a fonte e o detector. Uma pessoa que esteja

29. Esse tipo de bateria é usado também em notebooks e telefones celulares.

passando jamais poderá encobrir o que estiver direcionado a outro objeto, ao contrário do que aparece na cena representada pela Figura 3.8. É ainda pior: mesmo os ossos de todas as pessoas, os tubos na parede e todos os demais objetos seriam sempre vistos em uma imagem de raios X convencional! As imagens vistas por um par de óculos de raios X apropriados apareceriam completamente diferentes das que são recebidas por James Bond no filme. O mais provável é que tenha sido usada outra técnica.

Recentemente surgiu um dispositivo que poderia fazer toda a diferença, ou pelo menos seria mais apropriado para óculos de raios X: a técnica de raios X por retrodifusão (em inglês: Z Backscatter). Ela se vale de uma participação retrodifusa na fonte não por divisão, mas por enfraquecimento, pelo chamado espalhamento Compton, ou efeito Compton.[30] James Bond poderia trazer consigo tanto a fonte como um detector, e isso dispensaria os trabalhos de adaptação que o serviço secreto britânico teria de fazer nas paredes do cassino. Uma vez que o espalhamento se realiza em todas as direções, o objeto tem de ser tateado parte por parte com um pequeno fóton de raios X, e a partir daí compor uma imagem. Para isso também são utilizados detectores de grande superfície, de modo que, ainda que a participação reflexiva seja de apenas 0,8%, um pequeno tubo de raios X de 1,4 quilowatt é suficiente para essa técnica. A carga radioativa seria também proporcionalmente mínima. *Scanners* pessoais, que funcionam segundo esse princípio, já foram instalados no aeroporto Heathrow, de Londres, e no Sky Harbour International Airport em Phoenix, Arizona. Contudo, eles ainda têm o tamanho de uma cabine telefônica. Os raios X atravessam a roupa, mas penetram no máximo dois milímetros de profundidade no corpo do indivíduo e são então refletidos. Uma vez que o sinal de espalhamento

30. O efeito tem esse nome em homenagem a Arthur H. Compton que, em 1923, realizou o pioneiro experimento com o espalhamento de raios X em átomos. Por sua demonstração, Compton recebeu o Nobel de física em 1927.

3.9 No espalhamento Compton o objeto é tateado ponto por ponto com um estreito fóton de raios X, e a radiação fraca e refletida é mensurada (à esquerda, representação esquemática). Para a imagem à direita, um carro foi escaneado com esse processo de espalhamento refletido: as partes metálicas quase não espalham a radiação, enquanto a matéria orgânica destaca-se nitidamente. Os pequenos pacotes brancos são de cocaína.

em elementos leves, sobretudo na matéria orgânica, é muito peculiar, os raios podem detectar não apenas metal, mas também armas que não sejam de metal, explosivos e drogas (ver Figura 3.9).

Na técnica de espalhamento Compton há também outro problema delicado; felizmente, não para James Bond. Uma vez que até hoje não inventaram uma roupa íntima à prova de raios X, a uma imagem de raios X todas as pessoas são vistas completamente nuas. No aeroporto Heathrow, em Londres, os passageiros não ficaram lá muito empolgados ao saber disso. De modo que a empresa que produz o *scanner* radiográfico para aeroportos acabou desenvolvendo um *software* que distancia as imagens a tal ponto que são discerníveis apenas contornos esquemáticos. É possível que a roupa íntima feminina, de um claro reluzente, como pode ser vista por James Bond em seus óculos de raios X, fosse apenas um efeito de *software* programado por Q para que 007 não desviasse tanto a atenção de seu trabalho.

A técnica de espalhamento espectral é apropriada também para explicar o modo de funcionamento dos óculos de raios X. Mas, infelizmente, a imagem tem de ser composta ponto por ponto. Isso dura cerca de oito segundos por imagem. Para um filme que está sendo passado, isso seria lento demais, e 007 teria uma impressão visual apenas limitada de seu entorno.

No entanto, o modo de funcionamento dos óculos baseia-se de fato no uso de radiografias?[31] Havia outras tecnologias com as quais as cenas do filme poderiam ser realizadas de maneira realista.

Com a técnica terahertz, a irradiação eletromagnética com frequências é empregada na região de terahertz.[32] Isso pode parecer muito, mas, se comparado à luz ou aos raios X, é bem pouco. De tamanho equiparável é, para tanto, o comprimento de ondas da radiação terahertz. Ela se encontra na região de até um milímetro.[33] A título de comparação: se o comprimento de ondas de raios X fosse ampliado para a espessura de um fio de cabelo humano, o comprimento de ondas da radiação terahertz teria o tamanho de uma casa!

A radiação terahertz é, por essa razão, consideravelmente mais pobre em energia e, ao contrário do que se tem com os fótons de raios X, não é nociva à matéria e, portanto, nem à nossa saúde. As possibilidades de substituição são semelhantes às que se tem na técnica de retrodifusão de raios X. Já existe também um *scanner* pessoal, e seu esquema de funcionamento pode ser visto na Figura 3.10. Também nesse caso a radiação atravessa facilmente as roupas, sendo, porém, intensamente absorvida pela água existente nos tecidos corpóreos ou por outra matéria. Muitas vezes não há necessidade de uma fonte terahertz, pois a radiação do corpo já é suficiente. Outra vantagem da radiação terahertz está no fato de ela se enfeixar precisamente como a luz — ao contrário dos fótons de raios X —, ou seja, por lentes e espelhos, podendo assim ser reproduzida com intensidade. Também é possível construir câmeras terahertz, que funcionem de modo semelhante ao das câmeras infravermelhas. Uma vez que pelo processo

---

31. O nome "óculos de raios X" jamais é pronunciado no filme, mas existe em muitos livros e encartes sobre o filme.

32. Um terahertz (1 THz) corresponde a 1.000.000.000.000 de oscilações do campo magnético por segundo.

33. O comprimento de onda da luz visível é de 400 a 800 nanômetros, e o comprimento de onda dos fótons de raios X é de menos de um nanômetro. Um nanômetro perfaz um bilionésimo de metro.

3.10 A radiação terahertz pode ser enfeixada como a luz por uma lente e reproduzida por um detector (à esquerda). Utiliza-se ou a radiação natural, emitida pelas pessoas, ou pode-se iluminá-la com fontes artificiais. À direita pode-se ver uma captação de imagem em 0,1 terahertz. A faca no meio dos jornais fica bem fácil de reconhecer.

desses equipamentos uma imagem não é tateada ponto por ponto, até filmes podem ser gravados em tempo real. Portanto, um par de óculos de terahertz é justamente o que James Bond precisa.

Os fótons de raios X são muito usados em filmes, e de muitas maneiras, mas é frequente não se entender bem sua técnica. Tanto que muitas vezes se esquece de que, para que funcionem, sempre se faz necessária uma fonte de raios X. Se poltronas com raios X, como a que se tem em *Com 007 Só se Vive Duas Vezes*, pudessem fazer parte da mobília de todo escritório, em *007 contra o Foguete da Morte*, Hugo Drax teria produzido seu tesouro com uma fonte de raios X completamente irreal, e com isso também o arrombador de cofres que James Bond tem em sua cigarreira poderia funcionar. Os óculos de raios X em *007 — O Mundo não é o Bastante* seriam completamente irreais se só pudessem ser relacionados com radiografias no sentido convencional.

Informações complementares

Nos fótons de raios X e na luz, o que se tem são alterações do campo eletromagnético, que se espalham em forma de ondas. Por isso, elas são também designadas como ondas magnéticas. Como toda e qualquer onda, elas possuem um comprimento de onda e uma frequência. Pelo comprimento de onda é que se tem a distância entre dois bojos. A frequência indica a quantidade de bojos, que passam pelo observador em determinado tempo. Se se multiplicar essas duas grandezas entre si, disso resulta a velocidade de propagação da onda. Essa velocidade de propagação das ondas eletromagnéticas expressa a velocidade da luz e é uma constante universal da natureza.[34] Quanto maior o comprimento de onda, menor terá de ser a sua frequência. Se o comprimento de onda for pequeno demais em comparação com a dimensão de seus obstáculos, as ondas eletromagnéticas se expandirão quase que em linha.[35] Fala-se então de raios de luz ou de raios X. A radiação de alta frequência é mais rica em energia que a de frequência baixa. Desse modo, ela pode desencadear processos de muita energia. Pode-se dizer que os fótons de raios X são a radiação mais rica em energia. Só mesmo a radiação gama, que se origina com a decomposição radioativa, desprende ainda mais energia (ver Figura 3.11). É por isso que a capacidade de penetração de raios gama é tão grande.

A Figura 3.12 mostra a evolução de intensidade característica dos raios X ou radiação Roentgen, que atravessa materiais de determinada espessura. A participação percentual contínua da radiação que originalmente incide sobre o material é sempre dada. A correlação apresentada na Figura 3.12 é exponencial, ou seja, pode ser descrita da seguinte forma: $I = I_0 \times \exp(-\mu \times x)$.

Tem-se aí I_0 como a intensidade inicial irradiada pelos raios X e I a intensidade medida após o desgaste pelo material de espessura x. A constante material μ é o coeficiente de atenuação, sendo conhecida

34. Considera-se aqui a velocidade da luz no vácuo, que produz o considerável valor de 300.000 km/s. Na matéria, ela pode ser bem menor. A velocidade da luz no vácuo é a maior velocidade possível.

35. Ou surgem os chamados efeitos de difração, e então a luz já não se espalha em linha reta.

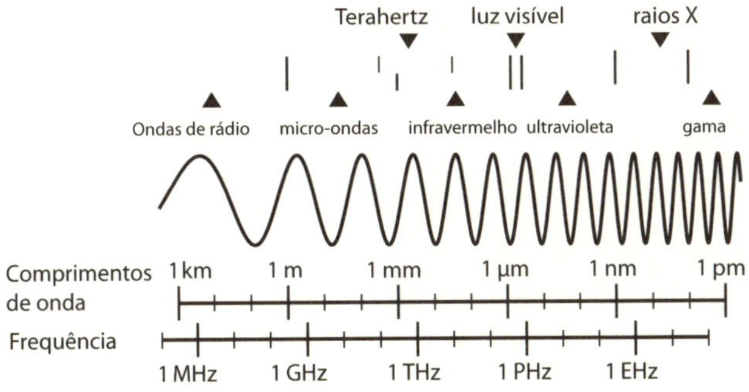

3.11 Aqui, um corte transversal do espectro eletromagnético. Os pequenos traços verticais na escala marcam sempre uma frequência dez vezes mais elevada, ou seja, um comprimento de onda dez vezes menor. As ondas de rádio estão entre as ondas eletromagnéticas mais lentas. De frequência mais elevada já são as micro-ondas e, por fim, a radiação infravermelha. Uma vez que corpos em temperatura mais elevada nessa região têm capacidade de radiação, tais ondas costumam ser classificadas como de radiação de calor. A luz visível é apenas uma pequena parte do espectro eletromagnético. O imenso restante do espectro é invisível ao olho humano. A radiação ultravioleta é de frequência mais alta e, com isso, tem mais energia que a luz visível. Tanto que ela bronzeia a pele. Indo para frequências mais elevadas, têm-se os raios X e, ainda mais rica em energia, a radiação gama. A radiação terahertz reside precisamente entre a radiação infravermelha e a radiação de micro-ondas.

para todos os materiais.[36] Com exp designa-se na fórmula a chamada função exponencial, tendo como base o número de Euler = 2,718281...

Em *007 contra o Foguete da Morte*, tem-se como dimensões do cofre a espessura de sua porta, de 2,3 cm, e o coeficiente de atenuação[37] $\mu = 2{,}8/\text{cm}$, do que resulta a relação: $I/I_0 = \exp(-6{,}52) = 0{,}0015$.

Portanto, somente cerca de 0,15%, ou seja, 1,5 por mil de raios X chega à porta do cofre.

Para acionar um detector semicondutor e obter uma imagem são necessários no mínimo 30.000 pulsos de raios X por segundo e *pixels*. Com a cigarreira provida de tal detector, e o tamanho dos *pixels* sendo de 0,1 mm x 0,1 mm, o número total de *pixels* do detector seria de 252.000. Portanto, são necessários 30.000 × 252.000 = 7,5 bilhões de pulsos de raios X no detector. Porém, a radiação é atenuada a um fator

36. Deve-se levar em conta que o coeficiente de atenuação depende também da energia dos raios X.

37. Para os especialistas: o coeficiente de atenuação para uma energia de raios X foi de 100 keV, tendo-se o ferro como material a ser penetrado.

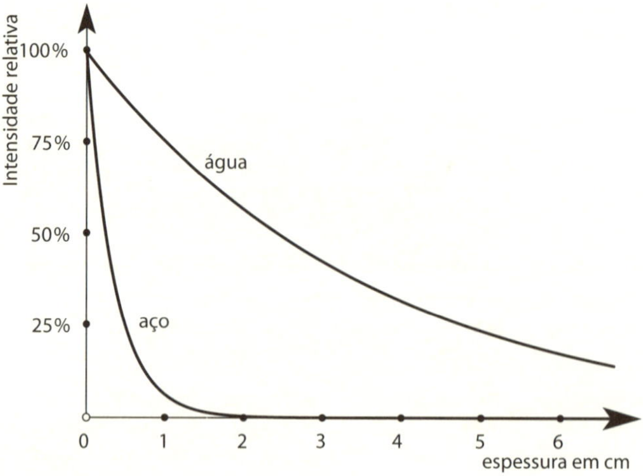

3.12 Progressão de intensidade característica de raios X após a passagem por matéria de determinada espessura. Quanto maior a espessura do material, que se dispõe na direção x, muito menor, ou melhor, exponencialmente menor é a intensidade de incidência dos raios X.

0,0015 pela parede do cofre. Por isso, a fonte de raios X tem de emitir 7,5 bilhões/0,0015 = 5 bilhões de pulsos de raios X.

Se a energia de um pulso de raios X for conhecida, é possível calcular a energia total necessária para se obter uma imagem de raios X. A energia de um pulso de raios X é dada por: $E_{pulso} = h \times f$; sendo $h = 6{,}62 \times 10^{-34}$ J × s uma constante universal da natureza denominada quantum de ação de Planck,[38] e sendo f a frequência dos raios X.[39] Como a energia total resulta de $E_{pulso} = 100$ keV[40], pode-se calcular o seu valor obtendo-se $E_{imagem} = 0{,}08$ J. Por outro lado, essa energia tem de ser posta à disposição dos tubos de raios X. Para a energia elétrica consumida durante um lapso de tempo t a uma tensão U e uma corrente I vale: $E_{el} = U \times I \times t$.

---

38. Max Planck fez uso dessa grandeza pela primeira vez no ano de 1900 para explicar o espectro de radiação de calor de um chamado corpo negro. Com isso ele fundou a teoria quântica. Por esse trabalho, recebeu o prêmio Nobel de física de 1918.

39. Deve-se enfatizar que a energia dos raios X é transferida em pequenas porções para a matéria. Essas porções são também chamadas "quanta de raios X". Cada quantum ou fóton de raios X tem uma energia igual a h × f. Para os pulsos de raios X citados no texto deve-se ter em mente também que eles são quanta de raios X.

40. Para os especialistas: um eletrovolt (eV) tem a energia de $1{,}6 \times 10^{-19}$J. 100 keV corresponde a uma energia de $1{,}6 \times 10^{-14}$J. É uma energia típica dos raios X, que, graças a essa energia, são capazes de penetrar metais.

James Bond vê um filme em seu detector acoplado na cigarreira. O tempo de permanência de uma imagem, supondo-se que o filme tenha velocidade de 25 fotogramas/segundo, é igual a t = 40 milésimos de segundo. A uma alta tensão de 100 mil volts, necessária para acionar o tubo de raios X, segue-se que a intensidade de corrente necessária para satisfazer a equação $E_{imagem} = E_{el} = U \times I \times t$ deve ter o valor de I = 20 microampères. Deve-se levar em conta, no entanto, que o grau de efeito dos tubos de raios X é de apenas 0,7%. Com isso a corrente necessária se eleva para I = 3 mil ampères.

A potência que tem de ser produzida para 18s de cenas do filme resulta em: P = U × I × 18s/40ms = 135 kW.

Não seria nada fácil integrar uma fonte de raios X que produz acima de 100 kW em um pequeno cofre. Poder-se-ia melhorar o valor no qual ou a resolução da imagem se deterioraria ou então seria captada a menos de 25 fotogramas por segundo.

Pode-se também calcular com que radiação os frequentadores do cassino em *007 — O Mundo não é o Bastante* foram captados quando o cassino foi perpassado, quase "inundado" pelos raios X. A potência absorvida em uma camada fina de espessura Δx é P = ΔI × F, onde ΔI é a atenuação dos raios X e F é a superfície que recebe a radiação. A massa da camada fina é M = Δx × F × ρ, sendo ρ a espessura do material. Dividindo ambas essas expressões uma pela outra, na fórmula para a atenuação da intensidade tem-se então a potência absorvida em relação com a massa: P/M = I × μ/ρ.

Com a introdução de valores realistas[41] chega-se ao resultado de 19.600 W/kg, que para os raios X é igual à dose de irradiação em sieverts por segundo. A título de comparação: a carga natural perfaz apro-

41. O valor μ/ρ em uma região de energia mediana perfaz mais ou menos 0,0028 m^2/kg. A parede equipada com tubos de raios X tem uma densidade de potência de um gigawatt/m^2, dos quais 0,7%, portanto, 7.000.000 W, são emitidos como raios X. Esse cálculo vale estritamente para a superfície, uma vez que a intensidade da radiação diminui na medida da absorção.

ximadamente apenas de dois a quatro milisieverts por ano. Para aquecer a água em um segundo a 1°C, é necessária uma potência de 4.180 W/kg. Também não levaria muito tempo até que todas as pessoas no cassino começassem a transpirar muito, ou seja: a uma temperatura de 20°C, neste caso (4.180/19.600) × 76 = 16s, até a água de um corpo humano de 76 kg de massa começar a ferver.

"Deixe-me olhar nos seus olhos, querida"

Em todos os filmes da série, James Bond encontra mulheres atraentes. Em *007 contra Goldfinger* ele conhece a dançarina Bonita, e logo a leva para seu quarto. Em meio a um beijo apaixonado, Bonita se sente incomodada com o coldre da pistola que James Bond sempre traz consigo. Cavalheiro que é, naturalmente ele se desfaz da pistola. Quando os dois voltam a se beijar, Capungo, matador de aluguel, sai de trás do

guarda-roupa e rende o agente secreto. Fica óbvio que Bonita está envolvida no plano, já que não se mostra nem um pouco surpresa ao ver Capungo.

Felizmente James Bond vê a imagem especular de Capungo nos olhos de Bonita (ver Figura 3.13) e, desse modo, consegue reagir bem depressa, atirando-a de lado e, com um movimento brusco, evita o golpe que a ele se destinava.

A questão aqui é se seria realmente possível reconhecer a imagem especular de um objeto nos olhos de outra pessoa. Via de regra isso não é possível, tanto que as pessoas conferem sua própria imagem em um espelho e não nos olhos dos outros. Só mesmo se um objeto incidir nos olhos com uma fonte de luz extremamente forte, ele poderá ser percebido como imagem especular no olho de outra pessoa. As Figuras 3.14 e 3.15 mostram o resultado da ação especular apresentada em *007 contra Goldfinger*. Na cena em questão, Capungo aparece com incrível nitidez.[42]

---

42. Quanto maior for o fluxo lacrimal no olho, maior será a qualidade da imagem especular!

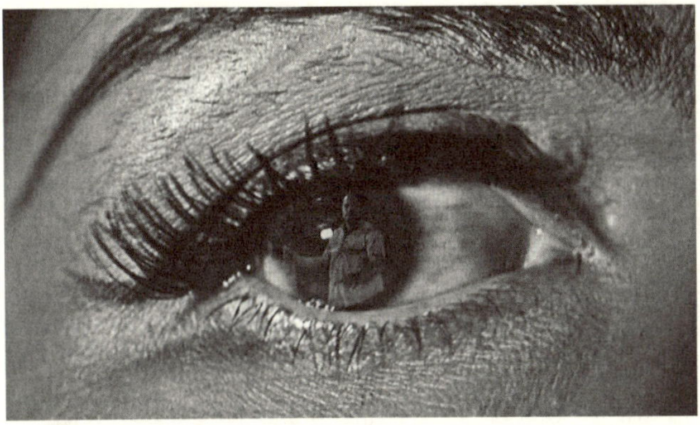

3.13 Espelhamento da aproximação do gângster Capungo, que James Bond vê refletida no olho de Bonita. Sua imagem aparece com quase duas vezes o tamanho da íris do olho da mulher.

Na Figura 3.13 pode-se ver que o torso do homem recobre a íris de Bonita quase que por completo. Nessa cena, o olho desempenha a função de um espelho convexo. Por isso, com base nas leis de reflexão da óptica geométrica, podemos verificar se nas cenas do filme realmente se trata de uma imagem especular no olho da personagem. Com essas leis de reflexão, é possível calcular, tomando-se a distância do objeto em relação ao espelho e a curvatura deste, o tamanho da imagem na superfície especular e, portanto, em nosso caso, a superfície do olho. Vamos considerar que Capungo tenha cerca de 1,80 de altura e que esteja se aproximando furtivamente a dois metros de distância. O raio do arco de um olho humano perfaz cerca de 0,9 centímetro, o que se pode estimar com base na curvatura de uma lente de contato. Esse raio de arco corresponde ao segmento que vai da superfície do olho até o ponto médio do globo ocular. De acordo com a altura do agressor, a imagem que é refletida no olho teria de ter cerca de quatro milímetros. Isso significa que o torso de Capungo deveria ter mais ou menos dois milímetros. Mas, uma vez que a imagem do torso de Capungo preenche toda a íris de Bonita, na cena do filme ela deve ter aproximadamente 1,4 centímetro — ou seja, algo está errado.

Ora, isso poderia significar simplesmente que até aqui nós subestimamos a altura de Capungo, o que pode ser verificado por uma consi-

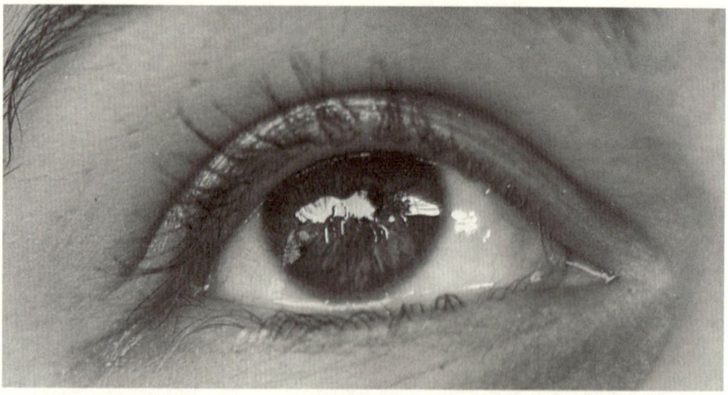

3.14 Foto corrigida com um "agressor" a dois metros de distância. Ele pode ser reconhecido através da imagem, embora ela seja nitidamente menor do que a que se tem de Capungo na Figura 3.13.

deração invertida. Agora, supondo-se que o tamanho de 1,4 centímetro da imagem do meio torso de Capungo está efetivamente correto, e com a medida correta do arqueamento do espelho óptico, é possível calcular o tamanho do agressor. Chega-se, então, a uma altura de mais ou menos 13 metros! Capungo teria de ter a altura de um prédio de três andares, o que obviamente não faz sentido.

Pode ser, no entanto, que talvez a distância presumida entre Capungo e o olho da mulher esteja errada. Assumimos aqui a distância de dois metros, pois, *grosso modo*, essa é a distância que se pode calcular na cena do filme. Por esse motivo, decidimos repetir uma vez mais nosso exame, só que dessa vez tomando por base a altura realista de 1,80 para Capungo e a dimensão correta de seu torso como 1,4 centímetro na superfície do olho. Com esses dados, podemos agora calcular a que distância Capungo tem de se manter do olho de Bonita para que sua imagem especular tenha exatamente o tamanho que aparece na cena do filme. Chega-se, portanto, a uma distância de pouco menos de 30 centímetros. Ou seja, uma imagem com esse tamanho seria, sim, possível, como é mostrado na Figura 3.15. No entanto, na cena do filme a distância de Capungo é muito maior. A uma distância de meros 30 centímetros, James Bond sentiria a respiração do agressor na sua

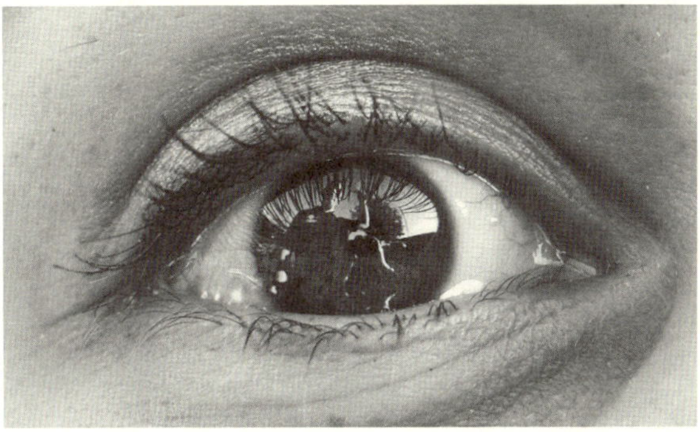

3.15 Foto corrigida com um "agressor" a 30 centímetros de distância. O agressor tem aqui mais ou menos o tamanho que apresenta na cena de *007 contra Goldfinger*.

nuca e o teria percebido mesmo sem o espelhamento de sua imagem no olho de Bonita, o que contribui para esclarecer a cena.

Mas ainda persiste uma questão, sobre um aspecto que parece não fazer sentido. Em todos os exames, a curvatura do olho de Bonita não foi alterada. Partimos sempre do pressuposto de que os olhos dela fossem perfeitamente normais. Ocorre que este, evidentemente, poderia não ser o caso. Por isso, em um último exame devem ser dadas todas as distâncias e tamanhos para que, com base neles, se possa determinar a curva do espelho ocular. Vamos assumir novamente que Capungo, com 1,80 de altura, esteja a uma distância de aproximadamente 2 metros dos olhos de Bonita e produza uma imagem de cerca de 1,4 centímetro de altura na superfície do olho, tal como se pode observar no filme. Qual teria de ser a curvatura do olho? É possível calcular, uma vez que essa curvatura tem de perfazer 6,3 centímetros. Em comparação com este, o valor que originalmente se tomou, de 0,9 centímetro, é obviamente muito menor. A curvatura do olho normal, de 0,9 centímetro, corresponde aproximadamente à ducentésima parte. Se, como na Figura 3.16, desenha-se um círculo com 6,3 centímetros de raio, a diferença de ambas as curvaturas fica muito visível.

Como resultado obtemos que Bonita tem de ter um olho de curvatura bem menor que a normal. Em razão dessa curvatura de fato muito

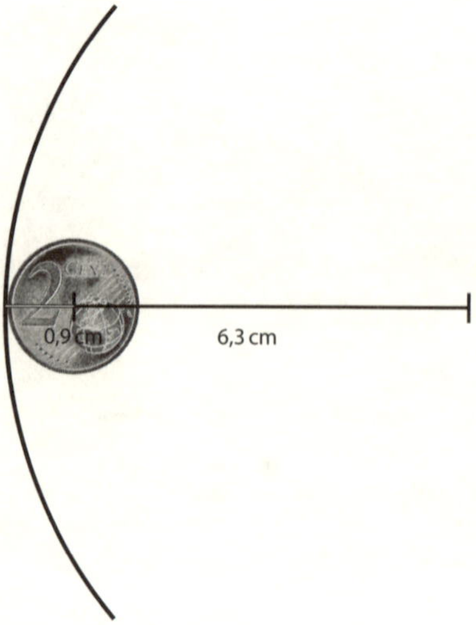

3.16 Comparação com o raio da curvatura, de aproximadamente 0,9 centímetro, que corresponde ao raio de um olho normal, com o raio de curvatura de 6,3 centímetros, que o olho de Bonita deveria ter como resultado das demais grandezas e distâncias estimadas em valores realistas.

reduzida, ela não conseguiria enxergar. Uma solução simples seria ela usar um olho de vidro com uma curvatura mais próxima dos valores normais.

Mesmo sem levar em consideração o tamanho excessivamente grande da imagem especular: Capungo trazia a arma na mão direita, portanto sua imagem especular tinha de refleti-la na mão esquerda, uma vez que todo e qualquer espelho inverte a imagem. Porém, este não é o caso. A imagem especular de Capungo mostra-o com a arma na mão direita, ou seja, não bate com a imagem especular. Se assumirmos que Capungo não fica o tempo todo trocando a arma de uma mão para a outra, temos aqui um simples erro de filmagem, e um erro que ocorreu em virtude das técnicas de filmagem disponíveis na época. Para reproduzir com precisão o efeito de espelhamento no olho, como se pode ver no filme, seria o caso de fazer simplesmente um *crossfade* com dois pedaços de filme; com isso, esquerda e direita não seriam invertidas. Nos anos 1950 e 1960 o *crossfade* era uma técnica muito utilizada.[43] Desse modo, não podemos levar em conta as leis da reflexão, se quisermos comprovar que a imagem e o tamanho da imagem de Capungo refletidos no olho de Bonita estejam corretos. Hoje em dia, isso seria facilmente evitado com técnicas de gravação eletrônica: a um toque de botão, vídeos armazenados no computador invertem direita e esquerda, e a superposição das cenas pode ser escalonada em qualquer tamanho.

Informações complementares

O cálculo dos valores numéricos precisos se dá de acordo com as leis de reflexão, da chamada "óptica geométrica".[44] Essas leis de reflexão valem tanto para lentes como para espelhos. No caso de um espelho convexo, quando um objeto é refletido pelo espelho surge uma imagem virtual[45] entre o espelho, portanto a superfície do olho, e o ponto focal. A distância do objeto, isto é, da pessoa, em relação ao espelho é a distância do objeto g, e a distância da imagem virtual em relação ao espelho é a distância de imagem b. Além disso, tem-se G como o tamanho do objeto refletido, B como o tamanho da imagem e f como a distância focal em relação ao espelho. Essas grandezas podem ser examinadas na Figura 3.17.

Considere agora a correlação a seguir, também referida como lei de reflexão:

$$B/G = -b/g$$

43. *Crossfades* indesejados ocorriam, eventualmente, quando se fotografava com máquinas muito antigas e se esquecia de dar o *fast-forward* manual depois de tirar uma foto.

44. Na óptica geométrica a luz se expande em linha reta a partir dos raios. Essa hipótese é sempre confirmada quando todos os objetos são muito maiores do que o comprimento de onda da luz. Na cena em questão este é certamente o caso.

45. Uma imagem virtual surge no cérebro apenas por um prolongamento que, em linha reta, se dá para trás dos raios de luz.

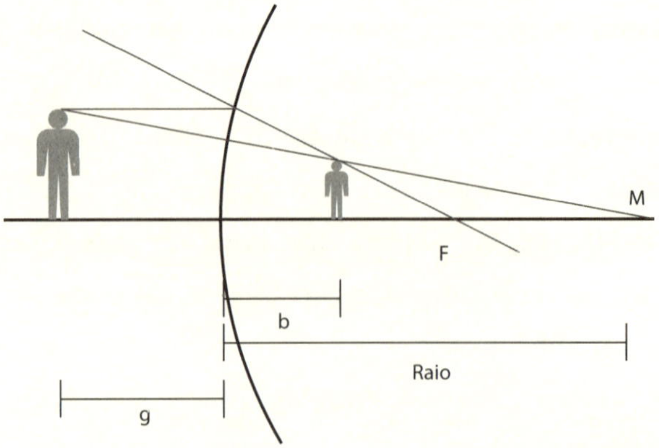

3.17 Relações de reflexão no espelho côncavo. A distância do objeto é designada por g, a distância de imagem da imagem virtual por b e o raio do espelho por r. F é o ponto focal do espelho. Sua distância em relação à superfície do espelho é a distância focal f. No ponto focal se reuniriam todos os raios se viessem a se encontrar do lado de trás do espelho.

Essa equação mostra que a relação entre as grandezas da imagem e do objeto comporta-se da mesma maneira que a relação de suas respectivas distâncias em relação ao espelho. O fato de que um espelho convexo produz uma imagem será aqui considerado por uma distância de imagem negativa, ou seja, – b. Além disso, a chamada "equação das lentes", que também se aplica ao espelho, é a seguinte:

$1/f = 1/-b + 1/g$

Essa equação correlaciona as distâncias do objeto e da imagem com a distância focal do espelho. Tem-se, além disso, que o raio da curvatura do espelho r, portanto seu arqueamento, tem o dobro do tamanho da distância focal: $2 \times f = -r$.

O sinal de menos aqui mais uma vez indica que o ponto focal está localizado atrás do espelho. Com essa fórmula pode-se tranquilamente calcular os números que foram usados no texto.

Polarização por reflexão: como nos vemos em superfícies refletoras

Em *007 na Mira dos Assassinos*, James Bond visita o castelo Chantilly, localizado a cerca de 50 quilômetros ao norte de Paris. Para obter informações sobre o misterioso Max Zorin, ele precisa ter acesso a um cômodo que fica no andar térreo do castelo, lhe é negado. Em busca de uma solução para o problema, James Bond vai para fora e procura uma janela que não seja fechada por cortinas. É um belo dia de verão, o Sol brilha e, devido aos fortes reflexos na superfície, é impossível ter uma visão clara do que está acontecendo dentro do cômodo. James Bond, entretanto, está equipado com seus "óculos de polarização" e, de determinada posição, consegue visualizar tudo o que se passa no quarto, como se nada pudesse impedi-lo.

Como isso foi possível? Um espelhamento que impede a visão poderia ser mesmo removido? Para responder a essas perguntas, teríamos de analisar de maneira precisa as propriedades da luz refletida. Para os cálculos do espelhamento na superfície ocular de Bonita, usados para *007 contra Goldfinger*, a luz foi concebida simplesmente como raio que se expande em linha reta.

No entanto, a supressão da reflexão da luz é algo que não podemos explicar com um modelo da luz tão simples. É preciso levar em conta que a luz é uma onda eletromagnética. Mais precisamente, a luz é uma onda transversal, isto é, o campo eletromagnético oscila perpendicularmente à sua direção de propagação.[46] Essa direção de oscilação do campo é caracterizada como direção de polarização ou simplesmente como polarização da onda.

Um filtro de polarização, ou simplesmente polarizador, pode ser representado por meio de escoramentos perpendiculares. Quando as ondas encontram o polarizador, ondas estas que oscilam na mesma direção em que está o escoramento, elas podem passar pela escora sem qualquer obstrução. Mas quando o escoramento encontra-se per-

46. Existem também as chamadas ondas longitudinais, pelas quais se tem o movimento das ondas em paralelo à direção de propagação. Ondas sonoras, como oscilações por flutuação da pressão do ar, são um exemplo de ondas longitudinais.

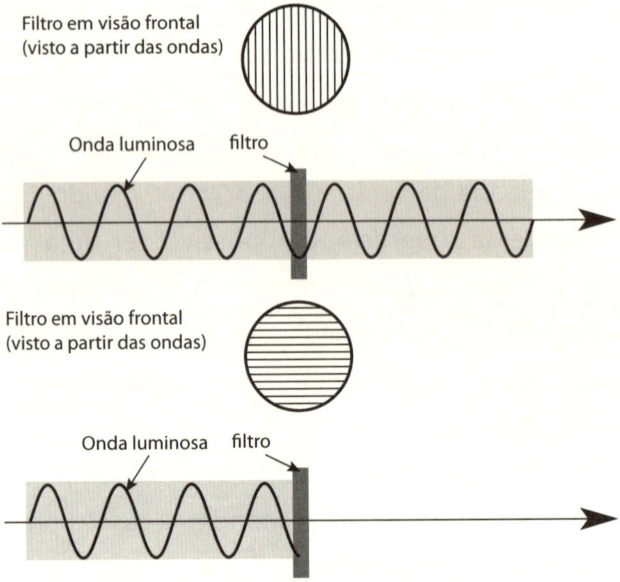

3.18 Quando as ondas oscilam na direção do escoramento do filtro de polarização, ela pode passar pelo filtro sem qualquer obstrução (acima). Quando o escoramento se encontra perpendicular à direção de oscilação das ondas, ele é completamente absorvido (abaixo).

pendicular ao plano de oscilação das ondas, estas não podem atravessar o filtro de polarização. As ondas são então absorvidas. Esse fato é elucidado na Figura 3.18.

A luz que incide no dia a dia é, via de regra, não polarizada. Sendo assim, ela oscila desordenadamente em muitas direções diferentes.[47] Isso já não acontece com a luz refletida. A luz que foi refletida por um objeto é polarizada, razão pela qual oscila preferencialmente em somente uma direção. Por isso ela pode ser anulada com um filtro de polarização, como de maneira esquemática se vê na Figura 3.19.

Para consegui-lo, James Bond posiciona seu filtro de polarização de tal forma que ele se ponha na perpendicular em relação ao plano de oscilação da luz refletida que obstrui a visão (ver abaixo e à direita da Figura 3.19). Com isso ele gira o filtro até a reflexão quase desaparecer.

47. Exceção feita à luz a *laser*, que é completamente polarizada.

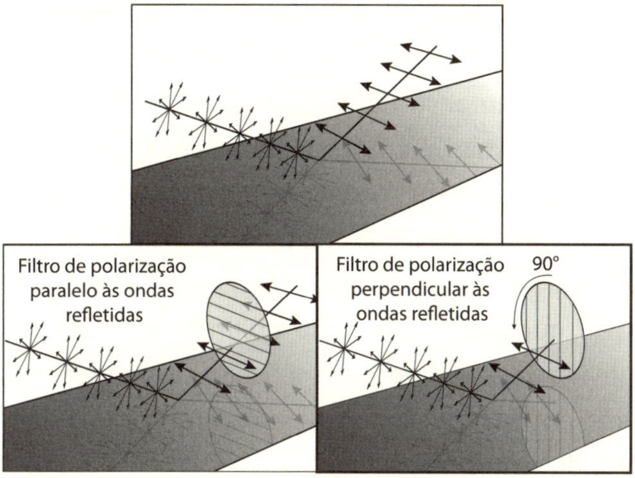

3.19 Acima: quando a luz não polarizada é refletida por uma superfície, ela se torna polarizada e oscila preferencialmente em uma direção. Abaixo: com um filtro de polarização é possível então suprimir essa radiação refletida. Ambas as posições diferenciam-se por um ângulo de 90 graus.

E olhando-se atentamente pode-se reconhecer que James Bond ajusta seus óculos em 90 graus. Esse é exatamente o ângulo entre um e outro nas posições extremas mostradas na Figura 3.19. O que Bond efetivamente faz é buscar o ajuste ótimo para a supressão dos reflexos. Portanto, aqui a representação realista é perfeitamente bem-sucedida!

Ocorre que a luz não é polarizada com a mesma intensidade sob todos os ângulos de reflexão. O ângulo entre a linha de visão de Bond e a vidraça deve ficar entre 50 e 60 graus.[48] Então, em tese a luz refletida é completamente polarizada, e é justamente aí que ela pode ser mais bem filtrada.

Se agora assistirmos atentamente à cena do filme, tem-se primeiramente duas mulheres perto da janela. James Bond cumprimenta-as de maneira simpática, vira à esquerda, aproxima-se da janela e mantém-se a alguma distância dela. Na cena podemos ver que 007 tem

48. O ângulo que incide sob a completa polarização da luz refletida é denominado ângulo de Brewster. O ângulo de Brewster para um vidro cujo índice de refração de 1,5 é 56,3 graus.

necessariamente de estar a um ângulo maior de 45 graus em relação à janela enquanto olha para dentro com seus óculos de polarização. Mais uma vez fica demonstrado que James Bond deve ter passado por uma excepcional formação em física no serviço secreto britânico, pois evidentemente ele sabe em que ângulo ele deve se posicionar em relação à janela para que seus óculos de polarização funcionem da melhor maneira possível.

É provável que esses óculos de polarização funcionem de fato. Qualquer pessoa poderia fazer para si óculos como esses usando filtros de polarização em um equipamento de fotografia, já que tais filtros funcionam segundo o mesmo princípio.

CAPÍTULO 4

Sempre em cima da hora: os relógios de James Bond

Todo fã de James Bond já deve ter percebido que ele está sempre com algum relógio muito interessante. Mas a ênfase nem sempre recai sobre o estilo; na verdade, é a funcionalidade que não raras vezes fica em primeiro plano, já que os relógios geralmente contêm alguma "engenhoca" capaz de livrar 007 de situações angustiantes. Mas hoje em dia, claro, relógios contendo algum pequeno microfone ou câmera já não causam grande surpresa.

O relógio de quartzo "altamente moderno" com mostrador de cristal líquido, cuja câmera acoplada foi recebida como obra-prima da tecnologia em *007 contra Octopussy*, hoje passaria despercebido em quase qualquer pátio de escola.[1] Com os recursos tecnológicos de nossos dias é também relativamente simples prover um relógio de pulso de um contador Geiger, dispositivo que é orgulhosamente apresentado por Q no filme *007 contra a Chantagem Atômica*. No filme são utilizados os chamados detectores semicondutores, nos quais o contador é feito com um cristal de germânio, no qual a separação de carga se dá pela radiação ionizante ali incidente. Em 2003, uma empresa suíça

1. O filme enfatiza sobretudo o mostrador de cristal líquido colorido que, em 1983, era de fato algo muito avançado.

pôs um relógio desse tipo no mercado, pelo valor de 1.100 dólares. O relógio também tem de ser à prova d'água para uma profundidade de até 100 metros: "À prova d'água, claro!", observa Q ao apresentá-lo.

Queremos trazer agora dois relógios que, à primeira vista, podem parecer muito comuns, mas a um exame mais atento revelam poderosas habilidades.

Um relógio, um cabo de aço e uma boa dose de física fantasiosa

Em *007 — O Mundo não é o Bastante*, Elektra King deseja construir um oleoduto do Azerbaijão até o Mediterrâneo. O empreendimento rivaliza com três oleodutos russos que já existem na região e levam até o mar Negro. De lá, o petróleo segue de navio. O terrorista Renard, que quer o controle do abastecimento de petróleo no mundo, sequestra Elektra King e submete-a a uma lavagem cerebral. Renard pretende liquidar o cientista atômico dr. Arkov, e o encarregado da tarefa é Davidov, o guarda-costas de Elektra. James Bond vê aí uma chance de descobrir os planos de Renard, dando cabo de Davidov e fazendo-se passar pelo dr. Arkov. Viaja para o Casaquistão, onde o plutônio de antigas bombas está armazenado em um abrigo antiaéreo. Lá, James Bond, como dr. Arkov, conhece a dra. Christmas Jones, que, mesmo com alguma suspeita, deixa-o entrar no abrigo. Em uma cena posterior tem-se um cerrado tiroteio entre 007 e os homens de Renard. James Bond e a dra. Jones são obrigados a se refugiar em um compartimento circular revestido com azulejos. Renard fecha todas as portas de acesso — e ao que tudo indica, já não há mais saída para Bond e para a cientista atômica. Mas 007 não vai deixar o vilão escapar tão facilmente. Entra em cena o seu relógio especial, com um gancho acoplado e um mecanismo de disparo automático: na ponta de um cabo longo e finíssimo, o gancho sibila pelo

4.1 James Bond (Pierce Brosnan) com o superinventor Q (Desmond Llewelyn) em *007 — O Amanhã Nunca Morre*.

ar numa velocidade lancinante, indo se cravar com grande impacto em uma viga, que se encontra em um guindaste sobre a caverna. Pelo cabo, James Bond é subitamente puxado para cima — ou seja, para a liberdade —, pouco depois mergulha através de uma porta automática em pleno fechamento, e segue no encalço de Renard até este entrar num elevador. Já ao final do filme, o agente secreto consegue alcançar Renard e Elektra King e impede a explosão de um submarino atômico no estreito de Bósforo.

A questão que primeiramente se coloca é se o gancho de fato pode penetrar na viga com profundidade suficiente para suportar o peso de James Bond. Pelo que se vê no filme, trata-se de uma viga de aço bastante enferrujada. O cabo que sai do relógio parece ser um cabo de aço comum. Para uma análise mais precisa, é preciso saber a altura total do espaço em que se encontram. Chega-se a esse dado pela contagem dos azulejos de um compartimento do abrigo. Um elemento da grua corresponde à altura de quatro azulejos que revestem a parede da caverna. Um azulejo tem aproximadamente 20 centímetros de altura. Sendo assim, os elementos da grua perfazem a altura total do espaço, que é de aproximadamente 8,80 metros.

Portanto, com a altura de Bond, que é de 1,83 sendo subtraída à altura da caverna, chega-se à distância percorrida pelo gancho, que é de sete metros de altura.

Bond primeiramente faz o gancho disparar para cima, mas inclinado, para logo fazer com que fique no sentido vertical. É por isso que vamos aqui contemplar dois casos: no primeiro deles parte-se de um ângulo de incidência de 50 graus, como se pode ver na primeira cena. No segundo caso, James Bond aponta verticalmente para cima. O ângulo de incidência efetivo fica em algum ponto entre 50 graus e 90 graus.[2] A velocidade do gancho arremessado para cima depende da trajetória percorrida e de seu tempo de voo. A trajetória que se tem para o disparo inclinado e, com isso, sua velocidade são valores obviamente maiores do que no caso do disparo na vertical. Com um tempo de voo mensurado em 1,5 segundo, a velocidade do gancho é de algo entre 17 e 24 quilômetros por hora. Não chega a ser uma velocidade especialmente alta para um gancho disparado dessa maneira e que penetra na viga de aço feito faca quente na manteiga.

Mas quão profundamente ele realmente penetra na viga? Para avaliar a deformação de um material como o aço são consideradas duas regiões diferentes: a região elástica e a região plástica. Na região elástica, a viga de aço se deforma, porém volta à posição inicial tão logo o peso sai ou é retirado. Na região plástica, ao contrário, a viga de aço deforma-se permanentemente. Não há como dizer com precisão qual é a região em questão na cena.

A Figura 4.2 mostra que as forças esperadas para as regiões elásticas são menores do que as esperadas para as regiões plásticas. Por isso, apresentamos aqui resultados somente para a região elástica. Para tanto é utilizado um modelo bastante simples, que foi desenvol-

2. Aqui certamente deve ter ocorrido um erro de edição do filme, uma vez que, obviamente, não se leva em conta que 007, com seu relógio, deve ter antes mirado a viga. Uma vez que os filmes de James Bond na verdade nunca trazem erros, não somente o ângulo de incidência estaria ali em algum ponto, como também a verdade residiria ali em algum ponto.

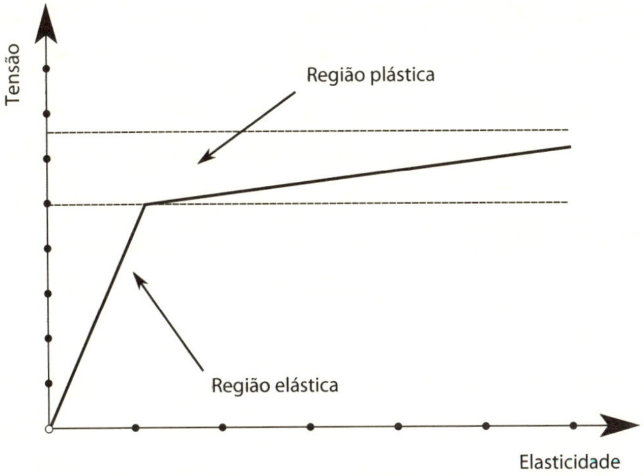

4.2 Região plástica e elástica de um material. Na região plástica a extensão do material cresce com a tensão, portanto com a força exercida sobre o material. Isso pode ser visto na primeira parte da curva. A partir de determinado ponto, a extensão do material aumenta bastante, sem que a tensão aumente na mesma proporção. Essa região entre as duas linhas tracejadas é a chamada região plástica de uma matéria. Nesse ponto o material é flexível.

vido para a extensão de cilindros. A fim de adotar esse mesmo modelo para o caso do gancho, uma região em forma de cilindro é mentalmente cortada da viga de aço. E é precisamente essa região do material, a que tem forma de cilindro, que se deforma ao ser golpeada pelo gancho. A região de fora não é influenciada por essa análise.[3]

Em primeiro lugar, deve ser calculada a força necessária para que o gancho penetre cinco milímetros. Ela depende do tamanho da superfície de impacto e do chamado módulo de elasticidade do aço. O módulo de elasticidade indica com que intensidade um corpo se deixa amassar por determinada força. Trata-se de uma constante conhecida para todos os materiais. Com o módulo de elasticidade do aço e com as mensurações da ponta do gancho, chega-se a uma força de 14 mil newtons, necessária para se atingir uma profundidade de cinco milí-

3. Na verdade, claro que isso não está correto. Mas se fosse levada em conta a deformação correta, o cálculo se tornaria desigualmente mais complicado. Assim, tomando-se meios simplificados, chega-se a uma estimativa aproximada das relações.

metros. Uma força imensamente grande! A título de comparação: para enterrar, a golpes de martelo, um prego a cinco milímetros de profundidade na madeira, é necessária uma força de apenas 15 newtons. Portanto, é preciso quase mil vezes mais força para entortar o aço em apenas cinco milímetros. O quadro geral torna-se mais nítido quando se calcula a força necessária a atuar na velocidade que o gancho deveria ter para penetrar tão profundamente no aço. A velocidade correspondente seria de aproximados 430 quilômetros por hora.[4]

A velocidade de atenuação do gancho, que já foi calculada e deve ficar em no máximo 24 quilômetros por hora, em nenhum caso se mostra suficiente para cravar o menor entalhe no aço. As relações são percebidas de maneira precisa, mas o maior inconveniente é que, ao penetrar, o gancho não exerce pressão só na área de forma cilíndrica, mas sim o aço da ponta do gancho também tem de ser impelido para fora no momento em que ele adentra a viga. Essa força, chamada força de cisalhamento, pode ser calculada de maneira semelhante à da força de esmagamento da viga de aço, só que desta vez seriam necessários 62 mil newtons. Convertido na velocidade do gancho tem-se então um valor irrealisticamente mais alto — tão alto que nem vale a pena mencioná-lo.

Portanto, seria impossível o gancho penetrar a viga, como aparece no filme? Para uma viga de aço, a essa pergunta cabe uma única resposta: sim, completamente impossível. Agora, se imaginarmos uma viga de madeira que apenas tivesse a aparência de uma viga de aço, os resultados seriam mais realistas. Porém, mesmo assim, tal como previamente calculado, o módulo de elasticidade tem de ser agora algumas vezes menor. Desse modo, seria necessária uma velocidade de 14 quilômetros por hora para que o gancho penetrasse cinco milímetros de profundidade na barra de madeira. A velocidade do disparo do gancho é de pelo

---

4. Considere-se: é calculada simplesmente a velocidade para uma penetração de cinco milímetros do gancho na viga de aço. Por certo essa penetração não resultaria em vinco suficientemente profundo para suportar os atléticos 76 quilos de James Bond.

menos três quilômetros por hora. Cinco milímetros e, provavelmente, um pouco mais de profundidade de penetração seriam possíveis sem problemas. Porém, se fosse preciso que o gancho penetrasse inteiro na viga, para que com isso 007 pudesse ficar suspenso por ele com segurança, seria necessária uma velocidade de pelo menos 250 quilômetros por hora; porém, neste caso, a viga de madeira não resistiria ao peso.

Agora, que forças James Bond tem de suportar em seu braço quando subitamente puxado para cima? Após o disparo do gancho, seu relógio de pulso impele-o quase sete metros para cima, e ele parece não sentir nenhuma dor. Fica evidente que Bond não tensionou nenhuma articulação do ombro. É espantoso, uma vez que o braço, que está suspenso pelo cabo, tem de suportar não apenas todo o peso do corpo, mas também a força do motor do relógio, que ao ser acionado provoca um solavanco. Qual seria a intensidade precisa dessa força?

Ela pode ser calculada pela lei fundamental da mecânica dada por força = massa × aceleração. Uma vez que Bond pesa 76 quilos, a massa acelerada é bem conhecida. Chega-se à aceleração por meio da velocidade alcançada pelo agente secreto quando ele fica suspenso pelo cabo e se move de maneira uniforme. Tomando-se a trajetória percorrida e o tempo necessário para os resultados, chega-se a uma velocidade de cerca de dez até 14 quilômetros por hora. James Bond acelera do zero até essa velocidade, enquanto percorre uma trajetória de aproximadamente meio metro — é o que revela uma comparação com as medidas dos azulejos que revestem o compartimento circular do abrigo. Em uma conversão, isso significa também que ele acelera de zero a dez quilômetros por hora em 0,36 segundo. Para a força, isso significa que no mínimo 600 newtons atuam em seu braço. Essa força corresponderia a cerca de 60 quilos e ainda seria suportável.[5]

5. É possível determinar o tempo de aceleração também por uma análise individualizada da cena. Resulta daí aproximadamente metade desse valor, o que duplicaria a força que atua no braço de James Bond. Mas o método de contagem dos azulejos é mais preciso.

Porém, isso não é tudo, pois para que haja o equilíbrio de forças temos de adicionar o peso de James Bond. Mesmo a uma aceleração bastante lenta, seu braço teria de suportar ainda pelo menos o próprio peso do seu corpo. Por isso, sobre o braço de 007 atua não apenas a força de aceleração já calculada, mas ao mesmo tempo também parte do peso de seu corpo. De maneira mais precisa: não é apenas a força peso que James Bond sente adicionalmente, mas também os componentes que da mesma forma tensionam o campo e impelem o agente na direção do movimento, como mostra a Figura 4.3.

Se o ângulo de lançamento for conhecido, com um pouco de trigonometria fica fácil determinar a parte da força peso que se exerce paralelamente à direção do cabo. A soma dessa força e da força de aceleração do motor, esta previamente calculada, resulta na força efetiva que o braço de James Bond tem de suportar. Agora, se tiverem de ser considerados os dois casos extremos, já que James Bond é impelido para cima uma vez segundo certo ângulo e outra vez

quase na vertical, a resultante é uma força entre 1.100 newtons e 1.300 newtons a atuar no braço, isto é, em parte do ombro. Isso corresponde a um peso entre 110 quilos e 130 quilos, que de súbito impele o agente secreto pelo braço para cima. Sua massa num primeiro momento se opõe a esse movimento, o que certamente deve provocar dores no braço. Trata-se aqui também da massa inercial, que se opõe a um movimento repentino. No dia a dia, é comum nos valermos desse efeito ao puxar uma toalha de papel. De início, puxamos lentamente o papel que está na bobina. Quando já se desenrolou papel suficiente, damos um puxão súbito, com alguma violência, fazendo com que o papel seja fortemente acelerado. Atua aí uma força intensa, e o papel é rasgado em sua parte mais fraca — ou seja, na parte em que ele é picotado. Se James Bond fosse um rolo de toalha de papel, a parte picotada ficaria mais ou menos na altura de seu ombro. É bem provável que, com isso, apenas o braço de Bond se movesse para cima...

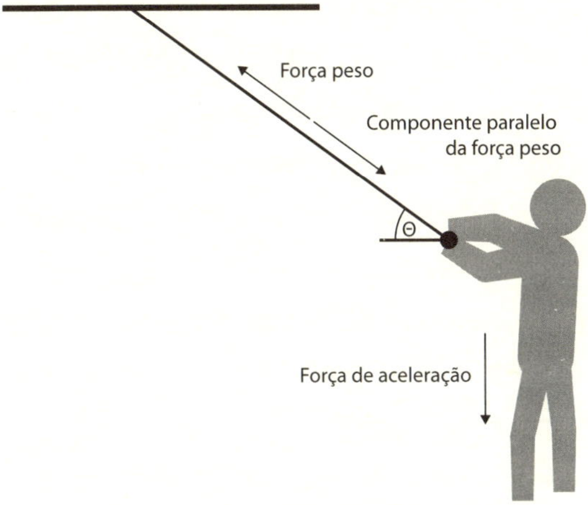

4.3 São discriminadas aqui as forças que atuam no braço de James Bond no processo do disparo do gancho com o cabo. O braço e o cabo devem suportar ao mesmo tempo não apenas a força de aceleração produzida pelo motor do relógio de pulso ao modo de solavanco. Deve-se contabilizar também o componente paralelo da força peso. O componente vertical ao cabo não é sentido por James Bond. Quando Bond é impelido para cima na vertical, esse componente é nulo, e seu braço tem de suportar todo o seu peso.

É claro que, mais uma vez, questiona-se sobre quanta energia seria necessária para acelerar James Bond por meio metro e para que seja percorrida a trajetória de mais cerca de 6,5 metros e para cima. Poderia ela ser fornecida por uma bateria de relógio normal? A primeira parte da energia é obtida a partir da força atuante e da trajetória de aceleração, que é de 50 centímetros. É necessária uma energia que, a depender do ângulo de incidência, fique entre 550 joules e 670 joules, para acelerar Bond até sua velocidade final. Além disso, a sua energia potencial[6] se eleva em aproximadamente 3.500 joules. Se ambos os resultados forem combinados, para uma energia total necessária resultam cerca de 4.000 joules. Não é uma quantidade de energia especialmente grande. O valor nutricional de uma barra de chocolate é mais ou menos quatro vezes maior. Seja como for, essa quantidade de

6. A energia potencial depende apenas da altura em que um corpo se encontra. Se uma esfera é rolada para cima de uma montanha, ela armazena energia. Se ela voltar rolando para baixo, a energia armazenada é liberada em forma de energia de movimento.

energia tem de ser posta à disposição do relógio por um breve período. Uma pilha botão normal, como a usada em relógios, tem uma tensão de funcionamento de três volts e uma carga de 210 miliampères por hora (mAh). No breve período em que James Bond é puxado para cima com o cabo, a pilha é capaz de liberar apenas 1,5 joule de energia. Isso significa que o agente secreto precisaria de 2.670 dessas pilhas botão para, com o auxílio de seu relógio, sair daquela enrascada. Mas é claro que, no lugar de 2.670 pilhas botão, basta uma única superpilha vinda diretamente do laboratório de Q!

Agora, temos de nos voltar para o cabo. Seria possível um cabo, que tem de suportar um peso de aproximadamente 120 quilos, caber em um relógio de pulso tão elegante? Para ser capaz de suportar 120 quilos, um cabo de aço deve ter uma espessura de pelo menos 1,3 milímetro. Com isso, para um comprimento de cabo de entre sete e pouco menos de dez metros caber no relógio, este deveria possuir um diâmetro suficientemente grande. Como já foi descrito, o comprimento do cabo é obtido por ambas as diferentes trajetórias que James Bond percorre ao ser puxado para cima, as quais diferem segundo o ângulo de lançamento.

Como então o cabo de aço pôde caber enrolado dentro do relógio? Bem, uma vez que ele é lançado sem retardo de tempo, pressupomos que o cabo esteja enrolado sem sobreposições. Do contrário, a probabilidade de que ele se emaranhasse seria muito grande. Com a espessura do fio e seu comprimento chega-se a um diâmetro do relógio de onze a 12,5 centímetros. Portanto, o relógio teria de ser bem maior do que o modelo mostrado na cena, pois o diâmetro deste não chega a quatro centímetros.

Se, ao contrário, o diâmetro real do relógio fosse predeterminado em no máximo quatro centímetros, seria verossímil uma espessura do relógio de cinco até sete milímetros, caso o cabo se enrolasse como em uma bobina de fio de algodão, ao que o relógio ficaria completamente cheio. Não seria de todo irrealista, mas deve-se levar em conta que esse tipo de relógio teria de contar, e isso já desde o seu projeto, com um espaço especialmente destinado para o dispositivo de disparo.

Além disso, o relógio de James Bond tem algumas propriedades fantásticas, que não são fáceis de explicar. Sobretudo a velocidade que o gancho precisa ter para penetrar na viga de aço torna as coisas ainda mais difíceis do ponto de vista da física. Se se tratasse, digamos, de uma viga de madeira disfarçada de viga de aço, se o relógio fosse movido por uma bateria especial, e se, por fim, James Bond tivesse um ombro resistente a ponto de resistir a um empuxo de 120 quilos (e foi disso que partimos), esse relógio não seria algo tão extravagante.

Informações complementares

O módulo da elasticidade é uma constante para cada material. Na região elástica (ver Figura 4.2) vale a correlação $\sigma = E \times a$, onde a tensão σ é dada pela força que incide na superfície da viga, e a extensão a é a profundidade de penetração por comprimento total. Para a força F, necessária para esmagar a viga de espessura D na superfície A no comprimento L, tem-se: $F = E \times A \times L/D$. No caso precedente tem-se $L = 5$ mm, $A = 1$ mm^2, $D = 7$ cm e $E = 2 \times 10^{11}$ N/m^2 para o aço. Disso resulta a força indicada de 14.000 N. Com essa força pode ser calculada a velocidade necessária para que o gancho penetre na viga. Se a energia de movimento do gancho de massa $M = 10$ g equivale ao trabalho que tem de ser realizado pela força F no comprimento de amassamento L, disso resulta o quadrado da velocidade v do gancho: $v^2 = 2 \times F \times L/M$.

A partir daí, com os valores numéricos conhecidos, é possível calcular a velocidade v = 430 km/h.[7]

7. Essa consideração está muito simplificada. Na realidade a penetração de um gancho em uma viga de aço é um processo altamente complexo, que não se deixa descrever tão

A fim de calcular a energia E_{bat}, de que a bateria necessita para fazer o relógio funcionar, e com isso fazer James Bond acelerar subitamente a uma velocidade de v = 14 km/h e alçar-se a uma trajetória de s = 6,5 m, é preciso contabilizar a energia para a aceleração de sua massa M = 76 kg em sua velocidade final e a energia para a elevação subsequente. Daí se tem: $E_{bat} = M \times v^2/2 + M \times g \times s$.

Com isso, a primeira parte é sua energia de aceleração e a segunda parte é a elevação de sua energia potencial, sendo a aceleração da Terra = 9,81 m/s^2. A introdução dos números resulta em uma energia de mais ou menos E_{bat} = 4.000 J. Se a pilha botão de uma bateria de relógio, cuja tensão de funcionamento é de 3 V, libera uma corrente de 210 miliampères, o resultado é uma energia de $E_{botão} = 3 \times 0,210 \times 2,4 = 1,5$ J, que a bateria pode fornecer durante os 2,4 s que James Bond fica suspenso pelo cabo. Portanto, são necessárias 4.000/1,5 = 2.670 baterias em forma de pilha botão.

A partir da força F_{min} = 1.100 N, que é o mínimo que o cabo tem de suportar, pode ser calculado seu diâmetro d de maneira um tanto complicada. Tem-se a correlação $F_{min} = f \times R \times k \times d^2 \times \pi/4 \approx 700\ N/mm^2 \times d^2$, onde f é o fator volume da participação da área de contato efetivo na área de contato total, R a resistência, k o chamado fator indutância, e o número π sendo 3,14. São números de tabela para um cabo de aço e com eles se pode chegar ao valor constante 700 N/mm^2. Sendo conhecida a força F_{min} = 1.100 N, que é a mínima a ser suportada pelo cabo de aço quando se tem James Bond sendo subitamente impelido para cima, com a fórmula acima é possível calcular uma espessura d = 1,3 mm, espessura esta necessária para que o cabo possa suportar o empuxo.

A partir da espessura d e do comprimento L_{cabo}, segue-se imediatamente o diâmetro U do relógio, e a superfície, que tem de ser ocupada

facilmente. O cálculo indicado deve contemplar simplesmente as relações de grandeza entre as forças incidentes e as velocidades.

pelo cabo disposto em comprimento, equivale à superfície da área circular, que surge quando o cabo é rebobinado formando uma apertada espiral. Tem-se: $U^2 = 4 \times d \times L_{cabo}/\pi$.

A partir dos valores numéricos conhecidos, tem-se para o diâmetro do relógio o valor U = 11 cm. Mas se o cabo é rebobinado como uma bobina de algodão e a altura H do relógio é determinada pelo dado diâmetro U = 4 cm, segue-se por ponderação semelhante: $H^2 = 4 \times d^2 \times L_{cabo}/(\pi \times U)$.

Acrescentando-se números à fórmula, tem-se H = 5 mm.

A tecnologia torna possível! — Um relógio magnético

Em *Com 007 Viva e Deixe Morrer*, James Bond recebe instruções de seu chefe, M, para uma nova missão. Dessa vez ele tem de seguir o vilão Kananga. Enquanto conversa, M bebe uma xícara de chá e Miss Moneypenny conta a James Bond que o cientista Q consertou seu relógio de pulso. Trata-se de um modelo de luxo da nobilíssima marca Rolex. M vê aí um desperdício de dinheiro público e recomenda a 007 que da próxima vez contrate um relojoeiro competente mas que, sobretudo, não seja tão caro. Afinal de contas, Q é um especialista em bombas e armamentos, pago a preço de ouro, razão pela qual não é a pessoa adequada para consertar um mero relógio.

Acontece que o trabalho de Q não foi um simples reparo no mostrador, muito menos uma troca de bateria. James Bond aperta um botão do relógio, e logo a colher com que M acaba de mexer seu chá é atraída em pleno ar, colando-se ao relógio. O agente secreto desativa o dispositivo e devolve a colher a M. Esclarece ao seu superior, que olha espantado: "Veja, basta pressionar este botão, e imediatamente se produz um campo magnético forte a ponto de atrair até mesmo uma colher a grande distância — pelo menos foi o que disse Q".

A despeito da solícita explicação de Bond, M, tanto mais contrariado e não de todo convencido, resmunga alguma coisa e deixa a sala com Miss Moneypenny. Nisso, sem perder tempo, Bond volta-se para uma bela italiana — até o momento escondida atrás de um armário. Envolvendo-a em terno abraço, com seu relógio magnético abre-lhe o botão do vestido, ao que ela pergunta: "Onde você arranja força para isso?". Bond responde: "A tecnologia torna possível!".

Bem, o que a tecnologia torna realmente possível? O relógio magnético funcionaria de fato?[8] Atualmente, eletromagnetos são objetos do dia a dia. Em aulas de física, todo mundo já deve ter visto um fio de arame enrolado em um pino e ligado a uma bateria. Isso já é um eletromagneto, e ele também poderia atrair uma colher.

Um eletromagneto produz um campo magnético por um fluxo de corrente. Isso explica também por que um eletromagneto pode ser acionado e desacionado, ao contrário de um magneto permanente (como, por exemplo, um pedaço de ferro magnetizado). Em princípio, o relógio magnético poderia, sim, ser um eletromagneto, já que muito naturalmente seria capaz de atrair uma colher de ferro ou de aço inoxidável.[9]

Mas onde está o problema? Ele fica evidente, tão logo analisamos a questão mais atentamente. Na cena, James Bond fica a cerca de um metro de distância de M. Poderíamos então perguntar: quão forte deveria ser a corrente que passa pelo relógio magnético para com isso produzir um campo magnético capaz de atrair uma colher de ferro a um metro de distância?

---

8. Em 2002, o relógio magnético foi escolhido pelos fãs como o brinquedinho preferido de James Bond.

9. Uma vez que na cena M se preocupa com o contribuinte britânico, que seria por demais onerado pelo relógio exorbitante do agente secreto, pode-se depreender, por uma questão de coerência, que o chefe mexe seu chá com uma colher de ferro barata — e não com uma colher de prata, por exemplo.

Em primeiro lugar, é necessário investigar de maneira mais precisa a intensidade das forças de atração magnética. Com o aumento da distância, essas forças muito rapidamente ficam menores, tornando-se ínfimas. Uma consideração mais exata revela que uma força de atração magnética a uma distância dez vezes maior não decresce em seu valor original à proporção de um décimo, e sim à de um décimo de milionésimo. A força diminui à sétima potência da distância entre o magneto e o objeto a ser atraído. Uma comparação define mais precisamente o significado dessa dependência: um pequeno magneto, que eleva um objeto de dez gramas — por exemplo, uma colher de ferro — a uma altura de um centímetro do chão, a uma altura de dez centímetros pode levantar um objeto de 10/10.000.000 = 0,000001 grama = um micrograma, o que corresponde aproximadamente à massa de um cubinho de açúcar. A uma distância de um metro a força de atração seria ainda dez milhões de vezes menor. Afastando-se mais um metro da força que emana do magneto, já não se poderia sentir nada. Isso mostra com nitidez que o relógio magnético de Bond tem de produzir um campo magnético extremamente forte, para ser capaz de atrair uma colher a essa distância.

Para que a colher seja atraída pelo relógio, a força de atração magnética tem de ser maior que a da força da gravidade, que mantém a colher no pires. São essas as duas forças que atuam na colher (ver Figura 4.4). A força da gravidade é fácil de calcular. Para uma colher de massa de dez gramas, tem-se uma força da gravidade de 0,01 × 9,81 = 0,0981 newton. Para a especificação do campo de atração magnética, é preciso estimar a distância entre James Bond e a colher. Analise-se um enquadramento da cena em que podem ser vistos, na tela, dois terços da imagem do agente secreto. Tendo James Bond 1,83 de altura, esse segmento visto na tela deve ter aproximadamente 1,20 metro de comprimento. A distância entre 007 e M tem precisamente essa metragem, portanto, 1,20 metro.

Agora podemos examinar de que modo o eletromagneto tem de ser inserido no relógio para que ele possa produzir uma força de atração a 1,20 de distância, que corresponda ao peso da colher. Num eletromagneto, o fio de arame é enrolado na bobina do indutor, a fim de intensificar o campo magnético. A forma da bobina é determinada pelo relógio, pois, obviamente, o diâmetro e a altura da bobina têm de se de adequar ao envoltório do relógio (ver Figura 4.5), que tem um diâmetro de dois centímetros por uma altura de no máximo um centímetro. Por isso o campo magnético da bobina na verdade só pode ser influenciado pelo número de voltas da corrente em ação e do material envolvido pela bobina, que, via de regra, é o ferro.

Trata-se, aqui, de um Rolex de fato muito caro, que fez M imediatamente pensar no contribuinte britânico. Por isso procuramos antes

de mais nada esclarecer o modo de funcionamento do relógio magnético, e para isso ele nem foi aberto, tampouco sofreu qualquer modificação expressiva. Pressupomos que Q tenha se limitado a esconder um arame espiralado na porção lateral inferior do relógio. Num primeiro momento, nada dizemos sobre um núcleo de ferro e sobre mais voltas. Em razão de sua menor resistência elétrica, para o material do arame deve ser usado o cobre.

Agora pode-se calcular a corrente que teria de passar por esse relógio para atrair uma colher de chá a 1,20 metro de distância. Temos, a partir daí, um valor de aproximadamente 4,5 bilhões de ampère! É um valor muito respeitável e, para demonstrá-lo, veja os exemplos a seguir: uma lanterna funciona com aproximadamente 0,2 ampère, uma locomotiva elétrica com aproximados 300 ampères, enquanto um relâmpago é perpassado, num brevíssimo instante, por uma corrente cuja intensidade pode variar de 100.000 ampères até 1.000.000 de ampères. Se a corrente necessária para o funcionamento do relógio

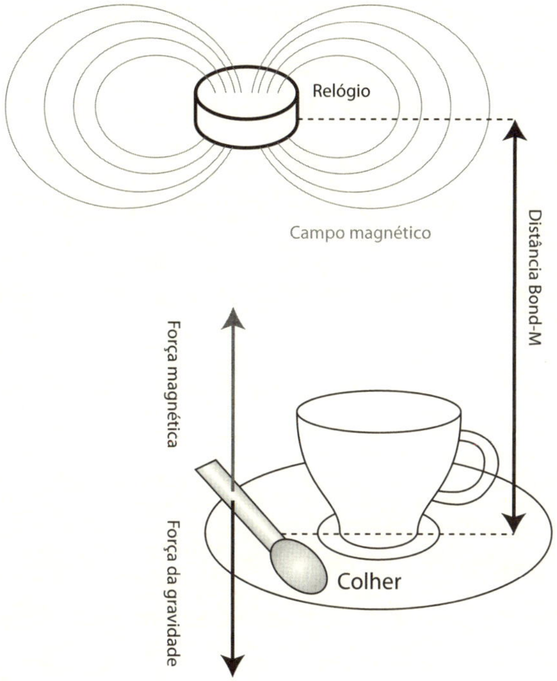

4.4 Análise esquemática da força atuante na colher de M. Se a força de atração magnética for maior do que a força da gravidade, a colher será atraída.

em questão fosse sorvida de uma bateria comum, já após um milionésimo de segundo esta ficaria vazia.[10] Ou seja, impraticável.

Ocorre que o belo Rolex poderia ainda ser aperfeiçoado, e isto se fosse profundamente modificado e, sobretudo, se fosse removido tudo o que há dentro dele. Então seria possível acomodar um máximo de 100 voltas de um fino arame de cobre no espaço interno do relógio. Partiríamos de um relógio com cerca de um centímetro de altura, número este que é ponto de partida bastante generoso. Resulta daí um campo magnético 100 vezes maior do que o que o relógio pode produzir, e, com isso, uma corrente 100 vezes menor do que a necessária para atrair a colher. Mas o valor de 45 milhões de ampères continua a

10. Na verdade, com um processo de descarga tão rápido, a bateria provavelmente evaporaria!

ser irrealisticamente grande. Além disso, pode haver sucessivas voltas de cobre em torno do núcleo de ferro.[11] Com isso, o campo magnético pode ser intensificado ao fator de 5.000, e a corrente necessária para atrair a colher pode ficar em "apenas" 9.000 ampères. Se Q pudesse efetivamente desenvolver uma bateria que gerasse essa corrente, o relógio funcionaria.

Não obstante, surge aqui um problema que não se pode desprezar. A corrente elétrica produz não apenas um campo magnético, mas também calor. A corrente elétrica que flui por um duto inevitavelmente o aquece. É por esse motivo que muitos aparelhos eletrônicos dispõem de um ventilador ou outro tipo de dispositivo para resfriamento, fazendo com que esse aquecimento seja passado para o ambiente. Desse modo, quando James Bond aciona seu relógio e os 9.000 ampères da bateria especial passam pelo arame da bobina de cobre, poderíamos calcular também a temperatura do relógio: ele aqueceria a uma temperatura de 40 milhões de graus Celsius.[12] Como consequência, pouco depois de acionar o relógio, James Bond teria o corpo decomposto em seus membros e evaporaria.

Portanto, esse é mais um motivo para que o relógio magnético seja aperfeiçoado. Em primeiro lugar, substituímos o núcleo de ferro por um material que, quando enrolado com arame de cobre, seja capaz de fortalecer o campo magnético de modo ainda mais eficiente. Para tal, têm-se os chamados metais amorfos, usados também na construção de magnetos de alto desempenho. Eles proporcionam um fator de intensificação de campo de cerca de 500.000 em vez do fator 5.000 do

11. O ferro é um material chamado ferromagnético, consistindo em pequenos e puros magnetos microscópicos. Com isso, o campo externo se fortalece drasticamente. Poucos materiais têm essa propriedade. Mas se todos os magnetos elementares encontram-se alinhados, o material está em saturação magnética. Uma elevação da corrente já não provocaria nenhuma outra elevação notável do campo magnético. Por isso, neste capítulo partimos sempre do pressuposto de que essa saturação ainda não foi atingida.

12. A título de comparação: é mais ou menos essa a temperatura vigente no interior do Sol.

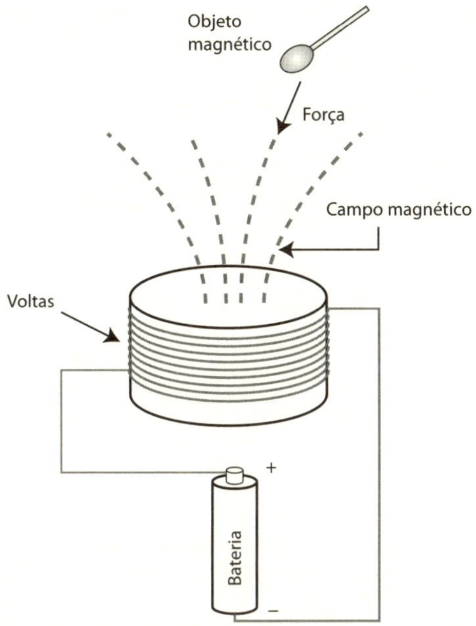

4.5 Representação esquemática de uma bobina de forma cilíndrica, que pode assim ser inserida no relógio magnético. O campo magnético é produzido por uma corrente armazenada em uma bateria, exercendo uma força de atração no objeto. Para que se tenha uma visão geral, os componentes do dispositivo são apenas indicados — na verdade ele aumenta em torno do eixo da bobina do indutor em um sistema fechado.

ferro. Além disso, usamos como diâmetro do relógio três metros, em vez dos realistas dois centímetros. Para tanto, porém, a espessura tem de ser reduzida para 0,5 centímetro. O número de voltas também deve ser uma vez mais bastante aumentado. Em vez do enrolamento com uma só volta será usada uma bobina com um enrolamento de mais voltas, como se pode ver na Figura 4.6. Serão usadas três camadas de fios de cobre muito finos, cada qual com 600 voltas.[13] São, portanto, ao todo 1.800 voltas em vez das 100 informadas até agora.

13. Na verdade, a espessura do fio deveria ser de apenas 0,01 milímetro para que 600 voltas fossem dadas em três camadas em torno de um núcleo em um relógio de 0,5 centímetro de altura. Seria necessário ainda algum trabalho de pesquisa para produzir fios de arame assim tão finos, que não se derreteriam nem sob fortes correntes, como aqui são o caso.

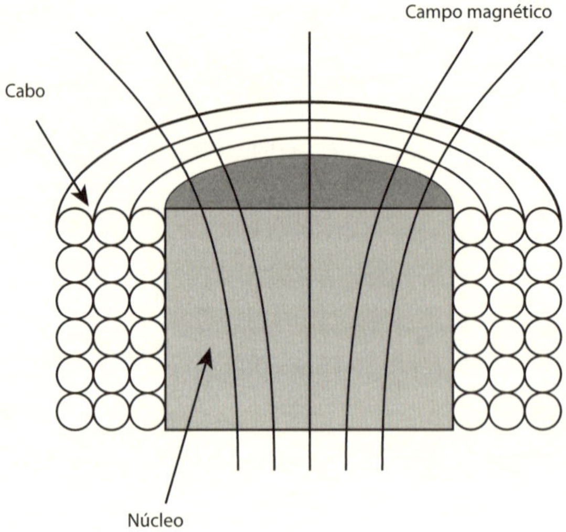

4.6 Tem-se aqui um corte longitudinal da bobina melhorada. Cálculos revelam que as voltas em três camadas com valores realistas para 600 filamentos resultam em valores realistas para o relógio magnético.

Ambas as melhorias levam a um ganho que corresponde ao fator 100 × 18 = 1.800. Disso resulta uma corrente necessária de cerca de cinco ampères, para atrair uma colher a 1,20 metro de distância, contando-se com uma elevação de temperatura do relógio em torno de 250 graus Celsius. Perfeito! 250 graus Celsius não é uma temperatura nada agradável para se suportar, mas um agente secreto como James Bond tira de letra. Uma alternativa seria proteger-se dos efeitos dessa temperatura com uma placa de cerâmica posicionada sob o relógio.

Agora, vejamos um efeito que ainda não foi levado em conta. Em razão da chamada regra de Lenz,[14] o campo magnético da bobina não se encontra ali de pronto, mas se constrói lentamente, e com algum atraso.

14. Segundo a regra de Lenz, a chamada corrente de indução sempre se contrapõe à sua causa. No caso do relógio magnético, a causa é o fluxo de corrente, e à corrente de indução corresponde o campo magnético. A curto prazo, o campo magnético que vai se construindo impede o fluxo da corrente pelo relógio, o que, por sua vez, leva a uma construção mais lenta do campo magnético.

Diâmetro	3 centímetros
Espessura	0,5 centímetro
Voltas em três camadas	1.800 fios de cobre
Material do núcleo	Metal amorfo fator 500.000
Retardo de tempo (90% da força máxima)	3,5 segundos
Corrente em operação	5 ampères
Temperatura de funcionamento	250 graus

4.7 Compilação dos principais dados técnicos do relógio magnético, responsáveis por seu funcionamento.

O relógio só alcança a intensidade de campo máxima após algum tempo depois de acionado. Para os parâmetros do relógio magnético chega-se a 90% da intensidade de campo máxima após 3,5 segundos.

É fantástico que possamos ver esse processo de maneira tão precisa na cena! Só com um atraso de aproximadamente três segundos após o acionamento do campo magnético a colher do pires de M começa a ser puxada. Esse atraso é o melhor exemplo da regra de Lenz.

Evidentemente, o relógio construído por nós tem as mesmas propriedades do relógio magnético utilizado em *Com 007 Viva e Deixe Morrer*. E, na Figura 4.7, elas estão combinadas mais uma vez.

Não há dúvidas quanto ao fato de que um relógio tão fantástico como esse pudesse facilmente abrir o botão do vestido, mas para isso o botão teria de ser de ferro ou de aço. A distância do relógio magnético para o botão, na cena, é de mais ou menos dez centímetros. A força disponível para abri-lo será assim 12^7 = 35 milhões de vezes mais forte do que a força exercida sobre a colher. Com isso o botão realmente tinha de abrir. E é possível que a força de atração fosse forte a ponto de fazê-lo saltar do vestido. Assim, a abertura do vestido se daria até mesmo com um relógio mais fraco, que contasse com apenas 100 voltas em torno de um núcleo de ferro.[15]

15. Experimentos mostram que é possível abrir um botão de vestido se um peso de aproximadamente 100 gramas estiver pendurado no caseado. Essa força é a usada para o cálculo.

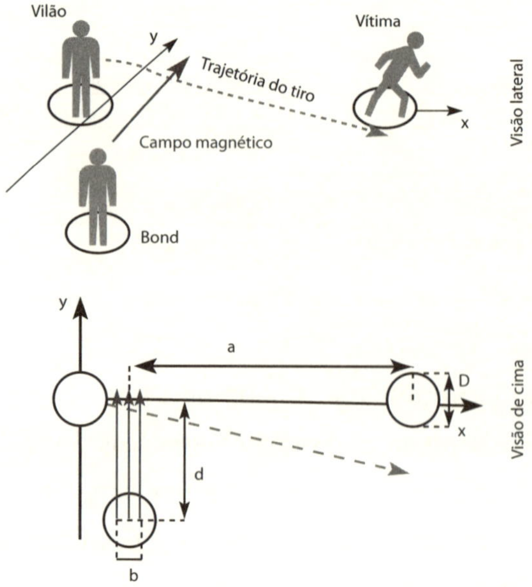

4.8 Acima: Com seu relógio magnético, James Bond protege uma pessoa prestes a ser alvejada, e a bala acaba passando ao lado da vítima. Abaixo: visão de cima.

Queremos ainda investigar o que de fato Q pretendia com o relógio magnético: seria possível com ele desviar a trajetória de balas de pistola? Antes de mais nada, tem-se aqui um problema de princípio. Com o relógio magnético, James Bond pode apenas atrair objetos, e não repeli-los; afinal, eles ficam magnetizados. Ocorre que essa propriedade não parece ter muita serventia em se tratando de balas de pistola. Ora, se James Bond atraísse uma bala com seu relógio, ela viria diretamente para ele! Seria bom para seu opositor e péssimo para ele próprio.

Mas estaria Q imaginando um relógio que pudesse operar um desvio na trajetória de balas? Talvez sua intenção fosse, com o uso do relógio, proteger uma terceira pessoa que estivesse na iminência de ser alvejada. Por exemplo, num caso em que um vilão mirasse direto o coração da vítima, James Bond poria o relógio ao lado dela, com essa finalidade. O esquema de tal situação é representado na Figura 4.8. Se James Bond acionasse seu relógio, de modo que, em seu trajeto, a bala mirada no corpo da vítima passasse pelo campo magnético, ela

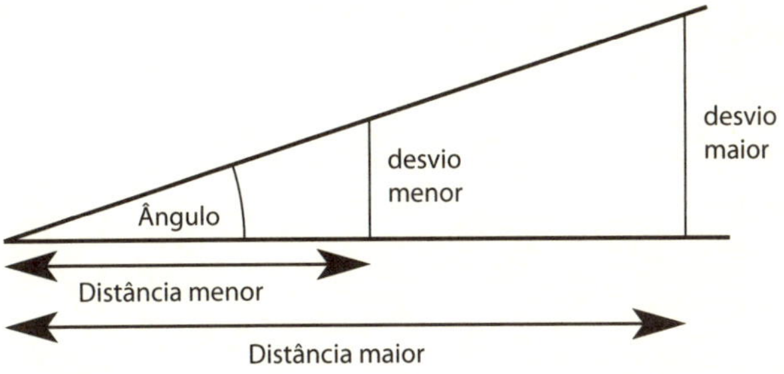

4.9 O mesmo ângulo de desvio produz, para um afastamento menor, um menor desvio, e para um afastamento maior, um desvio correspondente.

de fato sofreria um pequeno desvio.[16] No campo magnético a direção de voo se altera de acordo com determinado ângulo. Com isso a bala continua a voar em velocidade constante na nova direção. Se o relógio for suficientemente forte, no caso ideal a bala passará pela vítima sem atingi-la. Com isso, o ângulo de desvio depende da intensidade e da extensão do campo magnético e, naturalmente, também da velocidade da bala. Para tanto, tomando-se o caso de a vítima acabar ferida, a distância entre vítima e vilão é essencial. Como evidencia a Figura 4.9, vale o seguinte: quanto mais a bala, após seu desvio, continuar a voar pelo campo magnético, mais ela se distanciará da linha de tiro.

A Figura 4.10 mostra o resultado dos cálculos para a menor distância entre a vítima e o vilão, de modo que a bala não consegue atingir o alvo quando James Bond está com seu relógio magnético em posição perpendicular à trajetória de tiro. Sendo assim, assumiríamos um relógio com as propriedades indicadas na Figura 4.7. A distância entre 007 e a trajetória do tiro é indicada no eixo horizontal, e a distância mínima necessária entre a vítima e o vilão, no eixo vertical. Pelo diagrama pode-se inferir, por exemplo, que, quando o agente secreto fica com

16. Em geral as balas de uma arma são feitas de chumbo, mas o núcleo é de ferro. Balas feitas exclusivamente de chumbo seriam desviadas pelo relógio magnético de maneira imperceptível.

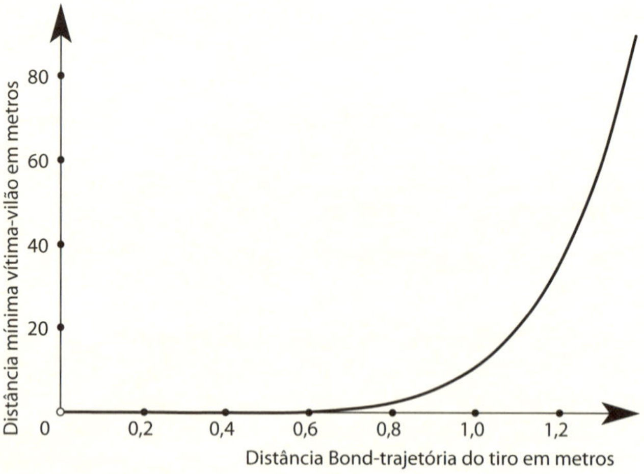

4.10 Com seu relógio magnético, James Bond está a determinada distância da trajetória do tiro disparado pelo vilão (eixo horizontal). A linha escura descreve a distância mínima (eixo vertical) entre a vítima e o assassino, como se tem na Figura 4.8, para que a bala do vilão não acerte o alvo. Por exemplo, pelo gráfico se lê que quando Bond, com seu relógio, está a 1,20 metro de distância da trajetória do tiro, a vítima tem de estar a pelo menos 30 metros de distância do vilão, para que 007, com seu relógio, ainda consiga salvá-la. Fica evidente que essa distância mínima aumenta muito com a crescente distância do agente secreto em relação à trajetória do tiro.

seu relógio magnético a um metro da trajetória do tiro, a vítima tem de ficar no mínimo a dez metros do vilão, para que a bala não a atinja.

Isso parece muito bom. Em todo caso, a distância necessária aumenta muito depressa quando James Bond se distancia da trajetória do tiro. Se ele ficar a 1,20 metro, a trajetória entre a vítima e o tiro deve perfazer já 30 metros. Se a distância entre 007 e a trajetória do tiro ficar em 1,5 metro, a vítima deverá se encontrar a uma distância superior a 80 metros de seu assassino potencial para que ele acabe errando o alvo. Com isso, um aumento de 50% na distância entre James Bond e a trajetória de voo da bala atua no sentido oposto a uma distância da vítima ao malfeitor seis vezes maior.

Também é possível proteger uma vítima com o relógio magnético, mas nesse caso 007 tem de ficar bastante próximo da trajetória de tiro. A essa dificuldade vem se acrescentar o retardo de tempo, previamente descrito, de 3,5 segundos, necessário para que se instaure o campo magnético. Portanto, James Bond teria de saber, e com uma antecedência de pelo menos 3,5 segundos, que a vítima estava a ponto de ser alvejada, para que então ele pudesse usar o relógio magnético para salvar-lhe a vida.

O relógio magnético de James Bond seria, em princípio, tecnicamente factível. Em todo caso, os materiais necessários para que um relógio como esse seja construído encontram-se bem dentro do que hoje é tecnicamente realizável; apenas exigiria algum otimismo da parte de quem realmente desejasse fazê-lo.[17]

Mas mesmo se ele funcionasse, o seu uso só seria possível com muitas limitações. Sim, ele poderia atrair uma colher de chá a uma distância de 1,20 metro, mas objetos mais pesados e as distâncias maiores já não seria possível atrair, em razão da forte codependência entre distância e força de atração. Também seria difícil usar o relógio magnético para proteção pessoal. Para desviar uma trajetória de bala de maneira significativa não se poderia mantê-lo afastado muito além de um metro da trajetória do tiro. Portanto, a preocupação de M com o contribuinte britânico, tal como externada no filme, não seria desprovida de fundamento.

Informações complementares

Agora é o caso de explicar melhor por que a força de atração magnética diminui tanto com a distância. A polia magnética do relógio é também conhecida como dipolo magnético.[18] Pode-se calcular que a intensida-

---

17. Desta vez não se tematizará quanta energia as pilhas do relógio teriam de armazenar. Mas é claro que a questão da energia mais uma vez seria o motivo fundamental pelo qual a construção desse tipo de relógio magnético não seria factível. Para uma pilha tão pequena como é a de um relógio, mesmo uma corrente de 5 ampères seria grande demais.

18. Os dipolos elétricos são via de regra mais conhecidos, pois surgem quando uma carga positiva e uma negativa se encontram a certa distância. Mas não existem cargas magnéticas, uma vez que dipolos magnéticos são um tanto mais complicados do que os elétricos. Por exemplo, um magneto cilíndrico é um dipolo magnético, e provavelmente todos já devem ter visto suas linhas de campo alguma vez em aulas do ensino médio.

de do campo magnético de um determinado dipolo diminui à potência cúbica da distância. Isso significa que a uma distância dez vezes maior o campo diminuiu para $1/10^3$ = 1/1000. Além disso, o campo magnético é proporcional à corrente que passa pela bobina, ao número de voltas e à superfície de contato, bem como à constante μ, que depende do material do núcleo da bobina.[19]A própria colher de ferro, por sua vez, em razão desse campo magnético do relógio, vai depender do dipolo magnético, cuja intensidade de campo depende do campo magnético exterior.[20] Mas uma vez que o próprio campo magnético exterior do relógio diminui à terceira potência do aumento da distância, a força de atração cai pelo menos à sexta potência. Tem-se, além disso, a exata derivação física, uma vez que a força de atração da colher não depende do próprio campo magnético, mas da alteração espacial do campo.[21] Segue daí, finalmente, que o campo magnético diminui à sétima potência do aumento da distância, portanto: se um afastamento fica dez vezes maior, o campo magnético se reduz em um décimo de milionésimo.

O cálculo detalhado da corrente necessária para que o relógio magnético atraia a colher é bastante complicado e não deverá ser abordado aqui. Para a força de atração, além da já discutida dependência da distância, está claro que ela depende do quadrado da corrente da bobina I, do quadrado do número de voltas N, do quadrado da constante de material μ e da quarta potência[22] do diâmetro do relógio, diâmetro

19. Trata-se aqui da chamada permeabilidade magnética do material de que é feito o núcleo da bobina. Tem-se μ = 5.000 para o ferro e μ = 500.000 para os melhores materiais, que são os chamados materiais amorfos. Se μ for muito maior do que um, o material se caracteriza como ferromagnético. Consideramos aqui sempre materiais que não estão na chamada saturação magnética.

20. Está se falando aqui de um dipolo induzido.

21. Para os especialistas: essa alteração é determinada pela derivação da lei da distância de acordo com o local. Mas a derivação da função $1/R^6$ é essencialmente $1/R^7$.

22. O quadrado da superfície de contato é proporcional à quarta potência do diâmetro do relógio.

referido por d. Com iguais argumentos, isso se segue da dependência de campo do campo dipolo original, que já foi discutida aqui quando tratamos da dependência da distância. Para a força de atração magnética F_{mag} vale:

$$F_{mag} \alpha I^2 \times \mu^2 \times N^2 \times d^4 / R^7$$

Neste caso, R é a distância entre o relógio e a colher, o símbolo α significa que a força é proporcional às grandezas do lado direito da equação, e nessa fórmula ainda se carece de um fator constante. Mas se a colher deve ser atraída, a força de atração magnética tem de ser maior do que o peso da colher — portanto:

$$F_{mag} > M \times g.$$

Tome-se M pela massa da colher e $g = 9{,}81\ m/s^2$ como a aceleração da Terra. Agora, se nessa desigualdade for introduzida a força de atração magnética, poderá então ser indicada uma condição para a corrente da bobina I, necessária para atrair a colher. O cálculo exato faz chegar, por fim, à complexa fórmula:

$$I^2 > 32 \times g \times \rho \times \mu_{colher} \times R^7 / (3 \times \mu_o \times (\mu_{colher} - 1) \times N^2 \times d^4 \times \mu^2)$$

Com isso ρ é a espessura do material da colher,[23] μ_{colher} é a constante do material da colher, definida analogamente à constante μ para o núcleo da bobina[24], e μ_o é a chamada constante magnética de valor $\mu_o = 4 \times \pi \times 10^{-7}$ Vs/Am. Com essa fórmula são calculadas as especificações das intensidades de corrente no texto para os tamanhos da bobina do relógio magnético em cada caso.

Se a fórmula para a força de atração magnética for analisada de maneira mais precisa, incidirá, além da forte dependência da distância, também a forte dependência do diâmetro do relógio magnético. A fórmula acima então será: $F_{mag} \alpha d^4$.

Para o relógio magnético, portanto, problemático é não só o fato de a colher estar a uma distância relativamente grande, de 1,20 m,

23. No caso do ferro, a espessura seria de aproximadamente $\rho = 7{,}5\ g/cm^3$.

24. Considerando que a colher é de ferro, $\mu_{colher} = 5.000$.

mas também o fato de o relógio ter um diâmetro relativamente pequeno. Ao contrário, quando se tem eletromagnetos grandes, que podem ser encontrados, por exemplo, em placas de sucata, já seria fácil atrair uma colher que estivesse mais de um metro afastada.[25] O diâmetro desse eletromagneto é cerca de cinquenta vezes maior que o diâmetro do relógio magnético. Com isso, a força de atração será então de $50^4 = 6.250.000$ vezes mais intensa!

Em *007 Só se Vive Duas Vezes*, James Bond é perseguido de carro por mafiosos japoneses. O agente secreto japonês, no entanto, aparece de helicóptero vindo em auxílio a James Bond, e sob o helicóptero há um grande magneto. Esse magneto é posicionado sobre o capô do veículo, e então o carro, para a alegria de Bond, é içado da estrada. A cena é naturalmente realista, já que, de um lado se tem a distância, que é pequena, com o magneto tocando no capô do carro, e de outro lado se tem o diâmetro do magneto, que é grande. Ambos os efeitos aumentam drasticamente a força de atração magnética.

O cálculo da temperatura a que o relógio magnético se aquece nos dois casos dá-se de maneira análoga à que se tem no capítulo sobre o derretimento de metais por raios *laser*. Uma entrada de energia de E pode ser calculada sem maiores dificuldades para uma alteração de temperatura T:[26]

$$E = c_{relógio} \times M_{relógio} \times T$$

Com isso o calor específico $c_{relógio}$ é uma constante material conhecida e $M_{relógio}$ é a massa do relógio. A energia E é fornecida pela bateria do relógio, e a fórmula daí resultante é: $E = U \times I \times t = R \times I^2 \times t$.

Para o presente cálculo, U é a voltagem da bateria do relógio, R a resistência elétrica da bobina magnética no relógio e t a duração do funcionamento do relógio. A resistência elétrica de um arame de com-

25. Tal já foi verificado pelos autores em um ferro-velho de Dortmund, Alemanha.

26. Com isso também se poderia perguntar se essa fórmula valeria para temperaturas tão altas, como as que se tem no texto. A título de simplificação, os calores de fusão e de evaporação não foram levados em conta.

primento L e da área de contato A pode ser calculada pela seguinte equação: $R = \rho_{esp} \times L/A = \rho_{esp} \times \pi \times d \times N/A$.

Com isso se tem ρ_{esp} como a resistência específica do material da bobina e, consequentemente, da resistência específica do cobre. Esse número também é uma constante conhecida. A superfície de contato A pode ser calculada a partir da geometria da bobina. A mútua aplicação de todas as fórmulas produz uma expressão para a mudança de temperatura sofrida pelo relógio na passagem da corrente:

$T = \pi \times \rho_{esp} \times d \times N \times I^2 \times t/ (A \times c_{relógio} \times M_{relógio})$

Com essa fórmula podemos calcular as temperaturas, usando os valores apropriados para $c_{relógio}$ e $M_{relógio}$.

CAPÍTULO 5

Os mitos de *007 contra Goldfinger*

Até hoje, nenhuma aventura de James Bond alcançou tanta popularidade entre os fãs quanto o filme *007 contra Goldfinger*. Quase se poderia dizer que esse filme exerceu uma duradoura influência na sociedade. Algumas cenas se tornaram antológicas e se mantêm vivas na memória até hoje. Tanto que persiste a polêmica sobre se alguém poderia de fato vir a falecer se sua pele fosse toda coberta por uma finíssima camada de ouro. Foi exatamente isso que aconteceu em uma das cenas mais conhecidas do filme: James Bond encontra Jill Masterson na cama inteiramente coberta de ouro — morta. Do que ela teria morrido?

O vilão Auric Goldfinger tem intenções altamente ambiciosas de expandir sua já imensa fortuna em ouro, e para tanto planeja a operação "Grand Slam". O plano começa por Fort Knox, evidentemente por estar de olho nas reservas de ouro americanas. Mas o caso é que Goldfinger não tem a intenção de transportar o ouro para fora de Fort Knox, o que aliás seria bastante problemático devido ao peso das barras. Sendo assim, com que meios o vilão estaria pensando executar seu plano?

Auric Goldfinger elabora um plano surpreendente: em uma cena do filme ele explica a seus comparsas a operação "Grand Slam" e em seguida deixa a sala. Na sequência, um gás manifestamente venenoso é lançado, e as pessoas presentes no local, uma a uma, morrem de maneira instantânea. O mesmo se pode observar no ataque a Fort Knox: todos os soldados que ali se encontram vão morrendo instantaneamente, tão logo aviões lançam o gás. Esse tenebroso método de matar poderia funcionar assim tão rápido? Que processos entram em ação ao se lançar gás tóxico em determinado espaço e com que velocidade isso pode se realizar?

Em outro caso, no mesmo filme, James Bond confundiu várias pessoas quanto à possibilidade de armas serem disparadas dentro de um avião: na cena o agente secreto explica a Pussy Galore, que o ameaça com uma pistola, que a bala não atravessaria apenas ele próprio mas também a fuselagem do avião, o que provocaria a queda deste, em razão da despressurização.[1] É graças a essa cena que ainda hoje muitos pensam que disparar uma arma em um avião teria precisamente essa consequência fatal. Agora, o que está por trás desse mito, que à primeira vista parece correto e mesmo lógico?

O que teria matado a dama de ouro?

Em *007 contra Goldfinger*, James Bond é contratado para monitorar as ações do negociante de ouro Auric Goldfinger, suspeito de contrabandear ouro em grandes quantidades. Logo ao começar a rastrear

o bandido, James Bond conhece Jill Masterson, que trabalha como assistente de Goldfinger. James Bond, com o charme que lhe é tão peculiar, não precisou se esforçar para impressionar Jill Masterson, de modo que ambos desfrutaram horas agradáveis num quarto de hotel. No momento em que Bond vai pegar mais champanhe na geladeira em outro cômodo da suíte, recebe um golpe de caratê na carótida. Vê-se

1. Existem inúmeros bons motivos pelos quais não se deve disparar armas em avião e pelos quais jamais se pode portar armas de fogo em um avião. Não os trataremos aqui.

5.1 Auric Goldfinger (Gert Fröbe) sequestra James Bond (Sean Connery).

apenas a sombra do agressor, que aparenta ser um homem forte e usa chapéu. Depois de algum tempo — e não fica claro ao espectador quanto tempo se passou —, James Bond desperta, levanta-se e, grogue e tateando, volta ao quarto. Para e acende a luz. Na cama ele vê Jill Masterson, coberta de cima a baixo com uma reluzente camada de ouro. Ele se aproxima, toma o pulso da moça e constata que ela está morta.

Em reunião com seus contratantes em Londres, James Bond explica por que Jill Masterson morreu: a garota morreu por asfixia epidérmica, pois, estando inteiramente coberta de ouro, a pele já não tinha como respirar. Ainda segundo Bond, seria possível sobreviver à tal cobertura de tinta se fosse deixada uma pequena abertura nas costas, pela qual a pele pudesse respirar. Mas infelizmente Miss Masterson morreu, já que teve o corpo inteiro coberto com uma tinta de ouro. Agora somos levados a perguntar: é possível alguém se asfixiar devido a uma cobertura de ouro na pele?

Seja como for, em primeiro lugar é preciso saber como a camada de ouro foi aplicada e se se tratava realmente de ouro. As possibilida-

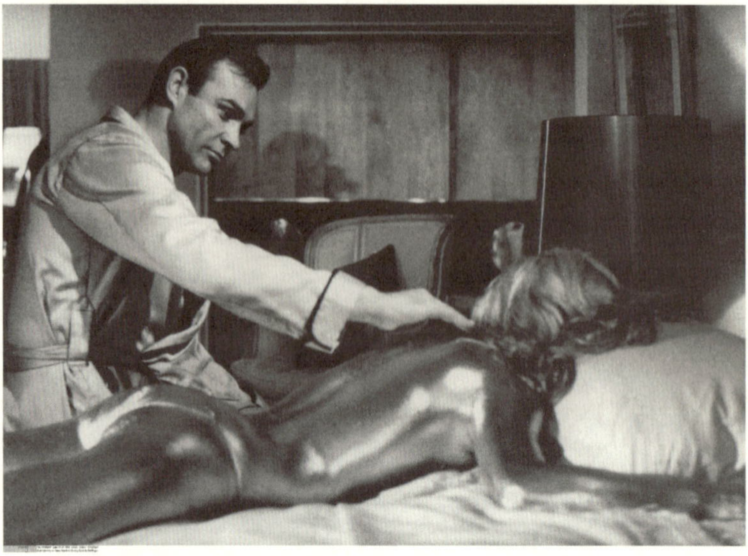

5.2 A cena mais conhecida de todos os filmes de James Bond: Jill Masterson (Shirley Eaton) morta na cama do quarto de hotel. O corpo inteiro coberto com uma camada de um ouro reluzente. Teria sido essa a causa da morte?

des de galvanizar uma pessoa inteira com ouro são muito limitadas. Pode-se bem pressupor que o ouro foi aplicado em forma liquefeita, para que os traços e as curvas do corpo ficassem bem visíveis. Ocorre que o ponto de fusão do ouro é de mais ou menos 1.000 graus Celsius, e as queimaduras que decorreriam do processo naturalmente alterariam formas e fisionomia de Jill Masterson. Ora, pela cena não há nem sombra de deformação em seu corpo — pelo contrário: o corpo inerte de Jill Masterson está impecável. Uma camada de ouro liquefeito tampouco seria verdadeira, já que em parte alguma do quarto ou da cama se vê o menor vestígio de ouro. Raptar Jill Masterson e cobri-la de ouro em algum outro lugar levaria tempo demais e despertaria uma atenção desnecessária. Por tudo isso, uma cobertura de ouro de verdade e em forma liquefeita não é algo realmente possível.

Outra possibilidade de cobertura com ouro é a aplicação de folhas de ouro. Mas seria um método muito demorado. As lâminas de ouro seriam aplicadas individual e meticulosamente, com uma pinça, no objeto a ser dourado. Além da dificuldade, em razão da necessária precisão, o processo acarretaria um dispêndio enorme, o que para os fins de Goldfinger não era praticável.

Felizmente a resposta à nossa primeira pergunta não é das mais difíceis: na versão alemã de *007 contra Goldfinger*, James Bond fala em "Gold" — ouro. No entanto, no original inglês ele diz: "She´s covered in paint, goldpaint" — Ela está coberta com uma tinta, uma tinta de ouro". Portanto, trata-se aqui não de ouro, mas da cor do ouro. Claro que em se tratando da cor de ouro o processo fica mais fácil do que se fosse o próprio ouro, e com isso, para esta cena, evidencia-se como o meio mais simples de cobrir Miss Masterson de ouro — é mais simples e presume-se que esse tenha sido o método de fato utilizado.

E agora, a questão que mais nos interessa: Teria Jill Masterson realmente morrido em decorrência de uma camada de ouro sobre a pele?

Para responder a essa pergunta, os especialistas do "MythBusters", programa do canal americano Discovery Channel que verificam, para comprovar, fatos de lendas urbanas, realizaram uma pesquisa. Eles pintaram um colaborador de dourado e, contando sempre com supervisão médica, observaram as reações do corpo dele. O valor mais importante, que no caso é a saturação de oxigênio do sangue, não sofreu a menor alteração em razão da camada de cor aplicada à pele. E o médico responsável constatou que uma camada de tinta dourada não poderia sufocar uma pessoa. O ser humano respira apenas cerca de 1% pela pele. Com isso, a explicação de Bond para a morte de Jill Masterson pode ser tranquilamente descartada. Como se vê, até o melhor agente secreto pode errar.

Excluímos também outra causa para a morte: a morte por queimadura. Sim, é possível morrer por queimaduras profundas a incidir em grande parte da pele, mas como já foi dito: na cena é fácil constatar que Jill Masterson não apresenta nenhum tipo de queimadura. Portanto, tampouco morreu por queimadura.

Há ainda uma *causa mortis* que o próprio médico do "MythBusters" arrolou como provável: morte por superaquecimento. Normalmente, o ser humano expele o calor de seu corpo por diversos mecanismos, e com isso regula sua temperatura corporal. Acontece que com a camada de ouro, a regulação da temperatura ou não foi possível de se realizar ou ficou limitada; com isso o corpo teria se aquecido gradativamente. Uma temperatura corporal de 42 graus Celsius por um período mais longo inevitavelmente levaria à morte.

Por isso teríamos de esclarecer o tempo transcorrido até a morte por superaquecimento. Para tanto sabemos também quanto tempo James Bond deve ter ficado inconsciente, para que ao acordar encontrasse Jill Masterson morta, e naquelas condições.

Para uma primeira análise, consideremos o caso da completa vedação cutânea. Supõe-se que a camada de ouro aplicada seja capaz de blindar completamente o corpo, que com isso se aquece cada vez mais.

O ser humano irradia em média um trabalho de aquecimento de mais ou menos 100 watts.[2] Sendo Jill Masterson uma mulher de compleição delicada, passamos a assumir para ela um trabalho de irra-

diação de 70 watts e uma temperatura corpórea de 37 graus Celsius.[3] Em seguida temos de calcular quanto tempo leva para que o corpo de Jill Masterson se aqueça cinco graus Celsius. Para tanto, obviamente que seu peso desempenha um papel importante. Com base no que se vê e na altura da atriz Shirley Eaton, podemos estimar 55 quilos. Portanto, esses 55 quilos são continuamente aquecidos com um trabalho de 70 watts.

2. Esse cálculo costuma levar em conta a pessoa devidamente vestida. O trabalho, bastante considerável, de 100 watts não é realizado no ambiente sem que haja barreira ou impedimento.

3. A temperatura normal reconhecida é de 36 a 37 graus. Com base nas horas que decorreram com 007 desacordado, parece adequado assumir uma temperatura corpórea um pouco mais elevada para Jill Masterson.

Em razão da camada de ouro, essa energia não é mandada de volta ao ambiente. Um cálculo aponta terem se passado mais ou menos 3,5 horas da morte da mulher por superaquecimento interno, pois seu corpo esquentou a uma temperatura de 42 graus Celsius. Durante esse período, James Bond esteve no mínimo inconsciente.

De início, tudo isso parece relativamente realista. No entanto, nossas ponderações permitem entrever uma grande fraqueza: a suposição de que o trabalho irradiado pelo corpo permanece inteiro no corpo; o revestimento do corpo da mulher com Styropor ou algum outro eficiente material isolante teria impedido isso. O ouro, ou uma tinta de ouro ou dourada, não teria uma propriedade isolante assim tão boa.[4]

É preciso, portanto, realizar uma análise mais precisa, pela qual mesmo o fluxo térmico pela camada de ouro seja levado em conta, isso para o caso em questão, no qual se tem parte do calor conduzido para fora através da camada de ouro. Agora, interessante é a pergunta sobre a porção calor que é transferida para fora. Para tanto, são necessários alguns dados específicos do ouro como elemento. A temperatura ambiente também é importante, já que a velocidade da dissipação de calor depende do gradiente de temperatura predominante[5] — eis que a cena se passa em Miami, a uma temperatura ambiente estimada em 28 graus Celsius. Essa temperatura é mais um fator a atuar sobre o corpo da mulher, o qual ocupa em média 1,6 metro quadrado. Além disso, o calor emitido dependerá da espessura da camada de ouro, semelhante a uma camada de laqueadura de 0,1 milímetro.

Com esses números chega-se a uma quantidade de calor transportada para fora da camada de ouro a perfazer gigantescos 45 milhões

---

4. Se isso fosse realmente verdade, todas as casas seriam pintadas de dourado para se obter um isolamento térmico ótimo.

5. A experiência ensina que o café quente na neve se resfria mais rapidamente do que sob o sol de verão.

de watts.[6] Isso significa que, partindo-se do pressuposto de que uma quantidade de calor tão grande pudesse ser transferida para fora, os 70 watts de Jill Masterson não exerceriam nenhum efeito sobre seu peso. Sem nenhum impedimento, seus 70 Watts passariam pela camada de ouro, e ela não se aqueceria de modo algum!

Inversamente, pode-se perguntar quão espessa tem de ser a camada de ouro para que um trabalho de 70 watts possa produzir uma alteração significativa na temperatura do corpo. Com os números previamente dados chega-se a um valor de 64 metros. Assim, se alguém revestisse Jill Masterson com uma esfera de ouro maciço de 64 metros de raio, parte do calor irradiado pelo corpo permaneceria internamente à camada de ouro, e a garota se aqueceria pouco a pouco. Acontece que no filme nada se vê, nem de longe, parecido com uma esfera de ouro de 128 metros de diâmetro.[7]

Mas se a camada de ouro refletisse parte do calor de volta para dentro, como faz o cobertor espacial do estojo de primeiros socorros, daí então a coisa poderia funcionar.[8] Em uma camada de ouro dotada de propriedade refletora, a porção de irradiação de calor que é absorvida fica em aproximadamente 2%; o restante é refletido. Portanto, permanecem no corpo ainda 68,8 watts, por um intervalo de tempo de 3 horas e 36 minutos, que acaba com a morte por superaquecimento. Mas, diferentemente do que se tem no cobertor espacial, no qual se tem ar entre o corpo e a camada refletora, na cobertura de ouro o corpo e a camada de ouro estão em contato direto. Nesse caso, não poderia

---

6. Isso corresponde ao trabalho produzido por 45 turbinas, suficiente para mover três ICEs (de "internal combustion engine", veículo com esse tipo de propulsão) de dupla tração.

7. Seria também um dispositivo muito caro — mesmo para um multimilionário como Auric Goldfinger. Pois com o preço do ouro em 1.281 dólares por quilo, que era o vigente à época, essa camada de ouro custaria a bagatela de 27 bilhões de dólares. Custo muito elevado para assassinar uma colaboradora infiel.

8. Por isso os cobertores espaciais são feitos sempre com o lado dourado para dentro.

haver nenhuma reflexão, e quanto a isso nem o cobertor espacial pode ajudar![9]

Por quais outras vias então o corpo emite calor? Um dos mecanismos mais conhecidos é o suor. Por meio da secreção do suor pela pele, o calor é expelido, e o corpo, resfriado. Em média, o ser humano produz a cada noite cerca de meio litro de suor. Assumindo que o homem médio dorme cerca de oito horas por noite, chega-se a 41,8 watts como trabalho realizado pelo ato de transpirar. Acontece que com uma cobertura de ouro ou com uma tinta dourada o resfriamento próprio da pele já não seria possível, pois os poros ficariam obstruídos. O trabalho de 41,8 watts não poderia ser realizado, e o persistente calor levaria ao aquecimento do corpo, que estaria, por assim dizer, vedado. Até se chegar à temperatura crítica para o corpo, de 42 graus Celsius, decorreriam umas boas seis horas.

Esse seria um cenário completamente realista, contendo o motivo mais provável para a morte de Jill Masterson. Mas também implicaria que James Bond teria de suportar um golpe de caratê forte a ponto de deixá-lo desacordado no chão do cômodo ao lado por no mínimo seis horas.[10]

Informações complementares

O fundamento de todos os cálculos para o superaquecimento da dama de ouro está na inter-relação entre a mudança de temperatura de um corpo e a quantidade de calor necessário. Essa correlação já foi expli-

9. Um cobertor espacial perfeito, assim como uma cobertura de ouro com reflexão perfeita, levaria à morte por superaquecimento interno. Acontece que um cobertor espacial nunca é perfeito e em diversos pontos entra em contato direto com o corpo, de modo que para uma vítima de acidente ele não oferece risco de superaquecimento.

10. Isso é improvável, já que a sombra sem dúvida pertence a Oddjob, o mudo, mas sempre forte adjunto de Auric Goldfinger. A pergunta, sobre por que Jill Masterson não teria se defendido da cobertura de ouro também é fácil de responder: ela parece ter sido posta fora de combate por um golpe semelhante ao que nocauteou James Bond.

cada no capítulo anterior, quando tratamos do derretimento de metais com *laser* e do aquecimento do relógio magnético. Um acréscimo de energia, ou seja, de calor de E, pode ser calculado simplesmente em função de uma mudança de temperatura T com: $E = c_{dama} \times M_{dama} \times T$.

Com isso, o calor específico c_{dama} é uma constante material conhecida e M_{dama} é a massa de Jill Masterson. O calor específico para a água tem um valor de aproximadamente 4.000 J/(kg × K). Uma vez que o corpo humano é composto de 80% de água, pode-se assumir a capacidade de aquecimento da dama para c_{dama} = 3.200 J/(kg × K). Esse número significa que seria necessária uma energia de aquecimento de 3.200 J para aquecer 1 kg de Jill Masterson em 1°C.

Para o trabalho realizado pelo corpo humano vale: $P = E/t$. Portanto, o trabalho é também a energia liberada para o ambiente em relação ao tempo. Agora, se E é a energia necessária para superaquecer Jill Masterson, para um trabalho conhecido de 70 watts pode ser calculado o tempo t, que é o tempo decorrido necessário para que Jill Masterson se aqueça em 5°C. Chega-se então à seguinte fórmula: $t = c_{dama} \times M_{dama} \times T/P$.

Introduzindo-se os valores numéricos presentes no texto, chega-se aos tempos indicados para os casos, até o instante da morte.

Na imagem da transpiração e, na sequência, da evaporação, deve-se levar em conta o calor de evaporação Q_v da água. Para a energia E, que se faz necessária para evaporar uma quantidade M_{suor} em suor, vale a seguinte fórmula: $E = M_{suor} \times Q_v$.

O calor de evaporação para a água perfaz a seguinte fórmula Q_v = 2.400J/g, ou seja, é necessária uma energia de 2.400 J para evaporar 1 g de suor. O trabalho de evaporação será então: $P = M_{suor} \times Q_v/t_{sono}$.

Com isso, sendo t_{sono} = 8h a duração do sono, a quantidade de suor produzida perfaz M_{suor} = 0,5 kg. Esse trabalho deve ser introduzido no denominador da fórmula acima, para que se calcule o tempo de superaquecimento t.

A condução de calor por uma camada de espessura D e a superfície A realiza-se segundo a lei de Fourier: P = λAT/D. Com isso tem-se P como o trabalho de aquecimento que a uma queda de temperatura de T penetra na camada. A capacidade de condução de calor λ é outra constante material. Para o ouro ela é de 310 W/ (m × K). Uma vez que a espessura da camada fica no denominador, para uma camada fina de um material de boa condutância de calor esse trabalho é bastante grande.

A operação "Grand Slam"

A operação "Grand Slam" é uma das mais sensacionais empreitadas de um vilão de James Bond, ou pelo menos assim podemos considerá-la, por se tratar de uma ação compreendida em detalhes: o contrabandista de ouro Auric Goldfinger planeja entrar em Fort Knox a fim de contaminar todas as reservas de ouro dos Estados Unidos.

007 já está de olho no plano, mas sem ainda conseguir vislumbrar completamente todas as maquinações de Goldfinger. Na cena que ora nos interessa, James encontra-se prisioneiro no rancho de Goldfinger e é conduzido à varanda da casa principal. Goldfinger está sentado à sombra, tomando um drinque, e pede para que sirvam um drinque para James Bond que está sentado à sua frente.

Durante a conversa olho no olho são mencionados alguns números e fatos interessantes, que esclarecem melhor a operação "Grand Slam".

Segue-se um trecho do diálogo:

Goldfinger: "É um homem excepcionalmente bem informado, Mr. Bond".

Bond: "E você vai assassinar 60 mil pessoas sem nenhum motivo".

Goldfinger: "Ah, motoristas ao volante matam essa mesma quantidade a cada dois anos".

O número de mortes no trânsito no ano de 1964 de fato foi bastante alto, ainda que pequeno se comparado com o número de acidentes e vítimas do trânsito dos dias atuais. Mas como Bond chega ao número de 60 mil pessoas? Essa segunda pergunta é relativamente fácil de responder. O número remete aos membros da base militar de Fort Knox, e a estimativa leva em conta também seus familiares. O número de vítimas fatais do trânsito é ainda mais interessante. De fato, no decorrer da década 1950 esse número atingiu a cifra aproximada de 35 mil mortos a cada ano. Com isso pode-se chegar a algo em torno de 60 mil em dois anos. Em todo caso, nos anos 1960 esse número aumentou continuamente, à medida que o volume do tráfego se intensificava ano a ano. Em 1970, nas ruas e rodovias americanas os mortos pelo trânsito já somavam 55 mil anuais. Apenas em meados da década de 1970 o número de vítimas fatais diminuiu, com a introdução do cinto de segurança. Em 2004, esse número ainda ficava em torno de 40 mil, e isso corresponde ao patamar de nossos dias.[11]

E James Bond continua:

"Pode ser. Tive tempo para fazer algumas contas. Quinze milhões de dólares em barras de ouro pesam cerca de 10.500 toneladas. Sessenta homens precisariam de aproximadamente doze dias para transportá-las, usando 200 caminhões. Ocorre que você tem no máximo duas horas antes que o exército, a marinha e a força aérea venham correndo para cá e o forcem a devolver o ouro."

---

11. Na Alemanha, no mesmo ano, foram 5.800 mortes. O que salta aos olhos é que se esse número for posto em termos relativos, ou seja, mortes por habitante, ele corresponderá a apenas metade das mortes dos Estados Unidos, a despeito do rígido limite de velocidade imposto naquele país, ao contrário do que se tem na Alemanha. Na verdade, cerca de 50 por cento das mortes no trânsito nos Estados Unidos em 2004 se deveram ao não uso do cinto de segurança.

Esses números também devem ser postos à prova: as 10.500 toneladas de ouro de fato valem apenas 15 milhões de dólares? Seriam mesmo necessários 60 homens para transportar essa quantidade em doze dias? Tendo à sua disposição 200 caminhões para a referida quantidade de ouro, cada um deles teria de ser carregado com 53 toneladas. Isso com certeza é possível, mesmo que 53 toneladas por caminhão seja uma quantidade bem grande.[12] Cada um dos 60 homens tem de transportar algo em torno de 14,5 toneladas por dia. Isso corresponde a 49 barras de ouro[13] por hora. Supondo que em Fort Knox há um elevador e supondo-se que seja perfeitamente possível utilizar meios auxiliares como carrinhos de mão, o transporte seria plenamente factível para a tropa de choque de Goldfinger. Portanto, James Bond estava certo quanto a seus números e cálculos. Mas sobretudo ao dizer que a ação não seria factível em duas horas. Nem um supercanalha daria conta de 5 mil toneladas por hora!

Resta ainda a questão do valor. Na década de 1960 o preço do ouro em dólares americanos era regulado pelo chamado Sistema de Bretton-Wodds. No ano em que o filme foi lançado, 1964, uma onça de ouro[14] custava 35 dólares. Calcula-se, com isso, para as 10.500 toneladas um valor de 11,8 bilhões de dólares. Com seus aventados 15 milhões de dólares, teria 007 incorrido em tão flagrante erro de cálculo? A resposta é clara e inequívoca: não. Na versão original em inglês, James Bond fala em "billion", ou seja, bilhões. Logo, trata-se de um erro de tradução. O agente secreto tinha de adicionar ainda alguma coisa a esse valor, mas estava na ordem de grandeza correta. Com a quebra do Sistema de Bretton-Woods, em 1973, o ouro passou a ser comerciali-

12. No entanto, deve-se aqui observar que, para seu cálculo, James Bond certamente não usou o sistema métrico. No Reino Unido a tonelada corresponde a 1.016 quilos.

13. Uma barra de ouro tem uma massa de 12,44 quilos.

14. Uma onça pesa 31,1 gramas.

zado sem paridade. Hoje em dia, a um preço de bolsa de 650 dólares por onça e com o Euro forte, as 10.500 toneladas de ouro somariam 183 bilhões de Euros.[15]

E a conversa entre Goldfinger e James Bond prossegue:

Goldfinger: "E quem foi que disse que o ouro vai ser transportado? (Pausa) Mmmmh... O composto será forte o suficiente?".
Bond: "Quer dizer então que você pretende se infiltrar no maior banco do mundo, mas sem querer roubar nada. Por quê?".
Goldfinger: "Continue, Mr. Bond".
Bond: "Mr. Ling, aquele agente comunista chinês, que está na fábrica, é especialista em fissão nuclear... (pensa um pouco)... Mas, claro, é isso! O governo do país dele lhe forneceu uma bomba".
Goldfinger: "Eu preferiria chamá-la de um dispositivo atômico. Pequeno, mas faz uma sujeira danada".
Bond: "Cobalto e iodo".
Goldfinger: "Exatamente".
Bond: "Se você detoná-lo em Fort Knox, todas as reservas de ouro dos Estados Unidos ficarão radioativas; por... (pensando) ... 57 anos.
Golfinger: "58, para ser mais exato".
Bond: "Tenho de admitir, Goldfinger. O plano é genial. Você vai ter o que quer: o caos no Ocidente, e o valor de seu ouro vai quadruplicar".
Goldfinger: "Bem, para um cálculo mais preciso, vai ficar dez vezes maior".

Em seguida, tratam do cerne da operação "Grand Slam", que é o chamado dispositivo atômico. Goldfinger quer deixar Fort Knox contaminada radioativamente pelos 58 anos seguintes. Durante esse tempo, o ouro que ali se encontra armazenado ficaria inacessível. Mesmo assim, esse dispositivo atômico, que parece nada mais ser do que uma

15. Os dados são todos de março de 2008. Na época, 1 euro valia 1,55 dólar.

bomba atômica, contém cobalto e iodo e pode fazer "uma sujeira" das grandes. Será que tudo faz sentido aí?

Poderia o ouro ficar ativado durante 58 anos, isto é, manter-se radioativo todo esse tempo? Uma contaminação de ouro em tese é possível, por exemplo, por bombardeio de nêutrons. Tal procedimento conta com uma agravante desvantagem: o ouro se decompõe de maneira irreversível em outro elemento químico. Obviamente que isso não pode acontecer. Portanto, essa possibilidade está excluída.

Fala-se em uma "bomba que faz sujeira". Isso significa que não se trata de uma bomba atômica no sentido clássico, baseada na fissão nuclear, mas no uso de dinamite convencional. Essa dinamite espalha material radioativo em toda a área em volta. Portanto, isso significa que a bomba que faz sujeira espalharia cobalto e iodo radioativo no ouro armazenado em Fort Knox. A força de explosão de tal bomba deixaria grande parte do ouro completamente ilesa; já na explosão de uma bomba atômica, ao contrário, o ouro simplesmente evaporaria. Também por essa razão, uma bomba atômica estaria fora de questão como dispositivo atômico. Mas bastaria a poeira de cobalto e iodo radioativo para tornar o ouro inacessível tanto tempo?

Em primeiro lugar, temos de descobrir do que a bomba é composta. Uma passada de olhos na tábua de isótopos[16] (ver Figura 5.3) revela que a maior parte dos isótopos de cobalto e iodo ou tem uma meia-vida muito curta, e portanto períodos de meia-vida de no máximo alguns dias, ou têm meia-vida muito longa, com períodos de meia-vida de alguns milhões de anos, ou seja, um tempo inconcebivelmente longo. O único elemento compatível é o cobalto 60 (^{60}Co), com um

16. Cada elemento da tabela periódica tem uma quantidade definida de prótons; o cobalto, por exemplo, tem 27 prótons. É o chamado número atômico de um elemento. Já o seu número de nêutrons não é determinado, uma vez que há diferentes estruturas nucleares, os isótopos. Por exemplo, os isótopos do cobalto são ^{59}Co, ^{60}Co, ^{61}Co etc.

período de meia-vida de 5,27 anos.[17] Isso significa que mesmo após esses 5,27 anos apenas a metade da quantidade de matéria original está disponível. O restante se decompõe em algum outro elemento estável. Para o iodo não há nenhum isótopo. Por isso o iodo na verdade não pode estar presente no dispositivo atômico.

Sendo assim, o dispositivo atômico contém quantidades maiores do isótopo 60 de cobalto radioativo com um período de meia-vida de 5,27 anos. Depois de 58 anos estariam presentes ainda apenas 2 mil núcleos atômicos da quantidade de substância original. No princípio é algo que se poderia tomar por razoável, mas depois de 58 anos, o material continuaria a ser perigoso?

Cobalto			**Iodo**		
Isótopo	Tempo de meia-vida	Tipo de decomposição	Isótopo	Tempo de meia-vida	Tipo de decomposição
^{55}Co	17,53h	β^+	^{123}I	13,27h	β^+
^{56}Co	77,27d	β^+	^{124}I	4,18d	β^+
^{58}Co	70,86d	β^+	^{126}I	13,11d	β^+
^{59}Co	estável		^{127}I	estável	
^{60}Co	5,27 a	β^-	^{128}I	24,99min	β^+, β^-
^{61}Co	1,65h	β^-	^{129}I	$1{,}57\times10^7$a	β^-
^{62}Co	1,50min	β^-	^{130}I	12,36h	β^-
^{63}Co	27,4s	β^-	^{131}I	8,02d	β^-
^{64}Co	0,30s	β^-	^{132}I	2,30h	β^-

5.3 Extrato de uma tábua isotópica para cobalto e iodo. O período de meia-vida indica após quanto tempo ainda estaria presente a metade do valor original de uma substância radioativa. Como unidade de tempo são empregadas, além das horas necessárias (h), os minutos (min) e segundos (s), e ainda dias (d) e anos (a). Com modos de decomposição tem-se em mente o esquema segundo o qual as substâncias radioativas se decompõem. Trata-se o mais das vezes de raios beta, que emitem elétrons ou pósitrons como emissão radioativa.

Para responder a essa pergunta, é preciso determinar primeiramente as quantidades iniciais de cobalto radioativo. Pode-se partir dos explosivos armazenados na parte inferior da bomba. No filme, na parte

17. Com o cobalto 60 tem-se em mente o isótopo de cobalto, que contém 27 prótons e 33 nêutrons.

posterior do dispositivo é possível reconhecer duas esferas, e de outra perspectiva faz-se possível vislumbrar ainda uma terceira. Revestidas com uma camada protetora de até dois centímetros de chumbo, elas devem ser completamente preenchidas com cobalto 60. Por isso, uma camada protetora faria todo sentido, já que a emissão radioativa estaria presente mesmo antes da explosão da bomba. Com isso a radiação é atenuada ao menos em parte. Mesmo assim, é provável que o entorno do dispositivo atômico não seja dos mais saudáveis.

A quantidade do cobalto 60 que originalmente esteve presente é resultante direta do raio da esfera de cobalto. Sendo dadas a altura de James Bond em relação às medidas da caixa, e essas medidas em relação ao diâmetro de uma tal esfera de cobalto, esse diâmetro poderá ser determinado com precisão. Chega-se a um valor de 36 centímetros. Com isso pode-se calcular diretamente o volume total das três esferas, e da espessura conhecida do cobalto segue-se que continuam presentes cerca de 460 quilos de material radioativo.

Quão perigosa seria essa quantidade de material radioativo? Partimos da hipótese de que o material radioativo, após a detonação do dispositivo atômico, espalha-se de maneira razoavelmente uniforme pelo chão da área atingida. Estimamos o tamanho do local em 800 metros quadrados, isso novamente em comparação com a altura de James Bond.

Na prática, todo ser humano é diariamente exposto a uma dose de radiação natural, e esse processo se dá em sua maior parte no meio ambiente. Seria preciso multiplicar essa radiação por mil, para que o organismo reagisse com sintomas leves, como náuseas. Isso acontece por volta de 0,5 gray.[18] Os efeitos correspondentes para doses de radia-

18. Chega-se a uma dose de radiação de 1 gray quando um quilo de matéria absorve uma energia de radiação de um joule. A unidade mais usada é o sievert, que leva em conta também a respectiva eficácia biológica. Mas para a radiação beta, as unidades gray e sievert são idênticas.

ção mais altas aparecem ordenados na Tabela 5.4. A tabela mostra que com uma dose de radiação inferior a 2 grays ainda seria possível entrar em um espaço radioativamente infectado. Mas não se deve perder de vista, claro, que a radiação nesse local seria bastante nociva à saúde, podendo até mesmo ser fatal.

Dose de radiação	**Efeitos**
0,002 até 0,004 gray	Dose de radiação absorvida por todas as pessoas como dose de radiação natural do ambiente
0,5 gray	Náusea, vômito, dor de cabeça e tontura
1 gray	Sintomas nítidos: febre, diarreia e sangramentos, abscessos na boca e faringite, queda de cabelo, distúrbios do sangue (contagem), infecções
2 grays	50% dos afetados morrem em 30 dias
7 grays	Mortal em algumas semanas
50 grays	Morte rápida

5.4 Aqui são arroladas as doses de radiação e seus efeitos nos seres humanos. São considerados os efeitos imediatos. Efeitos de longo prazo, como aumento de risco de câncer, não foram levados em conta. Os dados relativos ao tempo partem do princípio de que nenhum tratamento médico foi realizado.

Com base no que foi dito anteriormente, sabe-se agora que na decomposição radioativa o nível de radiação diminui continuamente com o tempo. Como mostra a Figura 5.5, uma dose de radiação de 2 grays por segundo se mantém por aproximadamente 33 anos.

Uma vez que todo e qualquer trabalho significativo deve demandar muitos segundos, o ouro só deve ter começado a se descontaminar muito depois. E, em 1964, ainda não havia nenhum robô capaz de poupar o ser humano de uma tarefa como a descontaminação. Só mesmo depois de 50 anos a dose de radiação cairia para menos de 1 gray, o que possibilitaria o início dos trabalhos de limpeza. Ocorre que não seria possível ficar muito tempo no local contaminado com esse tipo de radiação sem incorrer em riscos para a saúde. Com isso, o período de contaminação radioativa, estimado por Goldfinger em 58 anos, seria

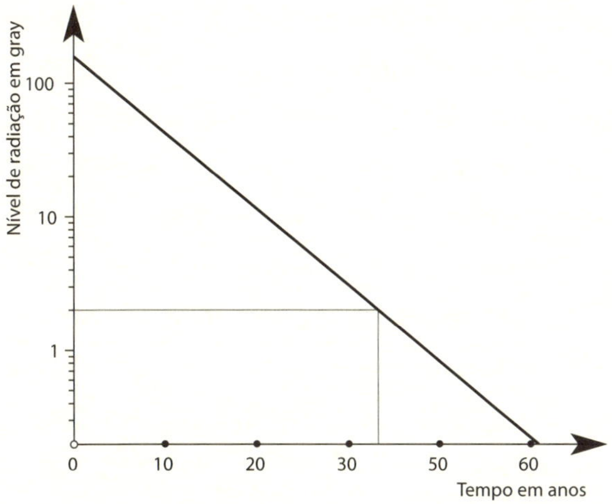

5.5 A eliminação dos 460 quilos de cobalto 60 acarretou uma emissão radioativa numa ampla área de 800 metros quadrados, onde estavam armazenadas barras de ouro. O nível de radiação a que uma pessoa se encontra exposta a cada segundo está indicado por grays. O nível de radiação de 2 grays que representa risco à vida é indicado pela linha horizontal cinza. Na linha vertical cinza vê-se que mesmo decorridos 33 anos esse nível se mantém para o espaço de tempo de um segundo no local contaminado. A representação da dose de radiação é mostrada em uma escala logarítmica em função do tempo.

completamente factível. Passados 58 anos da detonação do dispositivo atômico, o ouro de Fort Knox ficaria novamente acessível.[19]

Esse dispositivo atômico poderia deixar Auric Goldfinger fabulosamente rico — isso se fosse realmente detonado. Mas James Bond consegue desativar a bomba a 007 segundos da explosão.[20]

Informações complementares

Na decomposição radioativa é possível distinguir três tipos de radiação: radiação alfa, beta e gama. Apenas núcleos muito pesados, por

19. Ainda não é possível explicar por quê, tendo Bond calculado primeiramente 57 anos para a contaminação do ouro, Goldfinger logo o corrige, afirmando serem 58 anos. Se não há uma fronteira rígida entre os valores, com base na qual se pudesse dizer que o local poderia ser acessado novamente, os 57 anos de contaminação seriam completamente possíveis. O motivo deve ser uma estratégia de 007, que pretendia esticar o diálogo o máximo possível, a fim de obter de Goldfinger mais detalhes sobre a operação "Grand Slam".

20. No dispositivo atômico encontra-se um mostrador de tempo de três casas, que faz a contagem regressiva dos segundos até a detonação. Ao final, aparece registrado no mostrador exatamente: 007.

exemplo o de urânio ou o de polônio, decompõem-se sob a emissão de radiação alfa. Com isso, o núcleo se cinde para cada dois prótons e dois nêutrons, ou seja, para cada núcleo de hélio. Surge assim novo núcleo, com um número atômico duas unidades menor, num processo que libera muita energia. Sendo os átomos de hélio[21] objetos relativamente grandes e carregados, não são capazes de penetrar profundamente na matéria. Por isso, para a total blindagem contra a radiação alfa bastam poucos centímetros de ar, uma folha de papel ou mesmo a pele. Se o ouro fosse contaminado com um emissor alfa, isso quase não teria efeitos.[22] Ele poderia simplesmente ser mantido em segurança em Fort Knox e, na sequência, purificado.

A radiação beta[23] consiste em elétrons ou pósitrons. Uma vez que elétrons e pósitrons são nitidamente menores do que átomos de hélio, eles estão em condições de penetrar mais profundamente na matéria — na pele, por exemplo. A uma intensidade menor, a radiação beta fica bem protegida por uma camada de chumbo relativamente fina. A uma intensidade de radiação elevada, que impregnaria toda a área em torno de Fort Knox após a disposição do dispositivo atômico, isso ajudaria apenas sob dadas condições. Com 460 kg de um cobalto 60 radioativo, ficaria mais difícil se proteger da radiação beta.

O terceiro tipo de emissão radioativa é a radiação gama. São raios X extremamente duros, e não é possível se proteger deles, mesmo com espessas chapas de chumbo. O cobalto 60, material de que Goldfinger se utiliza em seu dispositivo atômico, é um emissor beta, do qual saem também, subordinadas, decomposições gama. Por isso a contamina-

21. Para um átomo de hélio, o raio atômico é pouco maior do que um Ängstrøm, ou seja, um décimo de bilhão de metro.

22. Mas a radiação alfa, por essa razão, não é perigosa. Os raios alfa chegam ao corpo até mesmo com os alimentos que ingerimos, pois seu efeito nocivo é cerca de vinte vezes maior do que o da radiação beta.

23. Os pósitrons são elétrons com carga positiva. Quando eles são emitidos, fala-se em radiação beta mais (β+), a não ser no caso de elétrons de beta menos (β-) (ver Figura 5.4).

ção do espaço certamente é ainda mais perigosa do que supúnhamos. Esse efeito não foi levado em conta pelas análises que até agora realizávamos, de modo que os tempos de espera calculados para a primeira entrada no espaço contaminado representam apenas um limite mínimo absoluto.

Uma vez que os núcleos atômicos radioativos geralmente se decompõem em núcleos atômicos estáveis, a radioatividade diminui continuamente com o tempo. É fácil ver que o número de decomposições radioativas é proporcional ao crescente número inicial de átomos presentes, portanto, à quantidade de substância que havia inicialmente. Em última análise, essa conexão é a causa da lei exponencial, que descreve a decomposição radioativa:[24] $N = N_o \times \exp(-0{,}693 \times t/T_{1,2})$.

Tem-se aí N como o número de átomos que ainda não se desintegraram em um tempo t, N_o como o número de átomos inicialmente presentes e $T_{1,2}$ o período de vida média. O período de vida média indica que após algum tempo apenas metade do número de átomos ali originalmente presentes se mantém.

Considere-se a presença de 1.000 átomos de cobalto 60. O cobalto 60 tem um período de meia-vida de 5,27 anos. Depois desse tempo estão presentes ainda 500 átomos, e depois de 2 × 5,27 = 10,54 anos restam ainda apenas 250 átomos de cobalto, após 3 × 5,27 = 15,81 anos, apenas 125, e assim por diante. O período de meia-vida é característico para cada material e não exerce qualquer influência.

Pela atividade de um material radioativo deve-se entender o número de desintegrações por segundo. A atividade aumenta exponencialmente, como o número total de átomos.[25] Em uma única desintegração de cobalto 60 é liberada uma energia de $E_{desintegração} = 5 \times 10^{-13}$ J. Essa energia é muito pequena, mas deve ainda ser multiplicada pela

---

24. Na fórmula, exp significa a função exponencial tendo como base o número de Euler e = 2,718281...

25. Para os especialistas: chega-se a isso pela dedução da fórmula para o número de átomos em função do tempo.

atividade A. Resulta daí a energia que se torna livre pela desintegração: $E = A \times E_{desintegração}$.

A partir da massa de cobalto, no dispositivo atômico, que é M = 460 kg, é possível calcular o número inicial de átomos N_o. Uma vez que um mol de cobalto 60 corresponde a uma massa de 60 g e $N_A = 6{,}022 \times 10^{23}$ partículas, vale então: [26] $N_o = 460/0{,}06 \times N_A = 4{,}6 \times 10^{27}$.

Com esse número faz-se possível calcular a atividade e com isso o total de energia liberada por segundo num espaço de 800 m^2.

Agora, se se considerar que o corpo de uma pessoa perfaz um metro quadrado e que James Bond pesa 76 quilos, o resultado deve ser dividido por 800 e por 76, para que se chegue à carga de radiação final em unidade Gray por segundo. O resultado pode ser visto na Figura 5.5, onde a correlação exponencial esperada é convertida em correlação direta mediante a escala logarítmica.[27]

Como o gás tóxico se espalha?

Em *007 contra o Foguete da Morte*, Hugo Drax quer aniquilar a humanidade a fim de povoar a Terra com homens e mulheres de qualidades excepcionais e especialmente escolhidos. O gás tóxico para o genocídio será produzido num laboratório secreto numa fábrica de vidros de Veneza e, em forma líquida, será armazenado em recipientes de vidro.

James Bond consegue entrar no laboratório e, ao perceber a aproximação de dois funcionários, foge, mas na pressa se vê obrigado a deixar uma das pequenas ampolas de vidro no canto de uma mesa. Num cômodo anexo, com uma porta hermeticamente

26. Trata-se da chamada constante de Avogrado. Ela indica quantos átomos se encontram em um mol de substância. Lembremos que o mol de uma substância é uma quantidade de matéria que corresponde à massa atômica g. No cobalto 60, um mol corresponde a uma quantidade de matéria de 60g.

27. Enquanto um traço em uma escala linear significa sempre distâncias constantes (1; 2; 3; ...), a distância aumenta em escala logarítmica à potência de dez (... 0,01; 0,1; 1; 10; 100; ...).

5.6 Em um laboratório secreto, James Bond (Roger Moore) faz uma interessante descoberta.

fechada, por uma janela de vidro ele observa o que se passa na outra sala.

A um mínimo toque na mesa, a ampola rola do canto em que fora deixada e se espatifa no chão. No laboratório parece se formar uma leve corrente de ar. Da ampola quebrada vê-se sair uma nuvem de vapor, que passa a vagar lentamente pelo chão, a uma velocidade de aproximadamente meio metro por segundo. Nesse momento, os técnicos de laboratório são vistos com aparelhos de respiração a pelo menos três metros da ampola. Pouco tempo depois já se pode ver o vapor na altura de seu peito e da cabeça. Eles se entreolham espantados, e cinco segundos a contar da quebra da ampola começam a ter dificuldade para respirar, desmaiando segundos depois.

O gás tóxico também é um componente importante dos planos diabólicos de Goldfinger. Em uma das cenas, Goldfinger tranca um grupo de chefes gângsters em uma sala hermeticamente fechada. De um pequeno cilindro de compressão começa a sair um gás, e aproximadamente dez segundos depois até mesmo os homens que se encontram no outro lado da sala, a cerca de oito a dez metros do cilindro, desmaiam.

Ainda mais rápido é o gás que Pussy Galore espalha com sua esquadrilha do ar, com o intuito de incapacitar totalmente a guarnição militar de Fort Knox. Agrupamentos inteiros de soldados aparecem desmaiando, sucessivamente e de imediato, isto é, tão logo o gás é espalhado pelo avião. O avião está a uma altura de mais ou menos 50 metros, calculada com base em uma comparação com as edificações mais altas que aparecem na cena. O ar, ao que tudo indica, está calmo, ou ao menos não há o menor indício de algum vento mais forte.

Como o gás poderia se espalhar tão depressa numa área quase desprovida de vento? Por exemplo, se colocássemos um queijo de cheiro forte sobre uma mesa, levaria algum tempo até que o odor dominasse todo o ambiente. Como isso acontece?

Em primeiro lugar, é preciso deixar claro que mesmo o ar aparentemente calmo de um ambiente fechado pode ser tudo, menos parado. As moléculas em que o ar consiste, sobretudo nitrogênio e oxigênio, movem-se a grande velocidade, e tanto mais rápido quanto maior a temperatura. À temperatura ambiente, a velocidade é de algumas centenas de metros por segundo. Veja o exemplo de um carro de fórmula 1, que numa reta atinge uma velocidade de 360 quilômetros por hora, o que equivale precisamente a 100 metros por segundo. Agora, se as moléculas de ar, e com isso também as moléculas odoríferas ou as de gás, movem-se com tal velocidade meteórica, da mesma forma elas têm de se espalhar com muita rapidez — ou não?

Se não o fizerem é porque as moléculas, apesar de sua alta velocidade, não chegam muito longe, chocando-se com outras moléculas sempre após um percurso breve, no que são desviadas para uma direção completamente diferente, semelhante ao que se teria com uma bola de bilhar.

É fácil calcular o quanto essa trajetória é curta. Em um milímetro cúbico de ar, portanto em um cubículo mínimo, com um milímetro de largura por um milímetro de altura e um milímetro de profundidade encontram-se apinhados 27 trilhões de moléculas;[28] representando numericamente: 27.000.000.000.000.000. Cada molécula individual tem à sua disposição, como espaço livre para mover-se, um volume muito limitado. Esse espaço livre pode ser entendido como uma espécie de túnel entre as outras moléculas, pelo qual uma molécula tem de atravessar. A partir do necessário corte transversal do túnel e do volume à disposição, é possível calcular o comprimento da trajetória na qual a molécula pode se mover livremente. Ela perfaz algo em torno de um décimo de milésimo de milímetro. Sendo conhecida a velocidade de voo como de algumas centenas de metros por segundo, é possível calcular quanto dura o voo livre de uma molécula, ou com que frequência em cada segundo ela se choca com outras moléculas, ou seja, algo da ordem de bilhões de vezes. Mesmo o ar modorrento de um amplo espaço fechado tem de obedecer a alguma dinâmica.

De volta à questão sobre como se espalham moléculas estranhas (de gás tóxico ou de aroma de queijo). Elas se chocam sempre de novo com outras moléculas e alteram sua direção de voo; por isso, no curso do tempo elas cada vez mais se distanciam de seu ponto de partida, como também podem retornar um pouco. Por isso, não é possível fazer uma previsão precisa para uma única molécula. Mas fica claro que no decorrer do tempo as moléculas estranhas estão cada vez mais distantes de seu ponto de partida. A tal movimento denomina-se difusão, termo usado há muito tempo pela teoria da física. Como esse movimento ocorre, é algo que podemos demonstrar com uma pequena simulação computadorizada.

---

28. Trata-se de um número realmente grande: se se pudesse comprar as moléculas colocando o preço lá embaixo, por exemplo, 1.000 peças por um centavo, o preço total seria equivalente ao orçamento anual da República Federal da Alemanha.

5.7 Os percursos em zigue-zague de dez moléculas de gás que se iniciam no centro da figura e cada vez mais colidem com outras moléculas. À esquerda se veem os percursos após mil colisões para cada molécula, na figura do meio têm-se os percursos após 4 mil colisões, e na figura da direita, após 16 mil colisões. As moléculas se espalham pelo processo de difusão no espaço.

Cada uma das três imagens da Figura 5.7 mostra o percurso de dez moléculas; cada percurso se inicia no meio da figura e a cada movimento é percorrida a mesma trajetória fixa para a frente, mas a direção de voo se altera ao sabor do acaso após cada movimento. Na primeira figura cada molécula fez mil de tais movimentos, na segunda 4 mil e na terceira 16 mil. Pela imagem é possível reconhecer o que cada movimento atesta: ele se duplica à medida que se distancia do ponto de partida, porém uma molécula não precisa do número duplicado de movimentos, e sim de um número quadruplicado de movimentos, e com isso também do tempo quadruplicado. Para afastar-se em dez vezes, utiliza-se o tempo centuplicado. Com isso, a disseminação dos gases no espaço por difusão fica cada vez mais lenta quanto mais avançada estiver a difusão.

A velocidade com que a difusão transcorre depende do tipo de gás, e sobretudo das dimensões e da massa da molécula. Como exemplo concreto pode-se calcular, para o benzeno, molécula de tamanho médio e peso médio, o tempo no qual o afastamento médio da molécula em relação à fonte tem um valor determinado. A um afastamento médio de um metro chega-se após umas boas cinco horas; de dez centímetros, ao contrário, após três minutos. Para uma molécula de benzeno percorrer uma trajetória de dez metros por difusão já seriam necessários — acreditem se quiser — 22 dias!

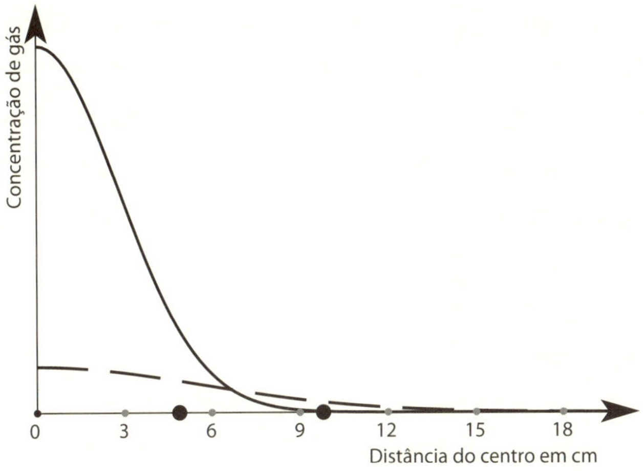

5.8 Dispersão de um gás no espaço. As curvas mostram a concentração de gás em correlação com a distância do ponto em que o gás é liberado. A curva de linha cheia mostra a situação para um determinado tempo (por exemplo, para um minuto) após a liberação do gás. A linha tracejada indica a distribuição da concentração no espaço após o tempo quadruplicado (portanto, por exemplo, após quatro minutos). Ambos os pontos pretos indicam a distância que a molécula de gás alcançou, para um e outro tempo, no ambiente de disseminação em relação ao ponto inicial. Para o tempo quadruplicado a distância média se duplica.

A Figura 5.8 mostra a concentração de um gás, que de um ponto se espalha pelo ambiente, tão logo a partir desse ponto o gás de repente comece a ser liberado. Depois de algum tempo, a dependência da concentração em relação à distância do ponto central se dá como na linha cheia do gráfico. Do tempo quadruplicado resulta a distribuição do gás tal como se tem na linha tracejada. Os dois pontos no eixo horizontal marcam a distância média das moléculas de gás em relação ao ponto inicial. Após o tempo quadruplicado, essa distância se duplica, conforme é indicado também pela simulação por computador.

Agora, quem vier objetar que o queijo sobre a mesa só começa a feder após cinco horas certamente estará com a razão. Para tanto há dois motivos: ainda que o afastamento médio das moléculas em relação a sua fonte perfaça apenas um metro, há muitas moléculas que no mesmo momento estarão já bem mais afastadas. E as substâncias com odor forte ou muito tóxicas estarão espalhando o seu efeito em concentração mais reduzida. Além disso, os números mencionados valem somente para um ar absolutamente imóvel. Em um espaço em que há pessoas, aquecido, arejado ou iluminado pela luz do Sol, há sempre uma leve corrente de ar a fazer com que moléculas estranhas se disseminem mais rapidamente do que se teria por um puro movimento de difusão. Por exemplo, um fluxo de ar com uma velocidade de apenas dez centímetros por segundo cuidaria para que o cheiro do queijo chegasse longe já após dez segundos.

Para o espalhamento de gases pela distância de um metro ou mais, a corrente de ar é certamente mais potente do que a pura difusão. Se o laboratório veneziano de substâncias tóxicas fosse em certa medida bem ventilado, o gás também se espalharia com maior rapidez. A velocidade do fluxo de ar, de meio metro por segundo, tal como inicialmente descrita, é responsável pela distância alcançada pelas substâncias tóxicas em cinco segundos, que é de aproximadamente 2,5 metros. Essa é mais ou menos a distância a que os pobres auxiliares de laboratório se encontram da ampola quebrada. Um empregador responsável certamente não deixaria seus funcionários tão altamente qualificados lidarem com substâncias assim perigosas sem o equipamento de proteção apropriado — máscaras contra gases e vapores seriam o mínimo! Mas como revelam outras cenas do filme, Hugo Drax não parece ser dos empregadores mais responsáveis.

A cena de *007 contra Goldfinger* em que os gângsters são aprisionados e intoxicados pelo gás é problemática se considerada do ponto de vista científico. A velocidade com que os homens vão tombando sugere um fluxo de ar realmente poderoso, de pelo menos um metro por segundo naquele espaço, e não se leva em consideração o fato de que antes da liberação do gás todas as portas, como também a chaminé da lareira, estavam hermeticamente fechadas. Em contraste com Hugo Drax, Auric Goldfinger parece mais preocupado com a saúde de seus funcionários: antes de executar o plano, seu carrasco põe uma máscara. Já Pussy Galore e suas colegas, ao contrário, não usam máscara antigases[29] ao entrar na zona tóxica. Eles deveriam estar usando, claro, e aliás nem tal equipamento tiraria o charme de tão belas mensageiras da morte!

No que diz respeito ao espalhamento do gás tóxico, a cena evidentemente é inverossímil, e no mais alto grau. Para fazer o gás chegar da altitude de voo do avião ao solo seria necessário um temporal de no mínimo 50 metros por segundo, portanto 180 quilômetros por hora, e de algo assim não se tem nenhum sinal no filme. Tanto que as flores do jardim e os galhos das árvores balançam de maneira bastante tênue. Deve-se observar, além disso, que os aviões estão voando bem próximos um do outro: ora, se o gás se espalha com força e rapidez a ponto de intoxicar e fazer tombar as pessoas que estão em terra, as pilotos necessariamente se intoxicariam uma à outra.

Portanto, levemos em consideração que se a alguma distância as pessoas aparecem desmaiando imediatamente, é certo que um fluxo de ar muito forte estaria atuando na atmosfera. A pura e simples difusão, que no ar parado seria o único mecanismo a fazer com que se espalhassem as moléculas, seria um processo demasiado lento, jamais podendo levar pessoas à morte num piscar de olhos.

Informações complementares

O calor nada mais é do que energia em movimento, a chamada energia cinética, de moléculas. A temperatura T de um gás e a temperatura absoluta medida em kelvin estão atreladas à velocidade média v das moléculas de gás pela correlação $M \times v^2/2 = 3 \times k_B \times T/2$. Na equação, o lado esquerdo dá conta da energia cinética de uma molécula de massa M. A constante Boltzmann $k_B = 1{,}38 \times 10^{-23}$ J/K

29. Os bons conhecedores do filme naturalmente sabem que Pussy Galore fica "tonta" é com a presença de James Bond e que na verdade não há nenhum gás tóxico a bordo.

desempenha um papel em todos os fenômenos corpusculares. Ao se introduzir a massa de uma molécula de nitrogênio[30] N_2, que é de 28 unidades de massa atômicas, portanto 28 × 1,67 × 10^{-27} kg, para uma temperatura de 300 kelvin (isto é, 27° C) chega-se a uma velocidade média de 515 m/s, ou seja, 1.854 km/h.

Nos livros didáticos não raro deparamos com o enunciado segundo o qual um mol compreende, para cada gás sob as condições normais de temperatura e pressão (pressão atmosférica, temperatura de 0° C), um volume de 22,4 l, portanto 0,0224 m^3. Um mol compreende 6,022 × 10^{23} moléculas. Disso resulta o número 2,7 × 10^{16} ou 27 trilhões de moléculas por mm^3. O valor recíproco desse número é precisamente o volume que se encontra à disposição por molécula.

O volume por molécula está correlacionado à livre trajetória L, e portanto à rota de voo desobstruída entre dois choques que acometem uma molécula no ar. Com isso é-se levado a pensar que toda molécula tem determinada dimensão. Para simplificar, pode-se representar as moléculas como pequenas esferas de raio r. Para que em seu voo a molécula não se choque com outras, a uma distância de 2r da trajetória do ponto médio da molécula não deve haver nenhum outro ponto médio de molécula. Para um voo livre de comprimento L isso significa que em um cilindro de comprimento L e raio 2r não deve estar presente nenhuma outra molécula. O volume desse cilindro é $4\pi \times r^2 \times L$. Se esse volume equivale ao volume que fica à disposição por partícula, obtém-se a trajetória livre L, resultante para o nitrogênio no ar em um décimo de milionésimo de milímetro.

A difusão de uma substância é descrita pela chamada equação de difusão, que descreve matematicamente também o processo de condução do calor, sendo conhecida e usada para a resolução de proble-

30. Com uma participação de quase 80%, o nitrogênio é o componente mais importante do ar; os pouco menos de 20% da molécula de oxigênio são um pouco mais pesados do que as moléculas de oxigênio.

mas simples há mais de 200 anos. A distribuição de uma substância, que se difunde a partir de uma fonte muito pequena[31] em um espaço muito grande, é descrita por uma curva em forma de sino ou curva de Gauss[32] (ver Figura 5.8). A largura dessa curva aumenta proporcionalmente à raiz quadrada do tempo transcorrido a contar da súbita liberação da substância. Com isso, de modo correspondente, a altura da curva diminui, e entenda-se com isso a concentração da matéria em relação ao ponto inicial, já que uma quantidade predeterminada sempre se dispersa no espaço.

Uma pistola, um avião e Pussy Galore

Depois de ter ficado entorpecido, James Bond acorda no avião de Goldfinger, a 7 mil metros de altura, sobrevoando a Terra Nova, no Canadá, no que é despertado pela piloto Pussy Galore. Estão a caminho de Baltimore. Miss Galore anuncia a aterrissagem para dali a 55 minutos. O sempre elegante agente secreto diz que precisa se arrumar para a chegada e vai ao banheiro. Ao sair, encontra Pussy Galore com um revólver apontado para ele. Segue-se o seguinte diálogo:

Pussy Galore: "Vamos aterrissar em 20 minutos. Vai se comportar ou vou ter de usar isto? [referindo-se ao revólver] E não é um tranquilizante".

James Bond: "Ah, Pussy, você entende mais de avião do que de armas. Essa é uma Smith & Wesson.45. Se atirasse daí, a bala atravessaria meu corpo e a fuselagem, feito maçarico cortando manteiga. A cabine se despressurizaria, e a sucção nos mandaria os dois para o espaço. Se

31. Estritamente falando, a fonte a partir da qual uma substância é espalhada em um espaço de dimensões infinitamente grandes teria de ser puntiforme.

32. A fórmula para a curva do sino de Gauss e o símbolo correspondente já estamparam notas de dez marcos.

quiser chegar aos Estados Unidos dessa forma, vá em frente. Prefiro o modo mais fácil".

Agora a pergunta é: Com essa observação, James Bond estaria querendo apenas deixar Pussy Galore insegura e demovê-la da ameaça, ou o cenário por ele assim descrito poderia mesmo se tornar realidade?

Em primeiro lugar, vamos examinar a pistola com mais atenção. Segundo 007, trata-se de uma Smith & Wesson.45. O número "45" refere-se ao calibre da arma. O diâmetro do tiro é mensurado de acordo com unidade de medida americana zoll. 0,45 zoll corresponde a aproximadamente 11,5 milímetros. Smith & Wesson (S & W) é o maior fabricante mundial de armas de fogo de pequeno porte. *007 contra Goldfinger* foi rodado em 1964, justamente quando se produziam em série dois revólveres S & W calibre 45. Um deles era o modelo S & W M 1917, e o outro era o modelo S & W 25-2. O último tem um comprimento de 152 milímetros e acelera o projétil com uma velocidade de partida de 270 metros por segundo. Isso corresponde a quase mil quilômetros por hora, ficando cerca de 20% abaixo da velocidade do som. Essa S & W M 1917 faz "apenas" 213 metros por segundo, razão pela qual a S & W 25-2 é mais apropriada para se obter uma grande força de penetração. Comparamos a arma de Pussy Galore com ambos esses modelos e chegamos à conclusão de que ela estaria portando uma S & W 25-2.

É interessante que na S & W 25-2 evidentemente foi usado um cartucho de tipo.45 ACP (Automatic Colt Pistol). Foi criado em 1905 por John Moses Browning e durante muito tempo usado por militares americanos. Para a cena do filme, ele faz todo o sentido: esse padrão ACP tem um diâmetro relativamente grande em relação à energia de movimento, que tende a ser menor. Isso é intencional, uma vez que em alvos humanos normalmente ela se mantém alojada e produz graves ferimentos internos sem pôr em risco outras pessoas — por exemplo, soldados do próprio acampamento ou reféns que devam ser liberta-

5.9 Uma imagem do set: Pussy Galore (Honor Blackman), James Bond (Sean Connery) e a Smith & Wesson.45.

dos. Contudo, vemos que Pussy Galore aponta sua arma para a barriga de James Bond. Se disparasse, a bala se alojaria exclusivamente nos músculos e nas vísceras, que ofereceriam menos resistência do que, por exemplo, as costelas de Bond.

Teria James Bond, em sua fala, exagerado os efeitos do tiro, para se salvar? Primeiramente temos de descobrir se a bala de fato iria penetrar na fuselagem feito maçarico na manteiga. Já no século XVII, o célebre físico britânico Isaac Newton investigou com que profundidade um tiro penetra em seu alvo. E ele descobriu que, quando a velocidade do tiro é elevada, o valor preciso dessa velocidade acaba não fazendo a menor diferença. A profundidade de penetração dependerá muito mais da relação entre a espessura e o comprimento da bala.

Podemos elucidar melhor essa correlação com um exemplo simples: se com uma pistola se atira em um pedaço de madeira, surge um canal de tiro. O projétil disparado tem determinado peso e, pelo acionamento da pistola, alcança grande velocidade. Se o tiro atinge o alvo, ele tem de deslocar a madeira. É claro que a mesma coisa se passa com outros materiais. Se, por exemplo, uma bala entrar em uma placa, um sinal de trânsito, o metal em volta é pressionado na direção do tiro. Ele seria deslocado e acelerado para fora.

Newton descobriu que o comprimento do canal do tiro é igual ao comprimento do projétil multiplicado pela relação de densidade entre o material do projétil e o do alvo. A bala de Pussy Galore percorre 25-100 metros sem encontrar problemas nem obstáculos, portanto a distância da pistola até James Bond pode ser desprezada. A bala o atingiria com toda a velocidade. James Bond mantém seu corpo sem-

pre muito em forma; por isso podemos estimar, para o conjunto de seu abdômen, uma espessura de 25 centímetros. A pistola é mirada para a barriga, desprovida de ossos, razão pela qual tem uma espessura nitidamente inferior à do peito com as costelas. O cálculo revelará então que a bala entraria quase 40 centímetros de profundidade no tecido abdominal, ou seja, perfuraria Bond sem problemas. Ocorre que com isso ela perderia 70% de sua energia.

A fuselagem está bem atrás dele, é feita de alumínio de aeronaves e tem cerca de quatro centímetros de espessura. A espessura da fuselagem é mais ou menos o dobro da espessura do abdômen de James Bond. Com a energia remanescente, a bala penetraria precisamente 4,08 centímetros. Portanto, de fato ela conseguiria fazer um buraco na fuselagem. Mas não seria tão fácil quanto o maçarico entrar na manteiga.

E ainda no final do filme *007 contra Goldfinger*, deflagra-se um drama a 10 mil metros de altitute. De maneira despreocupada — ao menos ele acha que pode estar despreocupado —, James Bond desfruta do voo que o leva de Fort Knox a Washington em um Lockheed Jetstar. É quando Auric Goldfinger, com uma Smith & Wesson 25-2 dourada, calibre 45, entra na cabine do passageiro. O vilão já havia rendido os outros ocupantes e assumido o controle do avião. Ele quer se livrar primeiro de Bond, para depois lidar com Pussy Galore, que está na cabine de comando. Em um breve instante de desatenção, 007 tenta se apoderar da arma do vilão, e os dois acabam se engalfinhando.

Durante a luta um tiro é disparado, e a bala atinge uma janela a alguns metros de distância.

A janela se despedaça, e o avião começa a perder altura rapidamente. Enquanto a piloto tenta estabilizar a aeronave e James Bond se agarra a um porta-bagagem, Auric Goldfinger, sem conseguir se agarrar a nada, é sugado janela afora, juntamente com diversos objetos, entre eles uma luminária e uma almofada. Por um instante ainda fica preso ao buraco, até ser sugado inteiramente para fora.

Isso poderia acontecer de verdade?

Valendo-nos das medidas do crânio de 007 em relação à janela do avião, podemos determinar aproximadamente a largura e a altura da janela do avião na cena. Sendo a janela, ao que tudo indica, quadrada, estimamos, tanto para a largura como para a altura, 40 centímetros.

Durante o embate corporal é dado um tiro, que destrói a janela, resultando numa sucção para fora da aeronave. Isso ocorre porque um avião de passageiros tem uma cabine pressurizada. A uma altitude de 10 mil metros, que é a altura de voo da maioria dos aviões, o ar é muito rarefeito, com a proporção de oxigênio e a pressão do ar sendo substancialmente menores. Tanto que só mesmo com treinamento intensivo os montanhistas conseguem escalar 8 mil metros sem equipamento de respiração. Em altitude ainda maior dificilmente seria possível sobreviver, e as chances seriam ainda muito menores para um indivíduo não treinado e para passageiros e tripulação de uma aeronave. Por isso, em um avião que esteja voando à altitude de regiões habitadas pelo ser humano é mantida uma pressurização que corresponda à pressão do ar a 2 mil metros de altura — altitude esta que a maioria das pessoas enfrentaria sem maiores problemas. A um aumento da altitude de voo passa a haver uma diferença de pressão em relação ao ambiente externo do avião. Se for feito um buraco na parede externa, haverá uma corrente de ar de dentro para fora. Os sistemas termodinâmicos — por exemplo, dois cômodos com diferentes gases e uma ligação entre eles — procuram sempre igualar suas condições. Aliás, esse é um dos motivos pelos quais existem vento e condições climáticas mutáveis: em diferentes lugares da atmosfera prevalecem diferentes pressões do ar, o ar flui de zonas de pressão mais alta para zonas de pressão mais baixa, assim se formando os ventos.

É exatamente isso que acontece na cena de *007 contra Goldfinger*, quando é quebrada a janela do avião: ocorrem trocas de ar até então estancadas, e a tendência é a pressão de dentro e de fora do avião serem iguais. Se a pressão de fora for menor, o ar fluirá para fora. Sob certas circunstâncias essa sucção pode ser grande a ponto de levar consigo objetos ou pessoas. Ora, se os pressupostos para isso são satisfeitos na cena, é algo que desejamos investigar mais precisamente. Em primeiro lugar deve-se considerar o tempo demandado para que se dê essa igualdade de pressão. O cálculo necessário para isso está fundamentado na termodinâmica e no estudo dos gases. O gás que aqui se leva em conta é o ar. O tempo durante o qual a corrente é estancada depende de três fatores. Primeiramente, a quantidade de ar na cabine, portanto do volume de ar a uma pressão elevada. E também a superfície pela qual o vento verte, isto é, a superfície de contato da janela. Por fim, a diferença entre a pressão externa e a pressão interna. O volume do avião perfaz 23,74 metros cúbicos. A superfície de contato da janela é a resultante dos produtos de altura e largura, ou seja, 0,16 metro quadrado. Finalmente, a relação de pressão fica em torno de 3 : 1. Isso significa que a pressão do ar no interior do avião é três vezes maior que a pressão exterior a 10 mil metros de altitude. Se levássemos adiante o cálculo com esses números, teríamos que a sucção duraria apenas 0,81 segundo. Na cena, Goldfinger ainda flutua dentro do avião por sete segundos, até chegar à janela.

Uma explicação possível aventaria que a sucção com base na diferença de pressão não é a única responsável por Goldfinger ter sido aspirado para fora. Em vez disso, a curva de voo — Pussy Galore, em pânico, vê-se diante de uma trajetória quase vertical para baixo — poderia ser a responsável por Goldfinger ter feito movimento correspondente na direção da janela. Em todo caso, não se trata de uma curva parabólica, que poderia explicar a flutuação e o movimento em direção à janela.

É provável que a explicação mais razoável seja esta: para que o espectador pudesse realmente desfrutar da partida de Goldfinger, a cena é tornada bem mais lenta, com cerca de um décimo da velocidade real.

Além da duração do processo de balanceamento de pressão, é preciso verificar se a sucção foi mesmo suficientemente forte para atrair Auric Goldfinger, de forte compleição, àquela distância. No século XVIII, o famoso físico suíço Daniel Bernoulli descobriu o efeito que passou a ser chamado de efeito Bernouille. Esse efeito descreve a relação entre a velocidade de fluxo e a pressão de fluidos e gases. Além disso, deve-se atentar para a chamada equação de continuidade. Pela equação de continuidade, uma corrente encontra-se em relação inversa à da respectiva superfície de contato do fluido. Quanto menor o buraco, maior a velocidade do fluxo.

Durante a corrente, a velocidade de fluxo a incidir diretamente no buraco na janela é de 330 metros por segundo. Isso corresponde à velocidade do som, e ainda receberá aqui explicação mais detida. A superfície de contato do espaço paralelo à janela é de onze metros quadrados, portanto cerca de sete vezes a superfície da janela. Com isso, a velocidade do ar no espaço é de 1/70 a velocidade do som, ou seja, 4,7 metros por segundo.

Para que se possa visualizar esse número, consulte-se a escala de Beaufort, com a qual são mensurados ventos e correntes. Um vento assim teria a intensidade 3. Na escala de Beaufort tal ventania é descrita como "brisa fraca", que faz balançar galhos e folhas, e no diagrama ela se inicia na superfície do mar.

O interessante é que, na cena, em uma mesa de apoio há um livro cujas folhas esvoaçam apenas levemente — note-se: trata-se de um livro e de um ventinho de intensidade 3! Ora, com isso se vê que um criminoso de peso como Auric Goldfinger não teria como decolar. Mais uma vez é confirmada a teoria segundo a qual a sucção não foi a responsável por ele ter ido "pelos ares"!

Quando Pussy Galore apontou o revólver para James Bond, ele retrucou: "A sucção nos mandaria os dois para o espaço". Em certo sentido, falar em "espaço" é um pouco surpreendente, pois só se pode estar propriamente no espaço (sideral) a partir dos 80 quilômetros de altitude.

Mas quando se parte do princípio de que o avião de Goldfinger é construído de modo que possa voar a essa altura, tanto a duração da sucção quanto sua intensidade correspondem aos valores da cena. Só não fica esclarecido como a piloto consegue fazer um pouso de emergência com tanta presteza e como Bond consegue passar ileso por tudo isso: no caso, mesmo seus pulmões ficariam completamente sem ar. Eles seriam seriamente comprometidos, e mesmo que nada disso ocorresse, Bond morreria sufocado por falta de oxigênio. É incrível também que Goldfinger tenha ficado um tempo preso à janela antes de ser expelido. Enquanto ele está preso no buraco, este fica fechado, e estando fechado, já não haveria sucção!

Recapitulemos: o risco do buraco na cabine pressurizada do passageiro foi representado de maneira nitidamente mais dramática do que se daria na realidade. Mas o conhecido fenômeno da "descompressão explosiva" da sucção para fora realmente existe. Se um passageiro está sentado junto da janela, e a janela tem tamanho suficiente para que uma pessoa possa passar por ela, a sucção pode, sim, puxá-la para fora. Agora, se o passageiro estiver no corredor do avião, neste caso mais uma vez se pode ter a certeza de que a velocidade de sucção será pequena demais para puxá-lo. Como se não bastasse, os aviões modernos têm diferentes aberturas, que na prática nada mais são do que buracos sob controle. Quanto às condições climáticas, há um dispositivo a prover ventilação permanente. Em caso de furo na fuselagem, por exemplo, se uma pessoa como Pussy Galore acertasse a parede externa do avião com um tiro, as entradas de ar simplesmente seriam fechadas. Mas os efeitos de uma arma de fogo portátil não são suficientes para derrubar um avião.

O maior risco acarretado por um furo na fuselagem pode advir da falta de oxigênio. Quando, por qualquer motivo, há uma perda de pressão, as máscaras de oxigênio, conhecidas de todos, estão ali para suprir a falta de oxigênio. Com os ocupantes do avião usando-as pelos 15 segundos seguintes, não haverá risco de outros danos à saúde. Se o abastecimento de oxigênio se mantém mais tempo em níveis baixos, logo a pessoa chega a um estado em que se sente bem e é levada a pensar que já pode dispensar o oxigênio. Erro fatal: logo depois vem a perda da consciência e então a morte.

Apesar de tudo, o maior risco em se ter uma pessoa armada no avião é mesmo, e de longe, ser vítima de uma bala!

Informações complementares

O penetrar de um tiro em um alvo constitui-se num dispêndio de energia e de impulso. Se a bala se mantém encravada no alvo, a energia que é transferida para o material deslocado é no máximo tão grande quanto a energia do tiro. A energia da bala e do material deslocado no alvo depende sempre de seu volume, velocidade e espessura. Com isso, a velocidade entra na fórmula exponenciada ao quadrado. Mas ela é a mesma para a bala e para o material, e por isso não deve ser levada em conta. Por isso as energias podem se equivaler e ser relacionadas em função da profundidade de penetração L: $L_o = L \times \rho/\rho_{mat}$.

A espessura ρ da bala é fácil de determinar. A bala é de chumbo e tem a espessura de $\rho = 11.340\ kg/m^3$. Sabe-se, além disso, que o cano ACP comumente utilizado na Smith & Wesson.45 tem um comprimento de $L_o = 3{,}24$ cm. Para a espessura do abdômen de James Bond tomamos $\rho_{mat} = 1.000\ kg/m^3$. Isso corresponde à espessura da água. Uma vez que o corpo humano consiste de 80% de água e que o abdômen se compõe predominantemente de gordura e tecido conjuntivo, devemos tomar essa avaliação como suficientemente precisa. A espessura do alumínio especial de avião é de $\rho_{mat} = 2.700\ kg/m^3$ — para um metal, é relativamente baixa. A parede externa é constituída de alumínio e também de espaços ocos e materiais isolantes, que no entanto são de menor espessura, de modo que a bala só a atravessa se também ela tiver na ponta um revestimento de alumínio de 4 cm de espessura.

Com esses valores, podemos calcular a profundidade da penetração. Para tanto é preciso observar ainda que o cálculo só vale para grandes velocidades, pois mesmo a chamada energia de coesão — isto é, energia de trabalho de deslocamento — em relação à energia cinética não mais pode ser desprezada. Se uma bala é lançada, por exemplo, contra a fuselagem, por certo ela não será suficientemente rápida para ali penetrar, pois a energia de coesão necessária não estará presente na bala como energia cinética. Mas se James Bond estiver suficientemente próximo da fuselagem, pode-se assumir que a bala, ao alcançá-la, vai trazer consigo energia necessária para isso, vindo a penetrar na fuselagem.

No cálculo da velocidade da corrente de ar no avião, a velocidade de sucção na janela tem um significado considerável. Na dinâmica dos fluidos, a velocidade do som, em muitos casos, faz as vezes de velocidade limite. Em fluidos ainda mais rápidos surgem turbulências caóticas, que são as chamadas correntes supersônicas ou hipersônicas. Daí se tem a velocidade do som do caso ideal energético, também chamada Mach-1. Trata-se, com isso, de uma corrente transônica, e a equação de continuidade continua a ser aplicável como uma boa aproximação: $A_{janela} \times v_{janela} = A_{espaço} \times v_{espaço}$.

Com isso, A_{janela} e $A_{espaço}$ são as superfícies de contato da janela e do espaço, que estão em uma relação de 1:70, sendo v_{janela} a velocidade do som. Disso resulta, como velocidade de sucção $v_{espaço}$ o valor de 1/70 da velocidade do som.

O cálculo da duração da sucção resulta da análise do fluxo de massa. Com isso investiga-se a quantidade de ar trocada num determinado tempo entre ambos os espaços avizinhados com diferentes proporções de ar. Nesse processo, são propriedades relevantes a espessura, a velocidade da corrente de ar e o calor específico. Se houver ar em ambas as câmaras, será preciso converter toda essa correlação na equação de vazão volumétrica conhecida como fórmula de Fliegner:

$M/t = 0{,}04042 \times A \times p_o/T^{1/2}$.

Com isso tem-se M/t como a massa que percorre a abertura em relação ao tempo, A a superfície da abertura, p_o a diferença de pressão e T a temperatura. Com essa equação pode-se deduzir uma equação para a determinação da duração da corrente, que vale tanto para aviões como para espaçonaves.

CAPÍTULO 6

"Batido, não mexido!"

James Bond pede seu vodka martini sempre batido, e jamais deve ser mexido. Até hoje, contabilizando todos os filmes, foram 25 as vezes em que ele pediu o drinque. Sempre complementando para o atendente do bar: "Batido, não mexido". Por que isso? Haveria algum motivo especial ou seria uma peculiaridade sem maior importância? Felizmente, encontramos a receita para o original coquetel do agente secreto no romance *Cassino Royale*, de Ian Fleming:

Receita original de Fleming

Um Martini seco — em uma taça profunda de champanhe. Os ingredientes são 3 medidas de Gordon's, 1 medida de vodka, ½ medida de Kina Lillet. Bater até gelar e servir com uma rodela de limão.[1]

Com o drinque sendo intensamente batido, a temperatura obviamente diminui, e a bebida pode ser posta em contato intenso com o gelo no liquidificador. James Bond prefere tomar seu vodka martini com gelo — mas apenas uma pedra. Convenhamos, essa explicação

1. O conjunto funciona ainda melhor se a vodka for destilada em cereal e não em batata. Aliás, em seu livro *James Bond Dossier*, de 1965, Kingsley Amis conta que a Kina Lillet aqui não é de todo adequada. Ian Fleming teria cometido um erro: deveria ser apenas "Lillet", pois com "Kina" fica bem mais amargo.

para o "batido, não mexido" é por demais prosaica, indigna de um James Bond. Por isso buscamos aqui outros motivos.

Em 1999, os pesquisadores C. C. Trevithick, M. M. Chartrand, J. Wahlman, R. Rahman, M. Hirst e J. R. Trevithick, do Departamento de Bioquímica da Faculdade de Medicina e Odontologia da London University (Ontário, Canadá), escreveram um artigo com o título "Shaken, not stirred: a bioanalytical study of the antioxidant activities of martinis", publicado no British Medicine Journal.[2]

O impressionante resultado de pesquisa trazido por este artigo é que o coquetel batido parece ser mais saudável do que o mexido. Se o coquetel for batido, os radicais livres se dissolvem melhor no fluido. Eles são muitos agressivos e se originam quando as moléculas de oxigênio são decompostas.[3] Se o coquetel for mexido, parte dos radicais livres volta para a bebida, podendo acarretar prejuízos para o organismo: o excesso de radicais livres no corpo favorece doenças como câncer, arteriosclerose e catarata. Graças ao seu coquetel favorito, 007 parece se manter protegido dessas doenças. No álcool, são adicionados os chamados polifenóis — agentes de curtimento extraído das plantas; são saudáveis, pois ajudam a eliminar os radicais livres. Por isso, ao pedirem vodka martini, façam-no ao modo de James Bond, pois o martini batido elimina duas vezes mais radicais livres que o mexido. Bond, que não deixa nada ao sabor do acaso, demonstra excelente perspicácia até ao pedir um coquetel.

Essa explicação parece bastante boa e é fortemente amparada pela pesquisa dos cientistas canadenses. Porém ela incide em um erro, ainda que seja um erro cosmético: se James Bond quisesse seu drinque realmente batido por ser mais saudável, seria razoável esperar que ele se mostrasse um fanático por vida saudável também em outros

2. C. C. Trevithick *et al*, *BMJ* Volume 319, 1825, dezembro de 1999, pp. 1600-602.

3. A esses radicais livres pertencem ainda, entre outras, moléculas de peróxido de oxigênio. Essas moléculas já foram usadas na propulsão de *jetpacks*. De modo geral, os radicais livres são substâncias químicas muito reativas.

6.1 Sean Connery, no papel que o consagrou: como James Bond, em *007 contra o Satânico Dr. No*, de 1962.

momentos, em outros aspectos. Mas tomando por base uma série de demonstrações ao longo dos filmes de James Bond, essa suposição cai completamente por terra. O modo de vida do homem em missão secreta em nenhum momento permite reconhecer uma preocupação especial com alimentação saudável. Ao contrário: bebe champanhe aos litros, come ostras às dezenas e devora seu caviar beluga em grande quantidade. É verdade que estão entre os alimentos mais refinados, mas não se pode dizer que sejam especialmente saudáveis. A não ser pelo saborear de seu vodka martini, uma bebida alcoólica, que — batida ou não — tende a ter um efeito mais nocivo que benéfico ao organismo, o agente secreto estaria dando mostras de preocupação com a saúde? Certamente que não.

Então, é preciso procurar algum outro motivo para a especificação "batido" de seu drinque favorito. Iniciemos nossa investigação pela base, ou seja, pela estrutura molecular da bebida. O vodka martini é um líquido, que é um composto de moléculas relativamente grandes e relativamente pequenas. As moléculas grandes geralmente contêm ligações aromáticas, que contêm classes atômicas em forma de anel.

Muitas vezes essas moléculas determinam o gosto da bebida, e seu nome já indica isso. O etanol, ao contrário, é uma molécula pequena e compacta, e nada mais vem a ser do que o próprio álcool. Portanto, um vodka martini é um misto de partículas grandes e pequenas, as grandes sendo responsáveis pelo gosto e as pequenas pelo efeito. O que isso tem que ver com nossa pergunta inicial?

Ao serem misturadas grandes e pequenas partículas, surge o que se pode chamar de "efeito castanha-do-pará". Por esse efeito, quando o misto é batido num recipiente por algum tempo, as partículas maiores sobem à superfície.[4] Quando nos perguntamos, por exemplo, como na granola os grãos maiores ficam sempre por cima, ainda que sejam feitos com os ingredientes maiores e mais pesados, aí se tem uma consequência prática do efeito castanha-do-pará. A Figura 6.2 evidencia o efeito ainda uma vez, com esferas grandes e pesadas, e pequenas e leves; as pequenas primeiramente ficam por cima. Quando o recipiente é batido por algum tempo, todas as esferas grandes e pesadas acabam ficando por cima, com as pequenas e leves embaixo. Motivo: trata-se pura e simplesmente do efeito da densidade de acondicionamento.

Quando, ao se bater no recipiente repetidas vezes, uma pequena esfera desliza para baixo por algum espaço intersticial, ela não torna a sair por essa lacuna. É por isso que para pequenas esferas há uma única direção, ou seja, a descendente. Isso significa que as esferas grandes, ainda que elas sejam bem mais pesadas do que as pequenas, se movem para cima, chegando à superfície do recipiente.

Fica claro, assim, o motivo pelo qual James Bond sempre pede seu vodka Martini batido? Em um coquetel mexido todas as moléculas, as grandes e as pequenas, distribuem-se em igual medida pelo copo. Já

4. Explicação mais detalhada pode ser encontrada em publicações como: M. E. Möbius, B. E. Lauderdale, S. R. Nagel, H. M. Jaeger, *Nature* (Londres), vol. 414, 270 (2001) ou A. P. J. Breu, H.-M. Ensner, C. A. Kruelle, I. Rehberg, *Physical Review Letters* vol. 90 01 43 02 (2003).

6.2 Exemplo do efeito castanha-do-pará. Acima, à esquerda: apresentam-se misturadas esferas grandes, pesadas (as claras), com as pequenas e leves (escuras) encontrando-se embaixo. Então a mistura é sacudida. À direita, acima: o ato de sacudir leve faz com que algumas dessas esferas pequenas deslizem para baixo, já que elas passam pelos interstícios. À esquerda, acima: cada vez mais esferas pequenas deslizam para baixo, valendo-se dos interstícios entre elas. À direita, abaixo: após algum tempo sacudindo, todas as esferas grandes e pesadas estão em cima, e todas as pequenas e leves, embaixo.

em uma bebida batida, as partículas maiores chegam à superfície — e são essas partículas as responsáveis pelo gosto (ver Figura 6.3).

É sabido de todos que James Bond nunca termina de beber seu drinque. Ao contrário, estando ele sempre com pressa de chegar à próxima aventura, dificilmente consegue passar do primeiro gole de seu drinque favorito. Até por isso, esse gole deve lhe proporcionar o melhor gosto possível, e é nesse sentido que atua o efeito castanha-do-pará! Portanto, a teoria aqui apresentada implica que James Bond, apesar de sua vida agitada, é um exímio desfrutador, com sua língua sendo provida das mais sensíveis papilas gustativas, atentando aos mínimos detalhes do gosto. Com isso o enigma do vodka martini batido estaria solucionado. Fica demonstrado o grau de compreensão física dos detalhes que se mantêm em ação no agente secreto, mesmo num momento em que as outras pessoas simplesmente tirariam para relaxar.[5]

---

5. Esperamos que o leitor aqui tenha notado a piscadinha. Ainda que o "efeito castanha-do-pará" se faça exercer conforme o indicado, fica para o leitor decidir se esse efeito também se faria sentir num vodka-martini.

6.3 No vodka martini mexido, partículas grandes e pequenas se distribuem em igual medida pela bebida (esquerda). No coquetel batido, as moléculas maiores chegam à superfície. Essas moléculas são as responsáveis pelo gosto da bebida.

Em todo caso, é óbvio que se trata aqui apenas de uma teoria, como a hipótese da saúde, arrolada pelos citados cientistas canadenses. Porém há provas de que o agente 007 não é nenhum aficionado por vida saudável, mas sim um hedonista de marca maior.

Em *007 — Nunca Mais Outra Vez,*[6] James Bond leva uma reprimenda de seu superior:

M: "Você se mostra adepto de hábitos desleixados, tem um modo de vida desregrado!".
Bond: "O que devo entender por isso, Sir?".
M: "Estou falando dos muitos presentinhos que se dá e que destroem seu corpo e seu entendimento. Come muita carne vermelha, muito pão branco e bebe muito Martini seco".
Bond: "Hum... Prometo abrir mão do pão branco, Sir!".

6. Este filme, de 1983, é um remake do *007 contra a Chantagem Atômica*, e na verdade não é considerado filme oficial de James Bond. Mas considerando que o agente secreto é vivido por Sean Connery e que contém os outros ingredientes da série, nós aqui o levamos em conta.

POSFÁCIO

Sobre como este livro surgiu

Há três anos, quando a Piper Verlag veio até mim e perguntou se eu gostaria de escrever um livro sobre a física nos filmes de James Bond, eu não podia imaginar que a ideia fosse tão longe. Já alguns anos eu vinha dando aulas e palestras sobre os conhecimentos da física aplicados às aventuras do agente secreto, e ainda que fenômenos vistos nos filmes de 007 sejam os exemplos por excelência de minhas aulas de física para alunos de engenharia e química da Technische Universität Dortmund — mas escrever um livro sobre isso?

Foram necessários dois felizes episódios para que o projeto tomasse forma. Primeiro, consegui a colaboração do Prof. Dr. Joachim Stolze, velho companheiro de guerra, que com muito gosto aceitou fazer parte do livro. Então, para o semestre de verão de 2007, nossa parceria tornou possível o seminário intitulado "Geschüttelt, nicht gerührt! James Bond im Visier der Physik" ["Batido, não mexido! James Bond na mira da física"], na esperança de arrebanhar interessados em trabalhar alguns temas do livro. As dúvidas iniciais, sobre se teríamos aí um bom conceito, foram logo dissipadas. O êxito foi enorme, e como se não bastasse apareceu um segundo episódio feliz. Nada menos do que 41 estudantes analisaram com afinco as aventuras de James Bond, e desse trabalho resultaram 18 artigos.

O resultado agora aparece em forma de livro. O trabalho deu muito prazer a todos os participantes. Se, na leitura deste, o leitor tiver metade do prazer que tivemos ao submeter a cálculo as complicadas acrobacias e a ação dos "brinquedinhos de 007", o objetivo do livro terá sido alcançado.

Definitivamente, este não é um livro didático. Revelar os segredos de James Bond recorrendo às leis naturais é algo que deve dar prazer ao leitor. Se com isso aprendermos — quase sem perceber — ainda alguma coisa sobre forças, campos magnéticos, *laser*, oscilações e lentes, tanto melhor! Para muitos, o conhecimento que soluciona com a física problemas do dia a dia (considerando que nas aventuras de James Bond os problemas sejam de um dia a dia um tanto peculiar), certamente é muito mais fascinante do que até agora se achou que fosse.

Sou muito grato ao dr. Klaus Stadler e a Britta Egetemeier, da Piper Verlag, pelo tanto que me incentivaram neste projeto. E sem Katharina Wulffius, da Piper Verlag, o livro não teria sido possível. Dela vinha o auxílio incansável, a editoria rigorosa, como a ela se deve o trabalho conjunto, aliás muito agradável, na preparação deste livro. Eu também gostaria de agradecer a Janine Erdmann, da Piper Verlag, e a Florian Feldhaus, por sua aplicação na elaboração dos muitos gráficos, e a Christophe Cauet, Julian Wishahi e Tobias Brambach, pelo índice de pesquisa.

Este livro certamente não teria surgido sem os colegas e coeditores Prof. Dr. Joachim Stolze e aos alunos e alunas Christophe Cauet, Julian Wishahi, Sebastian Jerosch, Dennis Spyra, Kathrin Stich, Nils Uhle, Daniel Pidt, Marco Lafrenz, Björn Wemhöner, Michael Mohr, Björn Bannenberg, Peter Schäfer, Christoph Bruckmann, Florian Feldhaus, Sandra Kuch, Michael Andrzejewski, Philipp Leser, Tobias Brambach, Fabian Clevermann, Ben Wortmann, Marc Daniel Schulz, Helge Rast, Daniel Brenner, Christoph Sahle, Manuela Meyer, Sarah Groβ-Bölting, Nils

Drescher, Katharina Woroniuk, Frank Hommes, Claudia Zens, Andreas Kim, Anne Hüsecken, Michael Schliwka, Jörn Krones, Sabrina Hennes, Marlene Doert, Steffen Bieder, David Odenthal, Thorsten Brenner, Julia Rimkus e Boris Konrad.

Metin Tolan, setembro de 2008.

ANEXO

Os autores

Michael Andrzejewski

(A força centrífuga — entre agradável e mortal)

Björn Bannenberg

(Como os carros capotam no cinema)

Steffen Bieder

(A operação “Grand Slam”)

Tobias Brambach

(Sobre foguetes e *jetpacks*)

Daniel Brenner

(O corte é fino, a destruição é profunda: raios *laser*)

Thorsten Brenner

(A operação “Grand Slam”)

Christoph Bruckmann

(Um carro sobre duas rodas)

Christophe Cauet

(O peso do corpo de um agente secreto)

Fabian Clevermann

(Sobre foguetes e *jetpacks*)

Marlene Doert

(O que teria matado a dama de ouro?)

Nils Drescher

(Eu vejo o que você não pode ver — James Bond tem golpe de vista)

Florian Feldhaus

(A força centrífuga — entre agradável e mortal)

Sarah Groß-Bölting

(Eu vejo o que você não pode ver — James Bond tem golpe de vista)

Sabrina Hennes

(O que teria matado a dama de ouro?)

Frank Hommes

("Deixe-me olhar nos seus olhos, querida"/ Polarização por reflexão: como nos vemos em superfícies refletoras)

Anne Hüsecken

(Um relógio, um cabo de aço e uma boa dose de física fantasiosa)

Sebastian Jerosch

(James Bond em queda livre)

Andreas Kim

(Um relógio, um cabo de aço e uma boa dose de física fantasiosa)

Boris Konrad

(Uma pistola, um avião e Pussy Galore)

Jörn Krones

(A tecnologia torna possível! — Um relógio magnético)

Sandra Kuch

(A força centrífuga — entre agradável e mortal)

Marco Lafrenz

(Como apanhar um avião em pleno ar)

Philipp Leser

(Sobre foguetes e *jetpacks*)

Manuela Meyer

(Eu vejo o que você não pode ver — James Bond tem golpe de vista)

Michael Mohr

(Como os carros capotam no cinema)

David Odenthal

(A operação "Grand Slam")

Daniel Pidt

(Como apanhar um avião em pleno ar)

Helge Rast

("Ícaro" — arma ou ilusão?)

Julia Rimkus

(Uma pistola, um avião e Pussy Galore)

Christoph Sahle

(O corte é fino, a destruição é profunda: raios *laser*)

Peter Schäfer

(Um carro sobre duas rodas)

Michael Schliwka

(A tecnologia torna possível! — um relógio magnético)

Marc Daniel Schulz

("Ícaro" — arma ou ilusão?)

Dennis Spyra

(James Bond em queda livre)

Kathrin Stich

(Resistência do ar ainda outra vez)

Joachim Stolze

(Como o gás tóxico se espalha?)

Metin Tolan

(Como o gás tóxico se espalha?/ "Batido, não mexido!")

Nils Uhle

(Resistência do ar ainda outra vez)

Björn Wemhöner

(Como os carros capotam no cinema)

Julian Wishahi

(O peso do corpo de um agente secreto)

Katharina Woroniuk

("Deixe-me olhar nos seus olhos, querida"/ Polarização por reflexão: como nos vemos em superfícies refletoras)

Ben Wortmann

("Ícaro" — arma ou ilusão?)

Claudia Zens

(Um relógio, um cabo de aço e uma boa dose de física fantasiosa)

Créditos das figuras

p. 9: ullstein bild — Roger Viollet
pp. 16, 169, 212: ullstein bild — KPA - 90061
pp. 19, 38, 64/65, 67, 75, 87, 244: Jens Rotzsche
p. 30: Joachim Stolze
p. 85: imagem do DVD *007 contra o Foguete da Morte* (Fox)
p. 117: ullstein bild — Keystone
pp. 146-147: imagem do VHS *007 — O Mundo não é o Bastante*
p. 149: © 2001 American Science and Engineering, Inc.
p. 151: QuinetiQ 100 GHz Milimetre Wave
p. 157 Imagem do VHS *007 contra Goldfinger* (MGM)
p. 199: ullstein bild — ullstein bild
p. 200: ullstein bild - CINETEXT
p. 229: imagem do DVD *007 contra Goldfinger* (Fox)
p. 241: ullstein bild — AKG Pressebild

Walther PPK, claquete e Bond-girl: Jens Rotzsche

Todos os demais gráficos, figuras e fotos foram reproduzidos mediante a gentil permissão de seus autores.

Próximos Lançamentos

Editora Cultrix
SÃO PAULO

Para receber informações sobre os lançamentos
da Editora Cultrix, basta cadastrar-se
no site: www.editoracultrix.com.br

Para enviar seus comentários sobre este livro, visite o
site www.editoracultrix.com.br ou mande um
e-mail para atendimento@editoracultrix.com.br

GRÁFICA PAYM
Tel. (11) 4392-3344
paym@terra.com.br